浙江省哲学社会科学规划课题一般项目(19NDJ

浙江越秀外国语学院出版基金资助出版

Transplantation and Reconstruction：Overseas Chinese Groups
and the Modern Transformation of Quanzhou Society

移植与再造:华侨群体与泉州社会的近代转型

蔡苏龙　著

ZHEJIANG UNIVERSITY PRESS
浙江大学出版社

图书在版编目(CIP)数据

移植与再造:华侨群体与泉州社会的近代转型 / 蔡苏龙著. —杭州:浙江大学出版社,2020.7
ISBN 978-7-308-19826-4

Ⅰ.①移… Ⅱ.①蔡… Ⅲ.①华侨—关系—社会转型—研究—泉州—近代 Ⅳ.①D634.1②D675.73

中国版本图书馆 CIP 数据核字(2019)第 284850 号

移植与再造:华侨群体与泉州社会的近代转型

蔡苏龙　著

责任编辑	石国华	
责任校对	夏湘娣	杨利军
封面设计	周　灵	
出版发行	浙江大学出版社	
	(杭州市天目山路 148 号　邮政编码 310007)	
	(网址:http://www.zjupress.com)	
排　　版	杭州星云光电图文制作有限公司	
印　　刷	广东虎彩云印刷有限公司绍兴分公司	
开　　本	710mm×1000mm　1/16	
印　　张	12.75	
字　　数	240 千	
版 印 次	2020 年 7 月第 1 版　2020 年 7 月第 1 次印刷	
书　　号	ISBN 978-7-308-19826-4	
定　　价	58.00 元	

内容提要

　　本书以晚清民国时期泉州侨乡为个案研究,从跨国主义和社会转型的视角,借鉴和吸收社会学、历史学、心理学、人类学等相关学科的理论方法和研究成果,运用档案、方志、族谱、文献、报刊和田野调查资料,考察华侨群体与近代泉州社会的跨国互动关系,探讨华侨群体塑造故乡的历史进程和运行方式,论述近代泉州社会转型中的"国际化"与"本土性"的有机结合,以及"侨"的因素对近代泉州社会经济转型、文化变迁、政治变革的作用。目的在于阐明近代泉州社会"侨"的社会经济、文化特征和独特形态,分析跨国网络的建构和独特的运行机制,以及对近代泉州社会转型产生的影响,揭示华侨群体是推动近代泉州社会转型的一支重要力量。

目　录

绪　论

第一节　选题缘起

华侨群体与近代泉州社会的关系,是近代泉州社会变迁历程中值得关注的重要课题。海外华侨是近代泉州社会一个特殊的跨国移民群体。晚清民初是泉州社会由传统乡村型社会逐步转变为开放的动态城镇型社会的过渡时期,其在社会学上的重要表征是华侨群体形象的蜕变和身份的建构。其中,华侨群体与侨乡社会跨国频繁对流,以及海外华侨与地方绅商互动合流乃是近代泉州社会转型中颇为引人注目的社会现象。一方面,理性化取向的近代经济伦理观念逐渐取代传统的政治伦理型观念;另一方面,泛西方世界道德主义价值取向这一人文因素又极大地支配着近代泉州社会转型中的华侨群体与乡村绅商互相渗透这一社会现象,而华侨群体与乡村绅商作为两种异质的伦理主体,在经济伦理和社会转型调适中已然成为近代泉州社会发展进步的主导推动力量。

细究起来,近代泉州华侨群体的出现有其特定的历史背景和政治含义,与区域文化思想特质密切相关。应该看到,近代泉州华侨群体的形成和扩大是中国半殖民地半封建社会的产物,与历史上持续不断的跨国移民是分不开的,特别是与近代中国大规模的国际移民和亚太地区政治、经济关系格局变动有着历史的逻辑关系。近代泉州跨国移民作为中国历史上跨国移民浪潮的一个重要组成部分,有其独特的社会历史背景和区域文化基因。在晚清前相当长的一段历史时期,泉州地区跨国移民活跃其实也是对政府自由迁徙政策规制的一种蔑视和反抗。相比其他地区的跨国移民及其与地方社会互动研究,华侨群体与近代泉州侨乡社会跨国互动的研究具有超越一般学术价值的特殊意义。这不但在于规模庞大的华侨群体曾在历史上对泉州本土的社会发展进步起到过特殊作用,更在于华侨华人群体迄今仍然是泉州社会现代化进程中最为宝贵的海外资源。随着区域社会史研究的深入,如何将宏观审视与微观考察、类型研究与个案研究、全球视野与区域研究相结合,是华侨群体与近代泉州侨乡社会研究等下一步的发展方向和学术取向。

"侨乡"概念有历史学、社会学、人类学等学科上的不同表达。从区域社会史的视角看,侨乡是华侨的家乡、华人的祖籍地、归侨和侨眷的聚居地,是华侨华人寻求

"根魂梦"的精神家园。侨乡是数百年来跨国移民运动的历史产物，而侨乡社会所包含的地域观念、侨乡文化都是以跨国移民作为纽带的海内与海外华侨社会长期跨国互动的产物。数量庞大的跨国移民与归侨侨眷和家乡的频繁跨国互动，以及跨国移民对祖籍地社会经济结构、生活形态和文化思想变迁的重大影响成为侨乡形成的重要标志。泉州侨乡地处中国东南沿海，人文地理、历史背景、文化互动、移民模式乃至区域社会关系的不同，形成了独具特色的侨乡社会文化景观。就内部功能而言，泉州侨乡的形成与其特殊的区域文化形态息息相关，其中跨国流动、多重网络、频繁往来、合作互惠以及逐渐形成的人文景观与新观念，构成了近代泉州侨乡社会特殊的气质，影响着泉州社会民众的社会生活与地方认同。因此，以近代泉州侨乡社会生活世界为主体，回归记忆中的集体记忆与历史，分析晚清民国时期泉州地方社会、民族主义乃至海内外因素对泉州社会产生的影响及其与更为广泛的社会范畴与经济文化过程的关联，可以从区域社会和跨国主义的角度更好地理解近代泉州侨乡社会的形成及其转型。

从某种意义上说，近代侨乡社会是中外文明交流互鉴的窗口，是"西器东传""东器西传"以及新物种传入、新技术交流和中国形象向海外传播的主要载体，也是近代中国新经济因素孕育的策源地，中国经济和文化走向世界和融入全球的重要场域。在海外华侨与近代侨乡社会研究中，泉州侨乡社会因其历史背景、人文地理与跨国网络等诸多特质，已成为理解中国与世界，海外华侨与近代中国关系的重要导入点。本书在前人研究的基础上，更希望从方法论上重新思考和探讨华侨群体与近代泉州侨乡社会研究的理论意义。因此，探寻华侨群体与近代泉州社会转型的历史轨迹，是本书研究的旨趣和缘起所在。

近年来，随着史学研究的整体追求及其与其他社会科学的交叉融合发展，区域社会史研究逐渐引起学界的广泛关注，"区域"随之从一个具体的由行政区划、流域、文化认同等因素界定的空间，演变为一种具有"范式"意义的方法论。随着研究的不断深入，学者们也感受到了区域社会史研究的局限性，没有注意到不同的区域社会会因同一种国家制度的推行而具有比较的意义，也没有认识到人和物的跨国和跨区域流动，实际上是不同区域和国家之间建立联系的纽带。这些不足之处，导致区域社会史研究失去了普遍意义。更为重要的是，就近代乡村社会而言，其发展逻辑与演变趋势既受国家政治变革的影响与制约，又集中体现了其自身导入全球化的进程。因此，近代乡村社会史研究不仅要超越区域的限制，还需要有一个全球化的宏阔视野。

尽管因全球化而拓展出的跨国主义研究为侨乡社会与海外华侨华人研究带来新的理路，但作为现象的跨国流动却由来已久，而且，华侨群体跨国网络不仅是一种超越地域、跨越国界的社会现象，还是一种经济和历史文化相结合的跨国实践行为。因此，拓展跨国主义研究视域，则可以观察到不同历史时期国家内外的各种因素对区域侨乡社会的影响。

随着全球化进程的深入,地方、国家与全球的联系更加密切,跨国现象逐渐增多,促使人们重新思考与之相关的社会文化现象。在此背景下,跨国网络研究应运而生,为华侨群体与近代侨乡社会研究带来新的方向。总体而言,海外华侨跨国网络不仅是一种超越区域、跨越国界的社会现象,还是一种经济和思想文化观念相结合的跨国实践行为以及建构跨国社会场域的动态演进过程。在海外华侨与侨乡社会的联系与跨国互动中,跨国网络的运作体现出海外华侨华人的文化逻辑、认同表达与跨国族群网络建构,同时影响着侨乡社会的经济发展、宗族传统以及地方文化移植和再造。此外,跨国主义理论还为分析华侨群体与近代侨乡社会跨国互动关系形成的演进过程提供新的研究视角。因此,本书的论述将以此为基础,聚焦于泉州跨国网络形成与变化的历史过程,叙述、分析跨国关系对近代泉州社会转型的作用和影响。顺应国际环境的需要,华侨群体和华侨精英的跨国移民形态与跨国实践探索构成了有助于我们理解近代泉州社会转型和跨国实践活动的重要途径。

需要强调指出的是,从跨国主义视角出发,以区域侨乡为对象,内外互动交织,将侨乡社会置于多元共生的区域社会体系、全球化与跨国社会场域中加以考察,并进一步理解以"侨"为基础的地方流动性与区域社会生态,进而有助于丰富和开拓侨乡研究的新领域。近代侨乡社会史研究的意义不仅仅在于拓宽了区域社会史研究的范围,更重要的是能够在文化史与社会史的结合、区域史与全球史的一体等方面,为区域社会史研究拓展学术空间。

研究华侨群体与近代中国侨乡社会跨国互动关系,选择一个特殊的切入点为中心来考察是非常重要的。泉州是华侨华人最重要的祖籍地之一,是中国著名侨乡,也是港澳台同胞的主要祖籍地之一,分布在世界130个国家和地区的泉州籍华侨华人948万人,归侨、侨眷250多万人;旅居香港同胞70万人,旅居澳门同胞6万人,台湾汉族同胞中44.8%约900万人祖籍泉州。① 华侨群体在泉州历史上和中国华侨史上占有重要的地位,近代泉州华侨群体在近代中国跨国移民群体中有其独特的风格和区域意义。不仅如此,而且泉州籍华侨与近代泉州侨乡社会的紧密关系,又非其他一般地区可比,因此,研究它很有典型性和代表性。此外,海外华侨与近代泉州侨乡社会关系也是海洋社会经济史研究的一个重要内容,对这一课题进行探讨和研究,对于沿海区域社会经济史、区域社会史、中国移民史以及跨国移民与中国社会变迁的一般规律的研究同样具有重大意义。同时也可以拓展对近代中国社会转型研究的历史维度,有助于进一步理解和认识从传统社会到现代社会、从地方化向全球化这一复杂历史转换的另一种类型和模式。

在有关跨国移民和跨国移民社会研究问题上,目前尚未形成系统的理论,学术界存在不同的看法。以泉州跨国移民社会为基点,与五邑地区、潮汕地区和温州地

---

① 泉州市人民政府网. 走进泉州·人口民族[EB/OL]. (2018-07-13)[2019-03-19]. http://www.fjqz.gov.cn/20180713/20190319.

区进行比较研究,可以发现跨国移民的定义、动因、类型、特点以及跨国移民社会的社会结构、内外关系、转型等均有其特定的内涵。将地缘、宗族等地域社会的民情基础带入研究中来,通过典型个案的研究,从区域历史和文化的意义上重新理解和认识近代泉州地方社会的华侨群体跨国实践活动,将跨国移民行动置于更为广阔的结构性背景下去理解其行为的实质性生活意义,可以更清楚地探寻地方社会治理的历史逻辑与传统跨国移民路径的内在关联,有助于进一步理解跨国移民与跨国实践的多重互动推动着泉州社会的近代转型。

第二节　学术史回顾

一、关于华侨华人与侨乡社会关系的研究

华侨华人与中国的关系主要是和其祖籍地即侨乡的关系。华侨华人与侨乡社会的关系,一直是侨史界研究的重点领域。真正开启华侨群体与侨乡社会研究的当首推民国时期社会学家陈达。他的《南洋华侨与闽粤社会》①一书,是 1934 年进行闽南和粤东华侨社区的社会和经济考察后形成的一份研究报告。全书分为两编:第一编论述传统的生活方式及其变迁,分环境及社会变迁两章;第二编分析移民的影响,分为生计、衣、食、住、家庭与婚姻、社会觉悟、教育等七章。全书对南洋华侨与闽粤侨乡的关系做了深入探讨。该书无论是在选题方向还是在理论方法上都意味着华侨群体与侨乡社会研究有了突破,但他忽视了动态因素在研究中的作用,而且研究时段节点只限于 20 世纪 30 年代。孙谦的《清代华侨与闽粤社会变迁》②,从中国海洋社会经济史的角度,主要考察和分析了清代华侨回国对闽粤社会变迁的影响。王本尊的《海外华侨华人与潮汕侨乡的发展》③,介绍了潮汕侨乡概貌,华侨华人投资与潮汕侨乡经济的发展,华侨华人捐资与潮汕侨乡教育事业的发展,华侨华人捐资与潮汕侨乡精神文明建设和落实侨乡政策,潮汕侨乡巨变等。庄国土的《中国侨乡研究》④,周大鸣、柯群英主编的《侨乡移民与地方社会》⑤,这两本是有关侨乡研究的论文集。黄昆章、张应龙的《华侨华人与中国侨乡的现代化》⑥,分广东、福建、广西、海南和浙江侨乡等五部分,分别阐述改革开放以来华侨

①陈达.南洋华侨与闽粤社会[M].上海:商务印书馆,1938.

②孙谦.清代华侨与闽粤社会变迁[M].厦门:厦门大学出版社,1999.

③王本尊.海外华侨华人与潮汕侨乡的发展[M].北京:中国华侨出版社,2000.

④庄国土.中国侨乡研究[C].厦门:厦门大学出版社,2000.

⑤周大鸣,柯群英.侨乡移民与地方社会[M].北京:民族出版社,2003.

⑥黄昆章,张应龙.华侨华人与中国侨乡的现代化[M].北京:中国华侨出版社,2003.

华人与侨乡的建设情况。李明欢主编的《福建侨乡调查：侨乡认同、侨乡网络、侨乡文化》①分侨乡个案类型篇和侨情考察专题篇，运用人类学方法对中华人民共和国成立后的福建侨乡进行研究。在下篇关于侨乡考察的专题中，分别从历史社会学和社会人类学角度对福建侨乡进行了学理性探讨，并专辟一章回溯了泉州晋江侨乡的形成，剖析了海外晋江人对祖籍地社会发展的影响。该书运用历史学和社会学相结合的研究方法，进行了大量社会调查研究，从而对以往以历史学为视角的侨乡研究有了很大的突破。郑一省的《多重网络的渗透与扩张——海外华侨华人与闽粤侨乡互动关系研究》②，以华侨华人与闽粤侨乡为研究对象，在前人"网络学说"的基础上，以"互动"、"多重网络"的理论为指导，通过生动细致的个案定量分析，阐述华侨华人与闽粤侨乡互动关系的历史性、现实性，及其互相渗透和扩张的规律性。提出了闽粤侨乡与华侨华人互动的"多重网络"分析概念，探讨分析多重网络的内容、结构及其在华侨华人与闽粤侨乡互动关联中的作用。认为多重网络是侨乡和海外华侨之间存在的一种关系网络。这种网络形成于两者的互动关系之中，且在互动中渗透和扩张。正是这种多重网络的存在和活跃，促使华侨华人与闽粤侨乡的关系更紧密、更持久。肖文燕的《华侨与侨乡社会变迁：清末民国时期广东梅州个案研究》③，选取广东梅州客家地区为研究区域，从华侨与侨乡社会变迁的视角，以个案的方式考察华侨在侨乡经济、教育文化、民俗等领域的活动情况，试图揭示华侨影响下的侨乡社会变迁以及华侨在其中所起的作用，并分析客家华侨所具有的一些特质。张国雄、赵红英、谭雅伦的《国际移民与侨乡研究：2012 历史、现实、网络》④，也是最近有关侨乡研究的学术研讨会论文集，选取的论文有一定的研究新视角和跨学科研究方法，代表了侨乡研究的最新成果和水平。徐华炳的《温州海外移民与侨乡慈善公益》⑤借助历史文献和乡土史志，较为系统地梳理了温州海外移民的历史进程及各阶段的特点，并着重对改革开放以来的温州海外新移民群体进行了多维度的解读。在此基础上，以慈善捐赠和公益事业为考察对象，通过大量的实地调查和个案剖析，阐述温州海外移民爱国爱乡的行为动机、活动事迹和社会价值等，从中佐证其群体性特征，并对其慈善公益实践中存在的问题做了有益探讨。柯群英在《重建祖乡：新加坡华人在中国》⑥一书中，以从福建安溪移民到新加坡的柯氏宗亲群体为

①李明欢. 福建侨乡调查：侨乡认同、侨乡网络、侨乡文化[M].厦门：厦门大学出版社，2005.

②郑一省. 多重网络的渗透与扩张——海外华侨华人与闽粤侨乡互动关系研究[M].北京：世界知识出版社，2006.

③肖文燕. 华侨与侨乡社会变迁：清末民国时期广东梅州个案研究[M].广州：华南理工大学出版社，2011.

④张国雄，赵红英，谭雅伦. 国际移民与侨乡研究：2012 历史、现实、网络[C].北京：中国华侨出版社，2014.

⑤徐华炳. 温州海外移民与侨乡慈善公益[M].北京：中国社会科学出版社，2016.

⑥柯群英. 重建祖乡：新加坡华人在中国[M].香港：香港大学出版社，2013.

例,生动描述了一个伴随着中国改革开放,海外移民重建侨乡认同的典型案例。

二、关于华侨华人与泉州侨乡关系的研究

关于华侨华人与泉州侨乡的研究,地方政府和地方史学者非常重视。早在民国时期,泉州地区已有海疆学校南洋问题研究学会和私立海疆资料馆,开展华侨历史的研究。1943 年 8 月,中国银行厦门分行副经理兼泉州支行经理张公量撰写了《关于闽南侨汇》一书,对闽南地区海外侨情概况和侨汇的发展史进行了一定深度的研究。泉州地方史学者主要做了以下工作:一是开展侨乡社会调查。晋江专署侨务局每年抽调一定人力进行华侨史、侨情、侨乡情况的田野调查。1950 年 12 月至 1965 年,先后撰写了 40 多篇有关晋江专区华侨史、侨情、华侨投资、侨汇、侨乡调查的论文。二是先后出版了《侨史》和《华侨史》资料选辑,共收集了泉州华侨史文章 64 篇 46 万字。三是编辑出版地方侨务志。不过,由于理论工具和研究方法的缺失,很长一段时期基本上还是停留在搜集和整理资料这一层面。近年来,由于泉州侨乡的历史文化和改革开放的成就,泉州华侨和侨乡引起广泛关注。李天锡的《泉州华侨华人研究》[①],立足泉州地方社会,钩沉史料,通过文献资料与田野调查相结合的方法,讲述泉州各个区县的华侨历史,涉及侨乡社会风俗、华侨出国概况和遭遇、名人事迹、信仰传播、华侨和归侨贡献等方面,分 19 章,内容丰富,但缺乏理论的探讨和分析。

就泉州侨乡研究而言,长期以来,学术界主要对泉州华侨的出国、华侨与辛亥革命、华侨与泉州教育、华侨对泉州捐赠、华侨对泉州的汇款和投资额等进行了较多的研究,取得了一定的研究成果。但是,该项研究无论是在广度还是在深度上,都有待拓展,存在的一些问题影响和制约着对华侨群体与近代泉州社会研究的深化。主要存在以下问题:一是缺少从经济学和社会学、人类学、民俗学的跨学科的多视角研究,理论方法的运用比较单一,缺乏理论深度。二是对区域社会中的华侨精英和华侨世族缺乏实证性的个案研究和学理性的阐释,长于详细阐述史实,而忽略理论的分析,缺乏历史规律的探索。三是对华侨与侨乡互动关系的背景因素及其内部的运转和传承机制缺乏深入的社会学和人类学理解和阐释。四是研究区域侨乡,没有把侨乡置于全球化进程和区域社会变迁中去考察和深入研究。

因而,本研究主要尝试探寻以下几个方面的结合:第一,华侨群体与侨乡社会研究结合起来考察,区域社会史、经济史、文化史置于近代中国整个社会转型的大背景下分析;第二,微观人类学式的侨乡跨国网络和村落形态研究与宏观的区域社会史重叠起来研究;第三,华侨群体与侨乡互动研究与全球化背景下跨国界、多层面的互动关系对应起来考察;第四,近代侨乡社会经济、政治和文化的变动与海外华侨的商业与权力的更替和演变,并行起来考察;第五,从跨国主义和社会转型两个维度和视角来研究华侨群体对近代泉州侨乡社会的作用和影响,以及运用综合、

---

①李天锡.泉州华侨华人研究[M].北京:中央文献出版社,2006.

比较和创新的视角,把握宏观与微观、定量研究与定性研究等原则来开展华侨群体与近代泉州侨乡社会研究。

第三节 本书的基本思路和内容架构

本书以华侨群体与近代泉州社会转型为研究对象,从跨国主义和区域社会史的视角,借鉴历史学、社会学、民族学、人类学等相关学科的理论方法和研究成果,运用丰富的档案、方志、族谱、文献、报刊和珍贵的田野调查资料,考察和研究海外华侨与近代泉州侨乡社会的跨国互动关系,着重探讨和分析海外华侨塑造故乡的历史进程和运行方式,论述泉州近代社会变迁中的"国际"与"传统"的有机结合,以及"侨"的因素对泉州侨乡社会文化、经济变迁、社会结构变迁、教育现代化进程的作用。目的在于阐明侨乡社会"侨"的社会经济和文化特征以及其独特的形态,分析跨国网络的建构和其独特的运行机制,以及对乡土社会产生的影响,揭示华侨群体是近代泉州社会转型的一支重要推动力量。

本书的主要内容架构:

绪论说明选题的缘由和意义,在对学术史回顾的基础上,阐明本书的研究内容,运用的理论工具和研究方法,华侨、侨乡相关概念的界定以及泉州侨乡概况。

第一章"泉州'侨'的源流与近代华侨群体特征",基于对调查资料的定量分析,结合"推—拉理论"对谱牒资料、文献资料的定性分析,着重对近代泉州跨国移民的动因进行历史考察,分析近代泉州华侨的职业构成、社会分层及群体特征。指出泉州华侨群体的形成与历史上持续不断的跨国移民运动是分不开的,也与近代国际关系格局变动有着历史的逻辑关系。

第二章"华侨群体与泉州社会经济的近代转型",首先论述了华侨群体投资与近代泉州社会工业、交通运输业、金融业、商业等行业的投资和转型,同时阐明了海外华商的投资与泉州产业结构的转变,以及在半殖民地半封建社会下华侨群体投资企业面临的不可避免的失败命运。以典型个案阐述在传统与近代共生共荣的交通运输业、侨批业与近代泉州社会的金融网络的建构中,华侨群体的引领作用。指出正是华侨群体外引内联的跨国实践,有力地推动了近代泉州社会的经济转型。华侨资本是近代泉州民族资本的一个重要补充和组成部分,华侨群体是推动近代泉州社会经济转型的一支重要力量。

第三章"华侨群体与泉州社会文化的近代转型",着重探讨了跨国移民与近代泉州地方社会民众的思想观念演变,阐述跨国移民背景下的华侨群体婚姻家庭的嬗变,生活习俗和物质文化的趋新以及近代转型,并对华侨群体与近代泉州社会文化转型的特点做了分析。认为华侨群体是近代泉州文化转型的重要推动力量,海外华侨"西器东传"、"西学东渐"开启了近代泉州思想文化面向世界的历史进程。

第四章"华侨群体与泉州社会教育的近代转型"，通过梳理华侨群体以各种捐助方式，创新办学模式和内容，探讨华侨群体与新式教育的关系，分析了侨办教育的特点和社会效应。指出华侨群体是推动泉州社会教育近代转型的一支重要力量。

第五章"华侨群体与泉州社会慈善公益的近代转型"，首先探讨了华侨群体与近代泉州社会善堂的嬗变，以泉州花桥善举公所为个案，阐述华侨群体举办慈善公益的跨国实践行为，分析了华侨群体慈善公益捐赠的动因、特点和社会效应。指出华侨群体是推动泉州社会慈善公益近代转型的一支重要力量。

第六章"华侨精英与近代泉州地方乡族特征"，首先探讨了清末民初华侨精英的崛起与泉州地方权力的变动，并对华侨精英参与调解地方械斗、地方公共事务做了探讨。近代泉州地方乡族特征与华侨群体的跨国实践行为有着历史的逻辑关系，华侨群体是近代泉州地方社会变革的积极参与者。

第七章"华侨群体与近代泉州社会转型的背景因素分析"，探讨了华侨群体与泉州社会跨国互动的独特历史背景和传承机制。从制度条件、文化因素、心理动图和经济基础等进行分析，认为政府侨务政策的调整是华侨群体与近代泉州社会跨国互动的制度条件；地缘性社团是华侨群体与近代泉州社会跨国实践的精神纽带；社会地位补偿是华侨群体与近代泉州社会跨国实践的心理因素；华侨群体在侨居国的经济地位的提升为其与近代泉州跨国互动提供了经济基础。指出海外华商跨国网络的广泛建构是华侨群体与近代泉州跨国实践和互动的经济基础。

结语基于历史对华侨群体与近代泉州社会转型进行了总结性分析，对华侨群体在近代泉州社会转型中的地位和作用进行客观评价。认为华侨群体在器物、制度和观念等三个维度推进了泉州社会的近代转型，其探索与实践功不可没。指出华侨资本是近代泉州民族资本的一个有益补充和重要组成部分，华侨群体是推动近代泉州社会转型的一支重要力量。

需要说明的是，本书研究的并不是海外华侨与中国所有侨乡社会的关系，而是祖籍地在泉州的华侨群体，着重探讨的是泉州籍华侨群体在近代泉州社会转型中的作用和影响，时间自 1840 年到 1949 年。泉州籍华侨群体与其他地区的关系，不在本书探讨范围之内。就本书总体结构而言，用较少的篇幅来论述晚清前，而把重点集中在晚清民国时期这一板块，因为到了晚清时期，泉州侨乡社会才基本定型。

第四节　运用的理论工具和研究方法

一、理论工具

学术发展的生命在于不断的持续创新。目前的华侨史和区域侨乡社会研究创新应有两个主要追求目标和方向：一是发现新材料，论证新历史；二是借鉴新理论和新方法工具，对华侨史和侨乡社会做出新的诠释和解读。

（一）跨国主义理论

"跨国主义"（transnationalism）是 20 世纪 90 年代以来兴起于西方学术界的研究当代国际移民现象的理论模式。主要用来研究全球化背景下国际移民在维持祖籍国与住在国的联系过程中建立起来的一种跨国界的社会生活领域。它由研究美国拉丁移民的美国学者最早提出，它的兴起是对民族国家模式的一个反动。琳达·贝丝·尼娜·戈里珂·席勒和克里斯蒂娜·桑东·布兰克等人对"跨国主义"做出如下定义：所谓跨国主义是指移民建立跨越地理、文化和政治边界的社会场域的社会过程，跨国移民被理解为建立和维持跨界的家庭、经济、社会、组织、宗教和政治的多重联系的群体，他们用这种多重联系来调试或抗拒其移民过程中遇到的困难，移民在出生国和移居国间的多重参与是跨国主义的要旨。[1] 跨国主义理论与民族国家理论的根本区别在于对国际移民非领土化（deterritorized），即把跨国移民从领土化的民族国家禁锢中解放出来，跨国移民被看作流动的，有机会的。移民多民族国家领土的释放使移民的主体性开始凸现，同时跨国社会场景（transnational social fields）的概念得以形成。这个概念有两个显著的特点：第一，它是跨国性的；第二，作为移民活动的场景，它包括移居国与移出国间的社会经济文化交流，而背后所依靠的更多的是国际移民建立的互动和多重网络形态。由此可见，社会网络对跨国移民社会很重要，所以 Alejandro Portes 等人主张以移民个人及其所支持的网络作为跨国移民的研究单位。[2] 跨国社会场景是跨国主义理论的重要概念，后来发展为跨国社会空间（transnational social spaces），[3]表明跨国主义理论的适应性及其张力。

跨国主义移民理论的产生和发展来自对居住在美国的拉美国家移民集体（危地马拉、多米尼加、海地和波多黎各等）的实证研究，而事实上，华人移民无论是在历史的悠久性还是在规模上都远远超过拉美移民，这样一个全新的理论框架对传统的华人研究也将带来挑战。较早把跨国主义的理念引入华人研究的有王爱华（Aihwa Ong）等人，但他们对华人跨国主义的讨论仅限于一般性的阐释，缺乏实证

---

[1]Nina Glick Schiller, Linda Basch, Cristina Blanc-Szanton. Towards a Transnational Perspective on Migration：Race，Class，Ethnicity，and Nationalism Reconsiderd[M]. New York：New York Academy of Sciences，1992：4.

[2]Alejandro Portes，Luis E. Guarnzo，Patricia Landolt. The Study of Transnationalism：Pitfalls and Promise of an Emergent Research field[J]. Ethnic and Racial Studies，1999(2)：220.

[3]Thomas Faist. The Volume and Dynamics of International Migration and Transnational Social Spaces[M]. New York：Oxford University Press，2000.

研究,且重点探索当代华人资本主义问题。① 在几年后进行的侨乡联系的讨论中,Leo M. Douw 等人继续引入跨国主义理论,但其研究范围仍然不出华人商业、文化资本主义的范畴。② 在中文学术界,跨国主义理论也在海外华人学者和国内侨史界的推介和实践下渐露端倪,一些学者尝试解释华侨华人与中国和侨乡社会关系问题。

随着全球化的加剧,不少国际移民在移居地建立起新家庭、新社区的同时,仍然与祖籍地保持着频繁而有序的金融、产业、贸易、文化、政治等活动,学者们称之为"跨国实践"(transnational practice)。③ 海外移民与家乡的道义传统很大程度上是在一种特殊的跨国实践——文化馈赠(cultural remittances)中得以延续和展现的。"文化馈赠"是指移民无偿贡献于家乡福利和文化事业,主要包括学校、图书馆、宗祠、寺庙等的行动。④

传统海外华人研究基本上是在民族国家的框架里进行,也就是以民族国家为中心,依据华人与民族国家(移居国与移出国)的亲离程度纳入民族国家的视野范围内来进行研究。一般来说,海外学者以华人移居国为中心,而中国学者则以中国为中心,再向华人移居国转移。⑤ 在这种思维模式下,探讨海外华人社会的孤立性、海外华人融入(同化于)所在国的过程以及对移居国和中国所做出的贡献,忽视华人在精神和现实世界里的跨民族参与,结果只看到华人的一面;其次,以民族国家为中心的研究多把华人视为铁板一块,看不到华人内部的差异和机制,更重要的是,这种分别以华人移居国和中国为中心的模式使得华人被双重边缘化,结果作为研究对象的华人失去了其主体性。⑥

运用跨国主义理论研究华侨群体与近代泉州侨乡社会的跨国互动,从它们之间的关系网络、家庭、市场等方面来探讨华侨群体与近代泉州社会的内部运转机制,可以更清楚地展示近代泉州华侨群体跨国实践行为的历史面貌。

①Aihwa Ong, Donald M. Nonini. Ungrounded Empires: the Cultural Politics of Modern Chinese Transnationalism[M]. New York:Routledge,1996.

②Leo M. Douw, Cen Huang, Michael R. Godley. Qiaoxiang Ties: Interdisciplinary Approaches to "Cultural Capitalism" in South China[J]. London: Kegan Paul International,1999.

③Linda Green Basch,Nina Glick Schiller,Cristina Szanton Blanc. Nations Unbound:Transnational Projects, Postcolonial Predicaments, and Deterritorialized Nation-States[M]. London: Routledge,1994:6.

④黎相宜,周敏.跨国实践中的社会地位补偿:华南侨乡两个移民群体文化馈赠的比较研究[J]. 社会学研究,2012(3):182-202.

⑤Alexander Saxton. The Indispensable Enemy:Labor and the Anti-Chinese Movement in California[M]. Berkeley:University of California Press,1975.

⑥陈丽园.近代海外华人研究的跨国主义取向探索——评徐元音的《梦金山,梦家乡》[J]. 华侨华人历史研究,2003(1):71.

（二）"移民网络"理论

"移民网络"理论（Network Migration Theory）或"社会资本网络"理论是美国普林斯顿大学著名的人口社会学家道格拉斯·梅西（Douglas S. Massey）等人于1987年在"社会资本"理论和"累积因果关系"理论的基础上首先提出来的。法国社会学家皮埃尔·布厄迪厄（Pierre Bourdieure）认为，社会资本是实际的或潜在的各种资源的集合体，其本质是人际关系网络。瑞典经济学家冈纳·米尔达（Gunnar Myrdal）提出的"累积因果关系"认为，移民行为有其内在的自身延续性，即使最初导致移民的客观环境发生变化，移民行为仍将持续①对两者进行补充，发展移民网络理论的，正是梅西及其合作者，这些理论的观点基本上是一致的。梅西、米尔达和阿朗戈都认为：移民网络是先行移民与故乡的后来者之间各种纽带关系的组合，其纽带可以是血缘、乡缘、情缘等。移民网络可以为后来者提供各种形式的支援，如助人钱财、代谋差事、提供住宿等。每次迁移都成为后来者的资源，都在为以后的迁移牵线搭桥。而新的迁移又导致了网络的扩大和进一步的发展，从而推动跨国移民不断扩大规模。② 其理论假设之一是：移民网络具有积累性效应，而且是"鼓励后来移民的一个必不可少的因素"③。学者们还进而引申出第二个假设：移民网络是移民长盛不衰的最重要、甚至唯一的原因或机制。梅西和布厄迪厄强调：社会网络对移民的重要性如何估计都不过分，这是移民发生并能够长盛不衰的最重要原因和内在机制。梅西组织的"南—北移民委员会"经过四年的研究后确认：移民网络一旦建成，"就会使人口的国际迁移获得自主性的动力，在引发移民的初始原因消失后，仍然得以长期延续"④。另一方面，在迁移原因的横向比较上，梅西等认为："随着时间的推移，向国外特定地区定向移民不再与经济、政治条件直接相关，而更多地是由与移民网络的联系程度以及在移民网络中积累的社会资本等因素来决定。"⑤值得注意的是，阿朗戈虽然也有类似的论述，但是，对于将移民网络的作用提高到如此程度的说法，他却又说："不过根据以往的经验，移民雪球不会永远滚下去，其饱和点会在某个时候到来，然后就会减速。移民网络的增长和停滞

①Emma Herman. Migration as a Family Business：The Role of Personal Networks in the Mobility Phase of Migration[J]. International Migration，2006，44(4)：198-201.

②Douglas S. Massey，Joaquin Arango，Graeme Hugo，et al. Worlds in Motion：Understanding International Migration at the End of the Millennium[M]. Oxford：Clarendon Press，1998：17-59.

③Emma Herman. Migration as a Family Business：The Role of Personal Networks in the Mobility Phase of Migration[J]. International Migration，2006，44(4)：198.

④Douglas S. Massey，Joaquin Arango，Graeme Hugo，et al. Worlds in Motion：Understanding International Migration at the End of the Millennium[M]. Oxford：Clarendon Press，1998：289.

⑤Douglas S. Massey，Joaquin Arango，Graeme Hugo，et al. Worlds in Motion：Understanding International Migration at the End of the Millennium[M]. Oxford：Clarendon Press，1998：17.

应成为未来研究的一个领域。"①尽管他并未做进一步的探讨分析,但这是一个颇有理论价值的命题。跨国网络的特征是相互联系和互利双赢,是社会关系和利益的密切结合。"移民网络理论"在国内外日益引起重视。其理论假设之一是移民网络具有积累性效应。② 近代泉州跨国移民潮,其迁移方式是家族式迁移,跨国移民网络的伦理结构是"差序格局"。借鉴和运用"移民网络理论"分析泉州侨乡移民网络的形成、特点、运行机制及其对延续移民潮的影响,以及华侨群体与近代侨乡社会跨国互动机制和模式的生成和运转,都具有重要理论价值。

(三)"社会转型"理论

学术界关于华侨华人与侨乡社会关系的研究已经确立了一些基本概念和方法以及研究模式,但与华侨群体与近代泉州社会转型的实践相比,相关的理论还十分欠缺。就总体理论构架而言,由于本书关心的是泉州籍华侨群体与近代泉州社会转型和生活场景的问题,而且主要是经济、文化、教育转型的关系问题,所以本书运用了社会学中的社会转型理论。

社会转型(socialtransformation)是社会学中一个重要的概念。作为社会学的术语,虽然在 20 世纪 20 年代才广泛地确立起来,但从 19 世纪开始,社会学家就提出了许多相当于社会转型的词语。如孔德就使用过社会进步、社会发展等概念;斯宾塞也使用过社会成长、结构分化、社会进化等概念。关于"社会转型"的概念和定义,国内外都有许多不同的解释。"社会转型"在社会学、历史学、经济学等学科中都有丰富的含义,也有不同的理解和诠释。

一种观点认为,社会转型是社会系统结构和功能的变动与更替过程。③ 持这一观点的学者认为:"社会转型的主体是社会结构,它是指一种整体的和全面的结构状态过渡,而不仅仅是某些单项发展指标的实现。社会转型的具体内容是结构转换、机制转轨、利益调整和观念转变。在社会转型时期,人们的行为方式、生活方式、价值体系都会发生明显的变化。"

还有人认为,凡是促成某一社会结构或功能产生变化的行为及其过程,都可称为社会转型。④ 即"指中国社会从传统社会向现代社会、从农业社会向工业社会、从封闭性社会向开放性社会的社会变迁和发展"。从社会学的研究上来看,人类社会就是一部社会变迁的进步史,社会变迁是一个缓慢的过程,而转型就是社会变迁当中的"惊险一跳",就是从原有的发展轨道进入新的发展轨道。专家学者关于"社会转型"含义的论述,对于正确把握泉州社会的近代转型,无疑有着有益的启示。

①[西班牙]华金·阿朗戈.移民研究的评析[J].国际社会科学杂志,2001(8):52.

②郭玉聪.福建省国际移民的移民网络探析[J].厦门大学学报(哲学社会科学版),2009(6):113.

③[美]埃弗里特·M.罗吉斯等.乡村社会变迁[M].杭州:浙江人民出版社,1988:11.

④文崇一.新加坡华人社会变迁[C]//李亦园.东南亚华人社会研究(上册).台北:正中书局,1985:15.

本书所指的社会转型,是指社会关系基本形态的变异和变迁,就是社会经济结构、文化形态、价值观念等发生的深刻变化。既包括具体的行为、过程和社会关系的基本面貌,即人们的生活方式与行为方式的变异,也包括社会关系的基本结构,即组织结构、职业结构等宏观的社会结构与功能的部分调整。严格地说,这一研究应属于历史社会学范畴,主旨在于通过历史过程的描述揭示社会演变的逻辑规律。

二、研究方法

(一)宏观研究与个案分析相结合

本书主要运用"跨国主义理论"对近代泉州侨乡社会变迁中的华侨群体因素进行历时性与共时性的分析。此外,从区域社会史与跨国主义的视角,把握宏观与微观、静态与动态、定量研究与定性研究等原则,运用"多元中心"的分析脉络,创新华侨群体与近代泉州侨乡跨国互动研究的理论工具和研究取向。

在宏观层面上,把侨乡置于全球化进程和区域社会变迁中去考察,更有利于揭示近代侨乡社会新变的独特形态,才能更进一步意识到全球化背景下的海外移民、跨国实践与利益驱动、国际资本势力扩张和"侨乡"形成与发展的促生催化作用。在微观层面上,要清楚地认识不能单从侨乡的历史背景、文化意识,从"侨乡"所在的区域环境和所处的全球化进程中等宏观视角开展研究,更要从微观入手,如对华侨世族的精英人物和活动,需要选取典型个案进行解剖式的研究,具体地了解掌握华侨群体在其中的作用。

(二)跨学科研究方法

综合运用社会学、历史学、国际关系学、心理学等跨学科研究方法进行研究。如,运用社会交换和社会地位补偿理论,来分析华侨群体与近代泉州侨乡社会互动模式的运行发生机制。

(三)田野调查法

田野调查法是人类学侨乡研究的基本方法,田野调查作为一种研究方法对于侨乡社会研究有着重要意义。田野调查工作是一种对社会及其生活方式亲身从事的长期性的调查工作,是文化人类学最重要的研究方法。因此,笔者曾经多次到泉州南安市梅山镇、诗山镇和晋江安海镇、陈埭镇进行田野调查,运用问卷调查、参与观察、深入访谈等多种方式,有针对性地开展了田野调查和口头采访。田野调查法对于研究资料的获取,意义也非常重大。众所周知,侨乡研究仅靠文献资料显然是不够的,因为大多数侨乡都缺乏完整的文献资料。另外侨乡的许多文化通过仪式等民间文化形态传承下来,尤其是在文物遗存、民俗风情、方言、宗教信仰、建筑形式等方面,有可能通过实地调查和考察访问得以收集,侨乡人民的生活实态也只有通过实地调研才能有效地感知和体认。通过田野调查收集口述与问卷资料,记录传说等非文本资料,并与文献资料、档案资料、报刊乡讯等文本资料相互补充和印证,这是解决侨乡研究资料不足问题的一个重要途径,也是研究区域跨国移民史和跨国社会空间侨批文化等行之有效的方法。

第五节 华侨及其相关概念的界定

一、"华侨"的概念及其身份辨识

就"华侨"一词的使用而言,国内外华侨史学者通常认为是 19 世纪末才出现的,开始在各种文书中大量使用始于 20 世纪初。持此论者大部分是根据日本学者成田节男的考证。成田节男在其所著的《华侨史》中认为:清光绪二十四年(1898年),旅日横滨华商创办一所子弟学校,名为华侨学校,这是"华侨"一词见于文字的嚆矢。① 此说基本为中国学者所接受。朱杰勤、陈碧笙、黄重言、温广益也引用此说。另据庄国土的考证,"华侨"一词最早出现于 1883 年郑观应在呈交李鸿章的一篇呈文中,《禀北洋通商大臣李傅相为招商局与怡和、太古订立合同》一文里面有这样的记载:"凡南洋各埠华侨最多之处,须逐渐布置,亦派船来往。"②"华侨"一词也较早出现于《清实录》中。光绪十年(1884 年)六月朝廷颁令:"以神灵感应颁美国金山华侨昭一公所关帝庙匾额,曰义昭海域,并以侨居商民急公好义,传旨嘉奖。"③其次,光绪二十年(1894 年),使美、日、秘大臣杨儒奏:"华侨锐减,请裁撤马丹萨分领事以节经费。"④光绪二十五年(1899 年),使美、日、秘国大臣伍廷芳也奏:"秘鲁华侨财物被掠案、赔款议结。"⑤在清朝 20 世纪以前的官方档案中,除了这三条材料外,尚鲜见"华侨"一词,大量使用的还是"华民"或"华人"。用"华侨"的地方与"华人"意思同样,均包括华商、华工。到 20 世纪最初几年,"华侨"一词也不多见,《东华录》《清实录》《清季外交史料》及朝廷奏折、上谕中也用过数次,但主要还是用"华人"或"华民"。即使是流亡海外的康有为、梁启超及孙中山,用"华侨"一词也不多。据推测,"华侨"一词广泛流行起来是在 1905 年同盟会成立之后。

"华侨"一词的使用和称谓的演变是华侨群体身份建构和形象蜕变的历史演进过程。"华侨"一词的使用和含义的演变大致是这样一个过程:鸦片战争前是用唐人、北人、中国人、内地民等称呼华侨;随着鸦片战争以后中外交涉的日益增多,开始使用"华民"、"华人"、"华商"、"华工"等词称呼。在流动性上,先用寓居、旅居、流

①[日]成田节男.华侨史[M].增补版,1942:25.
②郑观应.盛世危言后编:卷 10.军务[M].
③佚名.清实录光绪朝实录:卷 188[M].355.
④佚名.清实录光绪朝实录:卷 188[M].422.
⑤佚名.清实录光绪朝实录:卷 188[M].443.

寓,后用侨居、侨寓、侨氓,最后,"华民"与"侨民"结合,形成"华侨"一词,用来表示侨居国外的中国公民,用"华"字意指中华的民族属性,用"侨"字表示移居现象。其内涵除了保留中国国籍外,还包括移居一段时间,有一定职业,居住权也得到认可的中国跨国移民。

华侨,也称"海外华侨",是指侨居或旅居在国外的中国公民。华侨是一个具有特殊经历和背景的跨国移民群体,"华侨"一词也是一个动态的概念,在不同的历史语境中,有其不同的内涵。

20世纪30—40年代,中外学者曾围绕华侨的概念及其定义是否包含国籍的元素而进行过激烈的论争。以李长傅和小林新作为代表者,给华侨下的定义为:"华侨者,不问其国籍如何,是从中国领土移往外国领土的子孙。"以丘汉平和成田节男为代表者,给华侨下的定义则是:"凡是中国人移植或侨居了外国领域而未丧失中国国籍的,叫华侨。"关于华侨的概念和定义,依据标准不同,中外侨史学者向来对之有不同的理解和诠释。在《华侨资本的形成与发展》一书中有王瑜列举的几种不同的解析。①

强调从字义上分析的解释:从语源上看,所谓"华"就是中华的"华"的意思,而侨是侨居、侨寓或侨民的侨的略称,又根据语学上的解释,侨居的概念为旅居,侨寓为寄寓,都是含有一时性或有"暂时居住"的意思在内,因此华侨应该解释为"暂时居于国外的中国人"②。但是,"这个词义虽然是指华人的侨居乃暂时的寄寓,但实际上华侨在海外的所谓暂时居留,不用说是包含了所有已经在当地居住达两代人、三代人之久的永久居留者在内了",这就指出了这个词义解释与实际情况是有差异的。

强调在外侨居或现地中心主义的解释:这一定义是以华侨在海外居留的实际情况为中心而规定的,说明的重点放在其移住的具体性事实也就是居留在国外这一事实上面。例如有人认为华侨是"从中国本土移居到海外的中国移民及在此居留地生长的移民后裔(侨生)之总称"③。还有人说所谓华侨"系指移住外国之中国移民及其后裔而言"④。另外有所谓华侨"系指移住当时,从中国领土地区移住外国领土之中国人,或其后裔而居住于外国领土者。至其国籍如何,可置不问"⑤。这三种解释有一个共同的概念,那就是必须居住于外国领土,具有向国外移住的现象,才能构成华侨的概念,而在国内发生的移民现象,就不能称之为华侨。这种概念是为了要规定华侨定义所不可或缺的条件。这种解释虽然没有把所有的移居者都称之为华侨,不过后裔究竟限制在什么样的范围内却并不明确。

---

①[日]李国卿.华侨资本的形成与发展[M].福州:福建人民出版社,1985:26-28.

②[日]小林新作.中国民族之海外发展——华侨之研究[M].东京:东京海外社,1931:1.

③南洋协会.南洋的华侨[M].出版地不详:出版社不详,1980:23.

④太平洋协会.法属印度支那·政治经济篇[M].出版地不详:出版社不详,1980:418.

⑤[日]小林新作.中国民族之海外发展——华侨之研究[M].东京:东京海外社,1931:2.

　　强调有无中国国籍的解释:这主要是从法理上来解释华侨的身份为目的所下的定义,例如有人认为"凡是移居外国的中国人而未丧失中国国籍者谓之华侨"①。从国际法来看,这种说法也许是正确的,但从现实情况看,却不尽然。

　　强调民族特征的解释:这是王瑜的解释,他将"华侨"定义为"中华民族中,有到海外开拓发展事业的精神,移居或定居外国,但没有失去中华民族意识的人"。但以所谓"民族意识"这种抽象的精神形态作为定义是不适当的。因为这样一来不仅这种解释有问题,而且连所谓华侨这一词语本身都有问题了。再说华侨一词本是晚清政府的官员为了把"弃民"的身份提高到"国民"的身份从而设想出来的词语;而至今,人们却依然使用这个词语,想把它用作20世纪下半叶动荡世界形势中进行斗争的海外移居者的定义,这件事情本身就是很荒谬了。

　　上述解释,虽然抓住了华侨的某些特点,但是都不全面。主要是忽视了其论争时所处的时代特征和历史背景,没有区分和认识到是在各个不同历史时期所做出的诠释和定义。王瑜曾说过,"所谓华侨这种称呼,已不适合现代的华侨社会了",并指出华侨社会的内部和外部都已经发生了重大的变化。

　　另外,还有强调民族、侨居和国籍三个要素的解释。认为:华侨是侨居国外而仍然标示中国国籍的华人。②

　　《世界华侨华人词典》对"华侨"一词的解释是:中国在海外定居谋生并保持中国籍侨民的总称。华侨一词指的是侨居海外的中国人,相当于国际文献中通称的"海外华人"(Overseas Chinese 或 Chinese abroad)。对"华人"一词的解释:一是对具有中国血统者的泛称;二是称外籍华人华族,英语为 Ethnic Chinese。已取得外国国籍的原华侨及其后裔,华侨丧失或放弃中国国籍,并取得外国国籍后,即改变身份为华人。

　　1990年9月7日全国人大常委会第十五次会议通过,2000年10月31日修订的《中华人民共和国归侨侨眷权益保护法》给"华侨"下的解释和定义则是,"华侨是指定居在国外的中国公民"。这里有三层含义:第一,华侨是侨居海外的中国公民,具有中华人民共和国国籍。如果侨居在海外的中国人加入了居住国或其他外国的国籍,就自动丧失中华人民共和国国籍,他们是外籍华人。第二,华侨必须定居在中国领土之外的其他国家;定居在香港、澳门或台湾地区的中国公民,称为港、澳、台同胞,不是华侨。第三,华侨必须是在国外获得永久居留权者,必须是在国外旅居或定居的;旅居是指中国公民已取得住在国长期或者永久居留权,并已在住在国连续居留2年以上,2年内累计居留不少于18个月。公派出境短期工作居住或公派自费出国留学生没有定居的,均不视为华侨。以上三点是中国政府关于"华侨"的正式官方定义和对于"华侨"身份界定的基本依据。

　　①丘汉平.华侨国籍问题之讨论[J].东方杂志(第34卷),158.
　　②郑民.华侨的概念、定义初探[J].东南亚研究,1988(3):66-73.

关于"华侨"的定义,不同地区文化背景的学人的看法,也有一定的参考价值。王赓武先生认为,"华侨"这个字眼的内容包括多方面,它强调所有在海外的华人具有侨居者的地位。当我们谈到"华人"时,这个字眼所指的是,那些居住在中国版图以外,也就是居住在中国大陆、台湾和香港及澳门以外的华裔。① 当然,在过去几百年中,这些华裔大多数是侨居者,但是在 20 世纪下半叶,这些侨居华人变成当地公民的过程,却是一种新颖的,也是最重要的历史现象。"华人"这个新概念,是用来形容第二次世界大战以后,东南亚新兴国家的华裔公民的。

欧美等西方国家所使用的"海外中国人"(Overseas Chinese)或者"在国外的中国人"(Chinese Abroad),内涵比较丰富,而且也比较符合实际情况。但是,日本的报刊媒体将华侨、华人和华商并列使用的报道与情形也经常可见。有的甚至于还误把台湾、香港、澳门的中国人也称之为华侨。显然,这种说法容易引起人们对于华侨的误解。

华侨作为一个群体,在外界看来,可以具有与另外一些族群不同的特征。就当今而论,"华侨"的定义最好应这样理解:华侨是指在国外定居的具有中国国籍的自然人,是中国侨民的简称;华人是具有中国血统的外国籍人。国籍要素是区分"华侨"与"华人"的根本依据。我们认为,"华侨"的定义,其概念、定义应该从他们是否具有中国人身份,以及与中国是否有法律关系、经济关系、社会联系和历史文化认同等要素来理解和认知。具体而言,主要包括四个要素:(1)中华民族成分的要素。也就是说要有广义的中华民族血统及中华民族共同特征。外国人依法取得中国国籍,如果是居住外国并有中国国籍,他也可称为中国侨民,但严格意义上说,与之又有差异。但就国际法和国籍而言,两者似乎没有区别。(2)侨居海外的要素。主要是以经济、谋生为目的的海外侨居,这有两种情况:一是不以经济、谋生为目的的出国,其中主要是指出国旅游,短期出国留学、讲学、考察和因公驻外等;一种是结合国籍变更而永久性移居的流离现象,其中包括民族的大迁移,难民永久性定居等。很显然它不是海外侨居。(3)中国国籍继续保持的要素。这是区别外籍华人和外籍华族的根本依据。一般而言,外籍华人是指取得了外国籍而丧失了中国籍的具有中华民族成分的人。而外籍华族已成为构成所在国的民族大家庭的一员,尽管它是一种同源于中华民族的民族。但严格意义上说,外籍华人或外籍华族已丧失中国国籍,不能再称为华侨了。(4)具有中华意识的要素。整体而言,华侨是一个有强烈中华民族意识的移民群体。就个体而论,具有以华侨历史特性为背景的华侨意识的人才能被称为华侨。其心理特征应以"中国取向"和历史文化认同为主。②

———————————

①Wang Gungwu. Greater China and the Chinese Overseas[J]. The China Quarterly,1993(136):926-948.

②蔡苏龙,牛秋实."华侨""华人"的概念与定义:话语的变迁[J].汕头大学学报(人文社会科学版),2002(4):77.

需要指出的是：就其具体的个人的法律身份（国籍）而言，华侨是可以变更的，即由一国的国民变为另一国的国民。这种法律上的身份的变更，不影响其固有的民族特征或民族成分，因为侨民在法律上的身份与其固有的民族成分是不同的。前者，有关国家可以通过立法和条约手段加以变更，后者则只有在长期的民族同化或民族融合过程缓慢地发生变化。

还有学者提出"广义的华侨"说。认为："广义的华侨"的含义与"华族"的含义大体相当。其范围很广泛，"包括所有移居国外而仍持有中华民族特征的人，不问其有无国籍"。这种说法显然是混淆了"华侨"与"华族"这两种不同属性的概念，即"华侨"属于国民概念，"华族"则应属于一般的民族概念。我们也不应该离开华侨的国民属性来分其广义和狭义。

当然，国民国籍身份的变更，并不影响其固有的民族成分的存在；同源于同一民族之间的天然联系，诸如传统的民族文化、语言、风俗习惯等，以至亲属之间的亲情，依然还要继续存在下去，一时的强制手段是切断不了的。但是，就他们中所具有的各自不同的属性、含义、概念和定义而言，仍然是客观存在的，以至在国际关系的生活中，也往往成为某些"敏感"的问题。因此，我们认为，提出"广义的华侨"之说，特别是在当今的历史情况下，是脱离实际的，难于立论。此外，"广义的华侨"之说，也混淆了华侨与华人（外籍华人）的界线，即本国侨民与外国公民的区别。应该指出的是，在中华人民共和国已与各有关国家签订了关于解决华侨双重国籍问题条约或协议，特别是在中华人民共和国国籍法已颁布（1980 年）之后，这一说法也是不可取的。

20 世纪 80 年代，有学者认为，沿用"中国移民"来代替"华侨"这一称呼是比较可取的，指出："一般说来，所谓中国移民是指在国外谋生并可能定居下来的中国人……排除那些派来此地为中国利益服务的外交官和其他官员以及为特定的短期任务而被派来此地的私人代表……不排除过去五六百年中的许多中国移民，他们可能包括离开中国土地的大多数中国人。"并且，提出了中国海外移民的四种形态："华商形态"、"华工形态"、"华侨形态"和"华裔形态"。

一般而言，华侨在出国前和出国后的职业和社会成分是不一样的，是变化和不固定的。华侨在走出国门前，多数人是来自城乡的贫民或来自社会底层，其多数一般没有固定的职业；出国后，由于居住地谋生条件的改善和个人机遇、主观努力等因素不同，其在国外的职业和社会成分也不断地变化。因此，将中国海外移民划分为四种形态，尽管这理论上显得有一些新意，但我们应该看到现实往往是丰富多彩的。因而，我认为这种观点有值得进一步探讨的必要。必须指出的是，划分四种海外移民所持的依据或标准也是不同一的。如划分"华商形态"和"华工形态"，是以其社会职业为依据；而划分"华裔形态"，则是以"一个国家里的华裔又移民到另一国家"的所谓"再移民"为依据的；在划分"华侨形态"时，则是以意识形态为依据的。显然，这会使人产生许多疑点；诸如作为"华商形态"、"华工形态"和"华裔形态"的具体人来说,我们不可能保证他们是没有"意识形态"问题的;再是作为"华侨形态"的具体人,也并不是没有从事任何社会职业,包括经商、当工人或做其他的事情。

晚清民国时期,"华侨"这一术语,曾被用来泛指在国外居住的具有中国血统的人。清政府《大清国籍条例》(1909)、北洋军阀政府《修正国籍法》(1914)和国民政府《国籍法》(1929)等三部旧中国国籍法,均有规定:对于"数世不归"的华侨,继续保留其中国国籍,即所谓"冀其后裔绵延",无论若干世系仍属中国国籍。因此,凡是具有中国血统而居住国外的人,都被认为是华侨。

中华人民共和国成立之后,情况有了很大不同。中国政府为了妥善地解决历史遗留下来的华侨问题,以利于同各有关国家建立友好睦邻和互相信任的关系,于1955年万隆亚非会议期间,正式宣布不赞同华侨的双重国籍,并与有关国家签订了关于解决华侨双重国籍问题的条约。随着华侨双重国籍问题的解决,关于华侨的概念应该是只能适用于仍然保持中国国籍的中国侨民,已经自愿加入或取得外国国籍的,即自动丧失中国国籍的人,已不是中国公民,不能再称为华侨。因为他们是具有中国血统的外国国民,所以通常是称他们为华人或者外籍华人。1980年9月中国政府又公布了《中华人民共和国国籍法》,规定:"中华人民共和国不承认中国公民具有双重国籍。"(第三条)"定居外国的中国公民,自愿加入或取得外国国籍的,即自动丧失中国国籍。"(第九条)

"华侨"概念的使用和流行,在一定程度上也反映了中国跨国移民及其后裔这一群体的客体认同、迁移时间和主观认同的演化。20世纪50年代中期之前,在海外生长或侨居海外的中国人多被称为华侨,这一最普遍的称谓,反映了这一群体在海内外的官方和民间被视为"侨寓者"或"中国侨民",以及这一群体对中国的强烈历史文化认同。20世纪50年代中期之后,由于侨居国民族政策的改变和要求以及华侨本身的利益诉求,这一群体相当一部分已加入当地国国籍,在政治上认同当地,在文化和族群意识上认同华人群体本身,华人取代华侨渐成时代主流,"华侨"这一称谓也逐渐被"华人"概念所取代。

上述对"华侨"概念和定义的诠释和理解,有助于我们进一步加深对华侨群体特征的认识。目前,学术界与法理上对于"华侨"的概念与定义以及这一词语的用法上还有不同的看法。在本书的论述中,有时随历史的变迁在用法上做了一些变动,目前有诸如"海外华侨"、"华侨华人"、"华人华侨"、"海外华人"、"海外华侨华人"等不同用法。必须指出的是,本书所讨论和述及的对象"华侨群体"泛指居住在中国以外的世界各地的华侨、外籍华人和归侨。这样也许更符合当时的历史境况和政治意涵。

二、"侨乡"的界定:社会学的诠释

"侨乡"的字面意思是"华侨的家乡"①。其实侨乡,并非只是华侨的故乡,它不

---

① 周南京.华侨华人百科全书·侨乡卷[Z].北京:中国华侨出版社,2002.

仅是华侨、归侨、侨眷的故乡,而且还是外籍华人、华裔的祖籍地和精神家园。所以侨乡完整的表述应该是指具有一定规模的华侨、华人、归侨、侨眷的故乡和精神家园。

侨乡,是指历史上或现今有一定规模海外移民的区域社会,主要分布在东南沿海和内陆边境地区。而"侨乡"一词在社会诸领域的广泛使用,无疑是源于改革开放后中国政府对华侨华人与侨乡联系的推动,希望借此促进中国的地方发展与现代化进程。

据有关学者的查证,"侨乡"一词开始出现,时间似在 1948 年左右。[①] 这一年上海《求是》月刊第一期有《侨乡简讯》栏目,刊载《南竿塘著匪落网》等 8 篇报道;另外有《石光月刊》第二卷第三期杞人《侨乡教育之隐忧》、第三卷第二期征漠《侨乡资金的运用问题》两篇文章;《上海洪声》第二卷第七、八期合刊"侨乡通讯"栏目,有前锋《新会械斗始末》一篇报道。1948 年至今,不过 60 年的时间。[②] 至于第一本以"侨乡"命名的著作,应该是 1951 年 12 月北京光明日报社出版、美洲侨界元老司徒美堂(1868—1955 年)所撰《粤中侨乡土改前后》一书。[③] 这已经是新中国成立以后的事情。

1938 年,社会学家陈达写成《南洋华侨与闽粤社会》,在这部中国现代侨乡研究的奠基之作中,他所使用的称谓是"华侨社区";[④]1948 年,福建省研究院社会科学研究所政治组,拟于泉州、永春两地进行调查,"研究海外华侨之活动对其家乡社会经济各方面之影响",所用称谓为"侨眷社区";[⑤]1948 年,报刊文字中与"侨乡"同时出现的,有"侨村"这个语词;[⑥]1950 年,福建省农民协会在晋江等地侨乡进行农村调查,使用的称谓是"侨区";[⑦]直到 1956 年,厦门大学章振乾先生组织调查小组,调查访问福建晋江、厦门侨乡,次年发表的报告题名《福建主要侨区农村经济探论——侨区农村调查之一》,文中"侨区"和"侨乡"并见。[⑧] 1956 年以后,"侨乡"一词在报刊书面媒体中,才得到普遍的采用。可以这么说,"侨乡"称谓出现时间之晚,是中国现代华侨研究"目光向外"倾向的一种反映。研究报告和学术作品中"侨

---

①赵灿鹏."目光向外":中国现代华侨研究的一个倾向暨"侨乡"称谓的考察[J].华侨华人历史研究,2008(1):52.

②上海图书馆.上海图书馆馆藏近现代中文期刊总目[M].上海:上海科学技术文献出版社,2004:1.

③司徒美堂·粤中侨乡土改前后[M].北京:中国致公出版社,2001:369.

④陈达.南洋华侨与闽粤社会[M].上海:商务印书馆,1938:3.

⑤福建省研究院社会科学研究所.福建省研究院社会科学研究所概况[M].福州:复印本,1947:21-22.

⑥蔡清连.侨村素描[J].石光月刊:第 2 卷,1948(3).

⑦福建省农民协会.华东农村经济资料(第三分册)·福建省农村调查.晋江县侨区农村调查[R].华东军政委员会土地改革委员会印,1952:85-105.

⑧章振乾,陈克俭,甘民重,等.福建主要侨区农村经济探论——侨区农村调查之一[J].厦门大学学报(哲学社会科学版),1957(1):31-66.

乡"概念的晚出,与此种"目光向外"的研究倾向不无关系,这也意味着现代学术史上侨乡研究起步之晚。①

侨乡即"华侨的故乡",是一个约定俗成的称谓,但它所指称的不单是海外移民输出地,其本质意涵应当是其有着与华侨华人的多重联系而在经济、文化和社会生活形态以及价值观念上表现出与非侨乡不同的特质。就"侨乡"的概念而言,学术界并未对此做过明确和严格的界定,而只是对之从不同角度进行解读。侨乡,本指华侨在中国的故乡。早期出国华侨,多为粤、闽、琼三省人民。这些省出国华侨较多的县,向有"侨乡"之称。②"侨乡"就是与华侨有关的,华侨多的地方,过去常常被称为"侨乡"。对华侨及外籍华人的祖籍地,国内习惯称"侨乡"。③"侨乡"主要是指国内某些华侨较多而侨眷较集中的地方。一般不以省级地区来划"侨乡"。广东、福建、浙江和海南有很多市县因历史上旅居海外的华侨较多而被称为侨乡。

尽管已有新侨乡和都市侨乡的诸多表述和论证,但不得不说侨乡其实是一个历史性的概念和称谓。就中国而言,"侨乡"主要分布在东南沿海和内陆边境地区,它是伴随着近代中国跨国移民运动而出现的,是一个地区跨国移民到一定程度的产物,是跨国移民比较活跃的区域性社会。作为社会科学的研究对象,侨乡指的是一种跨国移民社会类型的区域性社会,是近代中国大规模跨国移民运动出现后逐渐形成的对于移出地的泛称,它既有行政区划的社会色彩,又有人文精神上的地域文化特色,更有长期海外影响带来的中外文化融合的明显印迹。

侨乡的地位和作用突出表现在它的创新价值与引导意义上。侨乡不仅具有内地所缺乏的海外资源的禀赋,也提供了先行探索所必备的文化观念基础和制度环境,在长期的中外交流互鉴中,侨乡文化融入了域外文化与市场经济元素,在此基础上,侨乡的体制创新也走在了其他地区的前列。基于成本选择和文化适应,企业文化与管理模式的改变又涉及侨乡企业发展与产业结构调整的问题,这与侨乡观念更新与文化建设也相关联。提高企业的创新驱动能力与产品科技含量,培育国际化的品种,侨乡社会应该从立足"引进来"到主动"走出去"转变,由在侨乡社会配置资源到在全球化的视域下整合生产要素与各种资源,形成海内外一体化的产业链,增强在国际分工中的核心竞争力。这都涉及企业经营与管理制度的再造,涉及侨乡文化与思想观念的更新以及制度安排的创新。这对于解答近代中国社会转型的模式问题具有全新的认知意义。因此,在经济全球化的总体框架及语境下评价其地位和作用,对于中国的现代化进程具有进步意义和深远影响。

---

①赵灿鹏."目光向外":中国现代华侨研究的一个倾向暨"侨乡"称谓的考察[J].华侨华人历史研究,2008(1):52.

②周南京.世界华侨华人词典[Z].北京:北京大学出版社,1993:506.

③陈国强.福建侨乡民俗[M].厦门:厦门大学出版社,1994.

三、泉州侨乡概况

泉州,古称刺桐城,位于福建省东南沿海,台湾海峡西岸,北承福州,南接厦门,东望宝岛台湾。泉州是中国首个"东亚文化之都",①是联合国教科文组织认定的"海上丝绸之路的起点",②列入国家"一带一路"21 世纪海上丝绸之路先行区。③泉州是华侨华人最重要的祖籍地之一,是中国著名侨乡。分布在世界 130 个国家和地区的泉州籍华侨华人有 948 万人,归侨、侨眷 250 多万人;旅居香港同胞 70 多万人,旅居澳门同胞 6 万多人;台湾汉族同胞中 44.8％约 900 万人祖籍泉州,全市合属 16 万人。④ 因而,单就地级市这一层次而言,可以说泉州是中国最大的侨乡。

泉州侨乡乡镇分布特点:大多数沿海县(市、区)的乡镇重点侨乡相对较多而山区乡镇相对较少。1990 年,泉州市有 139 个乡镇、街道办事处和 5 个乡镇一级农场,其中重点侨乡占 104 个,占总数的 72.2％。其他未列为重点侨乡的乡镇均为一般侨乡。海外华侨和归侨、侨眷人口总数占在乡人口比例最低的德化县桂阳乡、杨梅乡,1987 年分别有归侨、侨眷 128 人和 87 人,占当地人口比例的 1.7％和 1.6％;如果包括海外侨胞,则两个乡海外华侨和归侨、侨眷总数均相当于在乡人口数的 4％。在一般侨乡乡镇中,有部分乡镇仍有较显著的侨乡特点。⑤

依据侨乡的界定标准和福建省的侨乡划分标准,华侨、华人在 10 万人以上,或相当于该县(市、区)总人口的 20％以上,侨汇较多,与海外关系比较密切的为重点侨乡。华侨华人在 10 万人以下 1 万人以上的,或是相当于该县(市、区)总人口的 20％以下,侨汇较多的,为一般侨乡。我们可以看出,泉州市的县区都是重点侨乡。以晋江市为例,晋江有 15 个乡镇、961 个自然村,个个乡镇都是重点侨乡。据 1987 年统计资料,归国华侨和侨眷人口是 78248 人,占全市人口 1074504 人的 7.3％。归国华侨和侨眷占人口 80％以上的乡镇是龙湖、金井。

①闽南网.泉州当选"东亚文化之都"——中国唯一获此殊荣城市[N/OL].(2013-08-27) [2019-03-19].http://www.mnw.cn/.

②泉州是联合国教科文组织认定的海丝起点[N].人民日报,2016-07-21.

③福建日报,2015-11-18.

④泉州人民政府网.走进泉州·人口民族[EB/OL].(2018-07-13)[2019-03-19].http:// www.fjqz.gov.cn/20180713/20190319.

⑤泉州市华侨志编纂委员会.泉州市华侨志[M].北京:中国社会出版社,1996:289.

第一章 泉州"侨"的源流与 近代华侨群体特征

近代泉州华侨群体的形成与其历史上持续不断的跨国移民密不可分,特别是与近代中国大规模的国际移民和亚太地区政治、经济关系格局变动有着历史的逻辑关系。近代泉州跨国移民作为中国历史上跨国移民和国际移民浪潮中的一个重要组成部分,有其独特的历史背景和区域文化因素。在晚清前相当长的一段历史时期,泉州跨国移民在某种程度上其实是对政府自由迁徙政策规制的一种蔑视和反抗。本章基于对调查资料的定量分析和结合"推一拉理论"对谱牒资料、文献资料的定性分析,着重对泉州跨国移民的历史演化、形成原因等进行历史考察,并分析近代泉州华侨群体特征。

第一节 泉州"侨"的源流

一、晚清前泉州人的出洋

泉州华侨出国历史悠久,源远流长。据《南安县志》记载,唐高宗龙朔元年(661年),旅居菲律宾的南安县人郑国希过世,葬于菲律宾礼智省马亚辛。其墓碑上的汉字清楚地表明他死于唐高宗龙朔元年。郑氏的坟墓,是迄今为止东南亚地区发现最早的泉州华侨的坟墓。[①] 它的发现表明,唐初,泉州沿海一带就有人前往菲律宾谋生,并终其一生。此外它还表明郑氏死后,他的后人或同乡是按家乡葬俗葬之,并立碑,可见当时华侨已形成聚落。因而有人认定,泉州华侨史上最早出洋的华侨是南安人郑国希。也有人认为,泉州最早的华侨是公元8世纪跟随鉴真和尚东渡日本的泉州超功寺僧昙静。《唐大和尚东征传》记载,唐天宝十二年(753年),鉴真和尚东渡日本成功,随行的弟子中有"泉州超功寺僧昙静",昙静和尚偕十余名泉州工匠随鉴真东渡日本[②],他从此定居日本,成为一位著名的传戒师,对佛教在

---

①福建省南安县志编纂委员会. 南安县志·华侨:卷 12[M]. 南昌:江西人民出版社,1993:312.

②泉州市华侨志编纂委员会. 泉州市华侨志[M]. 北京:中国社会出版社,1996:1.

日本的传播起了一定的作用。此外,唐咸通十四年(873 年),泉州僧人释智宣出国取经,在印度侨居 25 年,遍历亚洲 30 国,于天祐四年(907 年)回国。从侨居状况、侨居年限来看,这些人可以称为华侨。因而泉州人侨居国外的历史可以远溯到唐代。

宋元时期,由于泉州港的勃兴和繁荣,泉州造船业、制瓷业、海外贸易和海外交通发达,泉州已是中国主要对外贸易商港,对外交往频繁,许多泉州人扬帆到海外经商,一些人则定居菲律宾、马来亚和印尼,成为泉州的早期华侨。

在宋代,就有泉州人向越南、朝鲜、日本、印尼、菲律宾等地迁移的记述。史料记载,《宋会要》记载泉州海商邵保往返占城(越南)的事迹。《高丽史》及中国史籍记载,大中祥符八年至元祐六年(1015—1091 年)间,前往高丽(朝鲜)的泉州商人有林仁福、陈文轨、卢遵等 19 批次,其中注明人数的就有 7 批 500 多人。其中欧阳征、陈亿、刘载等人留在高丽为官。《参天台五台山记》载,熙宁三年(1070 年)已有泉州人往日本。而日本的史料录存的泉州客商李充的"公凭"载:李充及同船计 67 人,于崇宁元年(1102 年)贩丝瓷往日本,滞留两年后回国,翌年再往。南安石井人从事海外贸易的有丁有财、许汉青等人。到了南宋,泉州人口继续增长,人稠地瘠,且造船业发达,为泉州人远航提供了有利条件。此后,侨居国外的人渐多。泉州人出洋经商,乃至侨居国外已屡见诸史籍。宋人朱彧云:"北人(华侨)过海外,是岁不归者,谓之住蕃。"《夷坚志》记载:泉州人王元懋,"少时只役僧寺,其师教以南蕃诸国书,尽能晓习。尝随海舶诣占城国,王嘉其兼通蕃汉书,延为馆客,乃嫁以女,居十年归来"①。侨居十年,并娶了国王女儿,然后回到家乡。宋末战乱,"泉州地区居民纷纷外逃出洋"。或仕占城,或婿交趾,或别流远国到柬埔寨和泰国等地。

泉州人大规模的迁移海外,无疑开始于泉州港兴盛时期。在此之前有记载的出洋人数非常有限。元朝泉州港成为中外海上交通的枢纽,被誉为"东方第一大港"。元朝政府致力拓展海外市场,在泉州设市舶司、中书省,统海船 15000 艘。"苍官影里三洲路,涨海声中万国商。"②"四海舶商,诸番琛贡,皆于是乎集。"③泉州人出洋也较以前更为兴盛。《岛夷志略》载:元代,泉州对外交往已达 99 个国家和地区。其时,泉州与爪哇之间有船舶通往,流离其地的泉州人颇众。《岛夷志略》古里地闷条载:"昔泉之吴宅,发舶稍众,百有余人,到彼贸易。既毕,死者十之八九,间存一二,而多羸弱乏力,驾舟回舶。"④帝汶开始有泉籍华侨。书中还记载有泉州人"往麻逸国、苏禄"。元代曾多次对海外动兵,其中至元三十年(1293 年)远征爪哇,元朝发兵二万,战船千艘,从泉州启程,后战争败退,不少兵士留居爪哇勾栏

---

①(宋)洪迈.夷坚志:卷 3[M].

②(宋)王象之.舆地纪胜:卷 134[M].

③庄弥邵.罗城外壕记[M]//何绵山.闽文化概论.福州:福建人民出版社,2000:258.

④(元)汪大渊.岛夷志略:"古里地闷"条[M].

山。① 而元征爪哇时作战失败,军中病卒数百人均留在当地,成为华侨。当时,在东南亚的商人中有不少泉州人,有的在"番国"成家立业,开店贸易。在明初郑和下西洋时,已经发现三佛齐(印尼)有闽越人侨居。《明史》卷三二三记载:在菲律宾,"闽越人以其地近,且富饶,商贩至者万人,往往久居不返,至长子孙"。德国汉学家傅吾康(Wolfang Franke)利用所搜集的东南亚古代汉文碑刻资料论述泉州海外交流的盛况。据他所陈述的材料,元朝东南亚早有中国人的墓碑、庙碑、亭碑等碑刻,也证明当时侨居东南亚的泉州人已经不少,他们成为第一代华侨。

随着海上商贸的渐兴与泉州人跨国移民的互动并进,值得我们注意的是,在明朝以前的泉州海外贸易的黄金时期,泉州人侨居海外有其时代的特点。这个时期侨居海外的泉州人,大多是临时性的,而且除了特别的原因(如元兵失败、重病而无法回来)以外,跨国移民的目的主要是寻求发展和贸易。与此同时,因为当时的朝廷并不禁止海外移民,也允许商人自由活动,所以他们从海外重新返回故里的可能性比较大。到了明代以后,宋元时期那种人口海外自由活动的环境已不复存在。跨国移民无论在目的上,还是在方式上,都发生了很大变化。

明朝初年泉州等地设立市舶司,允许与少数东南亚国家进行有限度的"朝贡贸易"。但随后为巩固海防,防止敌对势力的入侵及海寇的骚扰,开始厉行"海禁",限制海外贸易,严厉禁止私商出海,"片板不许入海"②。后来随经济的恢复、政权的稳固,积极发展与东南亚各国的"朝贡贸易"。明成祖即位后,虽然仍禁止民间私商出海,但大力拓展皇室的海外贸易,派三宝太监郑和七次率领庞大船队下西洋,访问过东南亚诸多国家,进一步沟通了中国与东南亚诸国的经济文化交流。福建大批富有航海经验和有一技之长的人士被郑和招聘,随之前往南洋。晋江的蒲和日被聘为翻译,福清的林贵和负责天文占卜,其他有关采办、贸易、联络等方面的人员也不少。③ 泉州族谱中甚至有跟随郑和船队下南洋的记载。永春县《留安刘氏族谱》记载:"孟福,讳尾治,在南京当军,从官往番邦,故在思门嗒咧(即苏门答腊)。"④后来,不少泉州商人、水手、农民、手工业者等,沿着郑和开辟的航路到东南亚各地经商、谋生,其中一些人在当地定居下来。

由于明廷实行海禁,原有的通商港口悉数被严查,中国海商将货物集散地、交易场所等转移到沿海的偏僻小岛和港湾。泉州海商以安平港为基地从事走私贸易,也多往漳州参与当地活跃的走私贸易。明代中后期时,闽南海商主导了走私贸易。朝廷武力镇压走私贸易,迫使走私商人转变为海寇商人,明后期中国东南沿海先后形成谢老、严山等海寇集团,主要是由漳州人组成的。随着东南沿海倭乱的平

---

① (元)汪大渊.岛夷志略校释[M]苏继庼,校释.北京:中华书局,2000:248.

② (清)张廷玉.明史·传七·朱纨列传·吕宋(第18册):卷205[M].北京:中华书局,1984:5403.

③ 福建地方志编纂委员会.福建省志·华侨志[M].福州:福建人民出版社,1992:28.

④ 庄为玑,郑山玉.泉州谱牒华侨史料与研究(上册)[M].北京:中国华侨出版社,1998:101.

息和民间海外贸易的发展,隆庆元年(1567年),明廷批准了福建巡抚徐泽民的开放海禁建议,开禁地点就在偏离政治中心且贸易繁盛的漳州月港。每年从月港起航的"洋船多以百计,少亦不下六七十只,列艨云集,且高且深"①。至17世纪初,每年从月港扬帆的船舶多达300余艘。这些闽人的商船遍布东南亚。月港的开港使闽南商人在合法贸易中优先占领商机,私人海外贸易进入全盛阶段。控制中国商品出口的闽南海商到马尼拉、巴达维亚等地和东来的欧洲商人进行贸易。贩海之商则"视浮天巨浪如立高皋,视异域风景如履户外,视酋长戎主如挹幕尉。海上安澜,以舟为田,兢兢挑衅,导引之禁,有如王赫斯怒,埽未靖之鲸鲵"②。如泉州"安平之俗好行贾,自吕宋交易之路通,浮大海趣利十家而九"③;海外贸易在推动中国商品输出的同时,也大大推动了泉州人的跨国移民。菲律宾的马尼拉、印尼的巴达维亚是明后期华人在东南亚的主要聚居地。海外华侨以闽南泉州籍为主。安溪《尚卿苦竹林吴氏族谱》和《金谷河图郑氏族谱》,永春《岵山陈氏族谱》和桃城《鹏翔郑氏族谱》均记载了族人在嘉靖、隆庆、万历年间往日本、吕宋等地的情况。至万历年间(1573—1619年),"漳、泉民贩吕宋者,或折阅破产,及犯压冬禁,不得归,流寓夷土,筑庐舍,操庸贾杂为生活,或娶妇长子孙者有之,人口以数万计"。仅晋江金井坑西村,万历三十四年(1606年)前后,漂洋过海前往吕宋的即达150多人。见之于安海黄、陈、颜三姓族谱,自万历三十五年至崇祯十二年(1607—1639年)卒葬吕宋者即有13人。④ 随着私人海外贸易的发展,出洋经商的人数越来越多。据崇祯朝兵部尚书梁廷栋等人上书,每年春夏东南季风,福建"怀资贩洋"的海商,以及充"篙师、长年"的"入海求衣食者"人数达10余万计。⑤ 泉州族谱中也有记载表明,明代已经有不少泉州人移居东南亚。仅族谱有姓名可查的,就达109人。⑥

清政府为了打击郑成功的武装抗清"著令寸板毋入海,粮米毋越疆,犯罪死,连坐",⑦并实行"迁界令"。海禁政策的实施诚如王赓武指出的,这种政策的实施确曾"消灭沿海的违法混乱状况,使经济和人口迅速增长",但实际上这种政策是不可能长期维持下去的,"这反过来给沿海中国人特别是闽南人增加了压力,诱使他们

---

①(明)张燮.东西洋考·饷税考:卷7[M].北京:中华书局,1985:137.

②(明)张燮.东西洋考[M].北京:中华书局,1985:序17.

③李光缙.景璧集·二烈传(第四册):卷14[M].扬州:江苏广陵古籍刻印社,1996:2398.

④泉州市华侨志编纂委员会.泉州市华侨志[M].北京:中国社会出版社,1996:4.

⑤明实录·崇祯长编·崇祯三年二月乙巳(第94册):卷41[M].上海:上海古籍书店,1983:1-2.

⑥庄为玑,郑山玉.泉州谱牒华侨史料与研究(下册)[M].北京:中国华侨出版社,1998:1098-1099.

⑦(清)阮文锡.海上见闻录:卷二[M].福州:福建人民出版社,1982.

规避贸易禁令"。① 因为"海者,闽人之田也",②他们于逆境中见精神,规避贸易禁令,冒险出海,私人海外贸易兴起。这一时期泉州海外移民大致可以分为三个阶段来考察:(1)明初中期;(2)明晚期延续到清初的郑芝龙、郑成功海上霸权时期;(3)清康熙以后。③ 这 3 个阶段又有各自的特点。因此,这个时期的移民与海上私商和海盗势力发展关系最为密切,而且与倭寇和国内政治压力下出洋寻找发展机会的目的息息相关。资料记载,明初实行"海禁",限制私下对外贸易,泉州"只通琉球"。洪武二十五年(1392 年),赐琉球国"闽人三十六姓善操舟者,令往来朝贡"。《久米村蔡氏家谱》载:始祖讳崇,福建泉州府南安县人。"大明洪武二十五年(1392 年),备一十六姓之例奉敕来铎中山。中山蔡姓,自此始也。"这是泉州人移民琉球的具体例证。其后,明朝廷再赐姓的尚有泉州林姓,其中林易庵于成化二年(1466 年),率长子林琛引琉球入贡,林易庵以年迈请准回乡养老。

上述跨国移民的目的地主要包括菲律宾和日本,而以前两者为主。在 16 世纪后期西班牙占领菲律宾群岛,中国商人早已有侨居菲律宾的,这些侨商主要来自泉州、漳州、江浙一带,散居于菲律宾群岛之间,从事的行业主要是商业贸易。16 世纪后期,中国前往菲律宾的侨商人数大增,既有商人,也有工商业者和渔民。为了在海外保护自己的利益,当时的泉州侨民已经在马尼拉等地成立了自己的社区。到 16 世纪 70 年代以后,华侨的势力在菲律宾迅速发展,以致引起了西班牙殖民当局的恐慌,为了控制华侨,他们通过传教向华侨灌输殖民主义文化,同时禁止华人经营零售商业。当然,当时菲律宾的西班牙殖民当局也面对着来自中国沿海商盗的挑战。嘉靖以后,尽管明政府加强了海防控制,但这些商盗集团在势力上还是得到了很大扩张,一些集团甚至在东南亚各地拓展自己的势力范围。为了压制中国商盗的海外扩张力,欧洲殖民主义势力处处设防,勾结明政府对他们加以围剿。在同一时期,泉州向日本的移民也很重要。向日本迁移的泉州人,大多是经过南洋诸国周转而去的。当时,明朝政府严格禁止商民与日本进行任何形式的交流。因此,泉州人经常以去南洋的借口,获得官府的许可出境,然后辗转到日本。在日本,许多泉州商民与当地人结为夫妻,也有许多人在当地定居并发展家业。他们利用与居住在泉州各地的家属的亲缘关系,与内地形成相对稳定的贸易关系。一些族谱资料也有详细的记载。晋江安海《陈氏族谱》记载:"陈章灿……生万历癸巳年(1593 年),卒崇祯庚午年(1630 年),商于吕宋,葬其地。"《金墩黄氏族谱》载:"黄丑官,生崇祯十二己卯(1639 年),商游吕宋,卒葬其地。"同样地,也有旅商于印度尼西亚的。如晋江《陈氏族谱》载:"陈氏勋,生崇祯癸未(1643 年),卒康熙丁卯(1687

①王赓武.中国与海外华人[M].香港:商务印书馆,1994:100.

②(清)顾炎武.天下郡国利病书·顾炎武全集:卷 96[M].上海:上海古籍出版社,2012:6950.

③王铭铭.逝去的繁荣——一座老城的历史人类学考察[M].杭州:浙江人民出版社,1999:12.

年),商于咬𠺕吧而卒,遂葬其地。"《黄氏族谱》说:"黄羌官,生乾隆三十八年癸巳(1773年),商咬硫吧而殁。"[①]旅商暹罗也屡见于族谱之中。晋江《陈氏族谱》云:"陈胤颖,生康熙戊午年(1678年),卒康熙戊戌年(1718年),商于暹罗卒。"

明朝后期,海外华侨数量不断增大,16世纪中期,安海颜姓即有5人卒葬顺塔(即万丹)。其他,如乌戎卡鲁、马鲁古、马辰、望加锡、巴城(雅加达)、三宝垄等都有不少华侨。而前往日本的人数,也继续增加。南安石井人郑芝龙,万历四十年(1612年)往长崎,当时日本有华侨3万多人,泉州人李旦为平户华侨领袖,与其弟李华宇同为平户最有势力的海商。芝龙的岳父翁翌煌也是泉州人,他的结拜兄弟中如排在前列的船主杨天生、张宏即分别为晋江、南安人。

以晋江安海12族谱的统计数字为例,仅从清初到鸦片战争以前,出国华侨即达138人,超过整个泉州地区明末以前的出洋总数,而鸦片战争后至清末出国的记载就更是俯拾即是。[②] 以《永春鹏翔郑氏族谱》为例,该族谱记载出洋的共1068人,出洋的时间跨度达350年,其中清代下南洋的就达871人,而清以前出国的仅2人。[③] 再以永春《桃源凤山康氏族谱》为例,该谱记载出洋的共184人,其中清代出国的有175人,清以前出国的仅3人[④]。而且很多族谱,如德化《龙井苏氏族谱》、《龙浔鹏都陈氏族谱》、《龙俊郭氏族谱》,晋江《田坂蔡氏家谱》、《钱江长房派石厦厝后分施氏家谱》、《梅塘蔡氏族谱》,石狮《龙津蔡氏家谱》、《莲江东间林氏宗谱》等,是从清代开始才有族人出洋的记录。清代闽人迁移南洋的规模确实超越了以往任何朝代,据庄为玑统计,福建省晋江、南安、永春、安溪四县族谱中所记载的移居东南亚的人数如下:明嘉靖年间11人,隆庆年间5人,万历年间49人,天启年间4人,崇祯年间10人;清顺治年间22人,康熙年间61人,雍正年间42人,乾隆年间226人,嘉庆年间157人,道光年间361人,咸丰年间219人,同治年间263人,光绪年间383人。[⑤] 这些仅是四县族谱中有姓名可考的人数,而不见于族谱的也有不少。从抽样调查的数据中可窥见一斑,清代下南洋的泉州人的规模确实是以往朝代无法比拟的。

清代泉州人的出国人数迅猛增长。虽然这些泉州人不仅流向了东南亚,还有南美洲、非洲、北美洲等其他地区,不过可以肯定的是,东南亚地区是这些跨国移民的重要移居地。跨国移民的成分进一步多样化,农民、手工业者、商人、渔民、兵士、

---

①咬硫吧、咬𠺕吧,皆同名异写。吧城、吧地,都是指今印尼的雅加达。

②庄为玑,郑山玉.泉州谱牒华侨史料与研究(下册)[M].北京:中国华侨出版社,1998:1098.

③庄为玑,郑山玉.泉州谱牒华侨史料与研究(上册)[M].北京:中国华侨出版社,1998:102-103.

④庄为玑,郑山玉.泉州谱牒华侨史料与研究(上册)[M].北京:中国华侨出版社,1998:328-343.

⑤庄为玑.福建历史地理(改编本)[M].福州:福建地图编纂委员会印,1976:370.

医生等各种职业,甚至连知识分子、政府官员也有不少移居东南亚的。女子出国也是清代与以往朝代不同的特色之一,不可否认出国的泉州人大多数是单身汉,但清代中后期,泉州女子出洋已经颇为普遍。移居的地点范围也进一步扩大,除了清以前的那些地点外,又扩展到槟榔屿、森美达、彭亨、新加坡等地,各商埠和内陆地区的泉州人数量都有很大增长。及至晚清,泉州人的足迹已遍布东南亚。而且清代泉州人向东南亚的大规模人口迁移活动,带有明显的地缘特色。同一迁出地的泉州人往往聚集于同一迁入地。如晋江的华侨主要集中于菲律宾,安溪的华侨主要集中于新加坡,永春的华侨主要集中于马来西亚,南安的华侨主要集中于印度尼西亚、马来西亚等,德化的华侨主要集中于马来西亚、新加坡。到鸦片战争前夕,侨居海外的泉州华侨估计总数已经达到 30 多万人。①

从上述资料中我们可以看出,明清时期,在海上私商和海盗势力举起的同时,对于明清两代的海禁和抑商政策,民间做出的第二种反应就是向海外移民。它是这个地区人口移动历程的第二次重大变动。追溯到以前的时代,泉州这个地区人口移动的第一个重大变动,实际上是由多次南下移民运动组合而成的。这次变动引起了泉州区域发展周期的第一阶段。相比之下,明清时期出现的第二次人口移动重大事件,则不但不是该区域社会经济的开放性动力,相反是泉州社会经济发展周期步入式微阶段的社会反弹。在中国移民史上,大规模的向外移民,大多是由区域内部的生存压力太大而引起的。秦汉至隋唐,大量北方人口迁入泉州这个边陲之地,就是战争动乱、自然灾害、土地矛盾、人口压力频繁发生,迫使民众向未开发之地寻求更好的生活环境和发展机会。这一时期泉州之所以出现海外移民的潮流,也是因为到了这个时期泉州已经不再是一个能够提供良好生活环境和发展机会的地方了。在这个时期,泉州地区充满了各种政治、经济、社会问题导致的矛盾。因而,向海外跨国移民成为许多人寻找生存空间和发展的基本形式和手段。

明清时期,泉州跨国移民作为中国跨国移民浪潮的重要组成部分,在事实上,是对政府自由迁徙政策规制的蔑视和反抗。尽管泉州跨国移民不同历史阶段各有特点,但其总体特征却可以概括为了争取生存空间而展开的海外移民运动。也就是说,无论海外移民的促成者是海上商盗,是海上霸权力量郑芝龙集团,还是其他团体,晚清民国泉州海外移民潮流之所以会出现,是因为这个时期泉州本地所提供的生存机会大幅度减少,生存空间大幅度缩小。至此,泉州移民史已经经历了两个重大的周期性事件,而正如第一个周期性事件促使中华帝国的边陲得到开发一样,第二个事件也不可否认的是东南亚地区开发的主要动因之一。这两个周期性

---

①泉州市华侨志编纂委员会.泉州市华侨志[M].北京:中国社会出版社,1996:10-11.

事件的另一个共同特点是移民运动的兴起与移民对生存空间需求的密切关系。①
这为晚晴以后泉州人大规模的跨国移民,出国谋生寻求出路奠定了基础。早期华
侨的"先锋移民"引发的历史上泉州跨国移民潮对于近代以来泉州华侨群体的形成
以及泉州侨乡的长成起到了十分关键的作用。

二、晚清民国时期泉州人的跨国流动

晚清以降,泉州人出洋谋生几乎已经成为社会一种时尚的职业取向,一种社会
普遍认可的心理行为和成功路径。随着西方殖民势力东渐,各国对劳动力的需求
旺盛。泉州人大规模跨国移民,是在西方殖民主义大规模开发掠夺东南亚及美洲
等地时期发生的。

为了最大限度地攫取世界各地的资源财富,西方殖民者继无耻的黑奴贩卖活
动之后,又把罪恶的目光投向中国,千方百计刺激、拐骗中国劳工(即所谓"契约华
工")出国,甚至进行卑鄙的苦力和"猪仔"贸易,从而导致了中国的跨国移民达到空
前的规模。泉州人的大规模移民海外的浪潮,也是在这样的历史背景下出现的。
安溪《科洋黄松柏、黄金土家谱》记载:"诗睨,生咸丰辛亥年(1851年),被卖猪仔去
外洋,卒在外,有去无回。"晋江《凤池李氏族谱》:"昭执,未娶,被人诱卖番,生同治
己巳年(1869年)正月廿八日。""昭未,往石码作棉工,被人诱卖番作工,未详吉凶,
生光绪庚辰年(1880年)正月廿三日。"这是在族谱中明确记载被卖"猪仔"的史料;
再如南安《武荣诗山霞宅陈氏族谱》所载的"沙漠……往夷邦比鲁国",也应是当年
被贩运至遥远异域的苦力华工;此外像德化《龙浔甲头连氏族谱》的"负茂……葬南
洋马来亚直淳埠公司山灰矿",德化《华山肖氏族谱》"宜侨……葬南洋麻埠五枝半
公司山",《奎斗徐氏族谱》"仁滔……葬在南洋麻埠武吉巴西永德公司山",也都是
以种种名目被"招募"出去的"契约华工"。

鸦片战争以后,特别是1843年厦门开埠后,每逢大的政治动乱或自然灾害,泉
州跨国移民便急剧上升。这一时期跨国移民出国人数规模之大是空前的,其中大
多是契约华工。西方殖民者开始在厦门、金门等地拐卖华工,人口贩子深入泉属各
县"招募"华工。泉州人成为西方殖民者拐卖出国的"契约华工"的主要来源地。
《华工出国史料》第三辑及冲绳县《历代宝案》记载,1852年,美国"猪仔"船罗伯特
·包恩号从厦门运出的475名遭难"契约华工"中,祖籍为晋江、惠安、南安、安溪、
永春等的泉州人共207名。

---

① 王庚武认为,中国海外移民有三种模式。第一种是"华商模式",即为贸易而行之的移民、
大多发生于19世纪以前;第二种是"华工模式",即指城乡贫民的劳务输出,大多发生于19世纪
以后;第三种为"华侨模式",这是一种内含以上两种模式的概念,具有特定的意识形态含义,也
与国家、法权、公民权的观念密切相关。实际上,无论如何界定、如何分类,海外移民的内容和类
型总是十分复杂的,19世纪以前的"华商模式"并不完全是唯一的形态。

关于"契约华工",在泉州族谱中也多有记载。安溪县蓬莱《刘氏族谱》就有"道光癸巳自卖夷人"的记载。安溪蓬莱《刘氏族谱》记载,"祖要少年,家资淡薄……壮岁营谋,往新加坡开锡磨垄,巨机大利。祖禁至吉隆坡,开据祖业,鸠工'作商',吉隆坡之王器而重之……肇得壮年后,遂发愤往夷,驻泗文丹开锡生意,规模宏大,资材繁兴"。在殖民者的纵容下,东南亚华人社会控制的华商"客馆"经营贩卖"契约华工"的规模远远超过了西方殖民者拐卖华工的活动。泉州劳工被拐、被诱出洋究竟有多少,已无从统计。但据吴凤斌先生从档案中找到 19 世纪 40—70 年代 29 位较完整的契约华工材料来看,泉州籍的就有惠安唐建、泉州陈阿吉、永春罗福安、南安林水头、晋江黄箕等 12 人,居各地区人数之首①。从中不难看出,西方殖民者掠卖华工的猖獗活动,是造成晚清时期泉州跨国移民潮的一大直接原因。

晚清民国是中国历史上最为动荡的历史时期,所以还有另外的一些原因导致泉州人跨国移民。因农民起义失败逃亡国外和遭受自然灾害被迫出洋谋生的也有相当数量。例如咸丰三年(1853 年)以永春林俊为首的红钱会起义失败后,林俊的儿子观麟、观柔,部属姚元章等一起逃往印尼。同年,惠安县邱二娘和安溪县陈圣领导的农民起义失败后,也有一些逃往南洋。同治四年(1865 年),永春人民反征收"厘金"火烧税馆事件发生后,统治者残酷镇压导致人民大批出国。光绪十八年(1892 年),德化陈拱领导的反盐税农民起义失败,陈拱的家乡浔中丁溪"父老相率渡洋者不下数十家"。陈拱的军师德化赤水陈政楷兄弟和先锋陈政合同时出走马来亚。辛亥革命前夕,新马地区"三生馆"领袖戴炎、蔡水应及拳师魏木器都是逃亡国外的泉州"三合会"会员。泉州南门外亭店村杨嘉种及其宗亲中出洋前往菲律宾的,至第一次世界大战期间(1914—1918 年)有 600 多人;泉州新门外树兜村蒋备球及其族亲往印尼泗水的,至民国初年达至千人以上。

民国初年,泉州沿海地区社会动荡,封建宗族械斗盛行,导致田园荒芜,村民纷纷外逃出洋。晋江"林股"械斗中,前仓村 24 户中有 16 户 18 人先后往印尼、菲律宾等地。民国三年(1915 年)春涝秋旱;1916 年大旱,水井、河流干涸;1917 年台风暴雨成灾;紧接着护国军、靖国军、粤军、北洋军此来彼往,战火纷飞,抓丁、抓夫、派饷,人民饱受苦难,纷纷携眷漂洋过海谋生。1918 年以后,泉属各县民军蜂起,各霸一方,互相攻掠征战;日为军,夜为匪,兵匪一体,敲诈勒索,烧杀抢掠,弄得鸡犬不宁,人民处于水深火热之中,造成泉州历史上规模最大、人数最多的出国潮。1912 年 9 月 9 日《奋斗报》载:"吾永春……近来政变,地方骚乱,匪徒蜂起,遂相率遁逃,挈妻携孥,偏安海外,此吾邑年来所以十室九空也。"1921 年安溪湖头后坑陈氏,反抗军匪骚扰,打死匪首陈梧桐,因怕报复,翌日全村 200 多人逃往新加坡。1923 年 4 月,晋江金井坑西村,因陈国辉匪徒骚扰,全村 400 多人中有 300 余人四处逃难,其中不少逃亡海外。1925 年 7—11 月,"永(春)德(化)民众苦于军匪,相

---

① 吴凤斌.契约华工史[M].南昌:江西人民出版社,1988:42-43.

率渡洋……达六千余人"(《崇道报》永春18年来大事记)。1926年,泉州地区因民军混战出国人数近20万人,净增数超过13万人。1927年国内大革命失败后,泉州各属有不少人被迫出国。此后,也有不少人为逃避抓壮丁前往国外,如石狮钞坑村民,因逃避抓壮丁,一天中前往菲律宾的竟达40多人。①

1934年,南洋橡胶和锡价格上涨,海峡殖民地急需劳工,加上国内农村经济破产和抓壮丁的影响,泉州地区出国人数迅速增多。估计1934—1938年间,泉州地区出国人数净增近10万。其中单永春县出国的青壮年达二三万人,岵山乡因青壮年男子出国,几乎成为"女人国"。②

从表1-1和表1-2可以看出,鸦片战争至辛亥革命时期,据估计东南亚泉州籍海外华侨总数已有80万人,至抗日战争时已达130万人。

表1-1　1841—1911年泉州出国人数净增情况　　　(单位:人)

年份	净增长	年平均值	年份	净增长	年平均值	年份	净增长	年平均值
1841—1875	164280	4694	1886—1890	37625	7525	1901—1905	133752	26750
1876—1880	11641	2328	1891—1893	29614	9871	1906—1911	198377	33063
1881—1885	29727	4955	1894—1900	103629	14804	合计	708645	9981

注:本表根据戴一峰的论文《近代福建华侨出入国规模及其发展变化》(载《华侨华人历史研究》,1988年第2期)中的数据测算得出。

资料来源:泉州市华侨志编纂委员会.泉州市华侨志[M].北京:中国社会出版社,1996:6.

表1-2　1912—1938年泉州华侨人数净增情况　　　(单位:人)

年份	净增减数	年平均数	年份	净增减数	年平均数
1912—1915	+72519	+18130	1927—1930	+55978	+13994
1916—1920	+98319	+19664	1931—1933	-94823	-31608
1921—1925	+110426	+22085	1934—1938	+98068	+19614
1926	+136924	+136924	合计	+477411	+17682

注:本表根据戴一峰的论文《近代福建华侨出入国规模及其发展变化》中的数据,按其中泉州出国人数的60%进行测算(1916—1920年、1921—1925年、1926年分别按70%、80%、90%计算)得出。

资料来源:泉州市华侨志编纂委员会.泉州市华侨志[M].北京:中国社会出版社,1996:8.

1939年,泉州所属各县从厦门口岸出国人数,据《福建华侨档案史料》所载数字,净增3426人。此后,泉籍华侨回国的急剧增多。国民政府侨务委员会1945年编印的《侨务工作十三年》载,在太平洋战争爆发后的一年半时间里,有135万多华侨回国,其中福建华侨40多万人。估计这一时期泉籍华侨回国人数在25万人以上。1945年秋至1946年,东南亚各国战争创伤未复,一时无法吸收新移民。出国

---

① 泉州市华侨志编纂委员会.泉州市华侨志[M].北京:中国社会出版,1996:7.
② 泉州市华侨志编纂委员会.泉州市华侨志[M].北京:中国社会出版,1996:7.

人数仍少于回国人数。1947 年起,泉州地区出现了出国高潮衰落后的短暂出国高峰。据厦门侨务局统计,1947—1949 年 9 月,从厦门出国人数净增 84625 人。另据林真《战后闽籍华侨复员东南亚问题概述》统计:1947—1949 年,闽籍华侨复员东南亚人数 19682 人。而据泉州各县有关侨情调查资料估计,1947 年至 1949 年间,泉州地区出国总人数达 25 万人左右,其中部分是经香港移居到世界各地。①

无论是经济推动因素,还是自身寻求发展或契约劳工出国,都是近代国际经济格局发生变动以及中国被动卷入世界资本主义体系的结果。

三、近代泉州华侨群体的形成

华侨群体的形成是跨国移民到一定程度的产物。泉州华侨群体究竟形成于何时?目前学术界还没有一致认可的结论。有的论者认为,泉州华侨群体的形成在明末清初;有的学者认为,泉州华侨群体的形成在 1840 年前后,把 1840 年作为重要分界线;也有论者提出,可以 1893 年作为泉州华侨群体形成的重要分界线。其理由是这一年光绪皇帝颁布法令,"除华侨海禁,自今商民在外洋,无问久暂,概许回国治生置业"。这当然有其道理,不过还是值得商讨。因为在此之前,也曾颁布过类似诏书。明成祖曾诏令华侨回国,令其"还乡复业"。乾隆十九年(1754 年)有过"嗣后出洋贸易者无论年份久远,概准回籍"的规定②。泉州华侨群体的形成是一个长期渐变过程,似乎不应以某一事件的出现或某一政策的颁布来划分,对此,应做认真探讨和深入分析。

应该看到,泉州华侨群体的形成不仅与华侨人数规模壮大和华侨自身经济实力相关,而且也与政府政策的转变和他们自身功能作用的发挥相关联。明清时期,政府执行"以农为本"和"海禁"的政策,禁止沿海人民出洋。"禁濒海民不得私出海","禁濒海民私通海外诸国","敢有私下诸番互市者,必置之重法"。③ 清政府早期颁发了"迁海令",勒令东南沿海居民内迁 15 — 25 公里,严禁人民私自出海。康熙帝认定:南洋等处"常留汉人,自明代以来有之,此海贼之薮也。……商船不可令往"。并议定:"不许商船前往贸易……违禁者严拿治罪。"④雍正帝明令禁止:"从前逗留外洋之人,不准回籍。"⑤明清两代政府执行"以农为本"和"海禁"的政策后来尽管有所放松,但敌视海外华侨的政策却并没实质性改变。明代视海外华商为"弃家游海,压冬不回,父兄亲戚,共所不齿"的"贱民",认为"弃之无所可惜"。⑥ 清

①泉州市华侨志编纂委员会.泉州市华侨志[M].北京:中国社会出版社,1996:7.

②庄国土.中国封建政府的华侨政策[M].厦门:厦门大学出版社,1989:25-94.

③明实录·太祖实录·洪武四年十二月丙戌条:卷 70[M].北京:中华书局影印,1985.

④清实录·世祖实录·康熙五十五年十月壬子条:卷 270[M].北京:中华书局影印,1985.

⑤清实录·世宗实录·雍正五年六月丁未条:卷 58[M].北京:中华书局影印,1985.

⑥徐学聚.报取回吕宋囚商疏[G]//陈子龙等辑.明经世文编:卷 432.

朝则指责华侨为"不安本分"、"甘心异域"、"自外王化"的"莠民"。晚清前政府大都敌视海外华侨，使之成为"海外弃儿"。

无论是明末还是清代的前期和中期，从总体来看，当时华侨人数并不多，而且清朝政府始终把华侨斥之为"化外之民"，出洋谋生被视为非法的行为。再是出国人数十分有限，所以，此时来谈论泉州华侨群体的形成还为时过早。

明末清初，中国江南和东南沿海出现了早期资本主义的萌芽。晋江大仑的《蔡氏族谱》记载，当时海外华侨汇款回乡，除了修建祖屋之外，还借贷经商①。据1982年侨务部门统计和推算，明朝初年，印尼各地的华侨，最多时总数至少有2万多户5万多人，整个东南亚地区华侨总数应不少于10万人，其中泉籍华侨人数就有四五万人。何乔远和黄伯善的诗"巷女能成苎麻布，土商时贩木棉花"与"水村鸡犬连鲛室，贾舶帆樯压蜃楼"，就反映了当时安海商人将广东和江苏等地的棉花、蚕丝贩回安海，在安海加工成布匹后再贩卖出洋的情况。明末，安海已有李寓西、陈斗岩、郑芝龙等著名的侨商。《安海志》载，郑芝龙在安平的"府宅极尽豪华，安平市镇之繁荣，贸易之丛集不亚于省城"。可以看出明末的安平市镇已出现华侨群体的雏形。

乾隆十二年（1747年）以后，清政府正式允许和奖励华侨商人、国内商人在国外造船运回国，泉州华侨群体又开始孕育。首先出现的华侨群体是海商最活跃的安海港一带及马六甲侨生集团五大家族中陈、李两大家族的故乡——永春桃城镇。自康熙二十三年至嘉庆二十五年（1684—1820年），安海镇出国谋生卒葬于国外的，见于9部族谱的就有141人。乾隆至嘉庆年间（1736—1820年），"安海不仅恢复旧观，且有过之"。乾隆年间（1736—1795年），永春桃城在陈臣留牵引下，仅从山村往马六甲生者即达数百人。同期，永春桃城大路头李氏、留安刘氏、东门郑氏也有不少族人往南洋谋生。19世纪初，桃城海外诸家族出现陈金声、李庆烈等富商，尤以新加坡秘密会社的领袖陈叔送富甲东南亚。而桃城一带经营侨批的"水客"，也已出现。侨汇的注入，为桃城及其周围具有近代意义的侨乡的形成奠定了基础。19世纪中期，桃城得益于侨汇的投入，出现了一派繁荣景象，城乡出现了不少豪宅大院及华侨建的商铺。同治七年（1868年），捐建石狮城隍庙的善男信女中已有旅菲华侨507人，街市已颇具规模，石狮华侨群体已具雏形。19世纪70年代，金井、龙湖、水头、金淘、诗山等不少地方也相继形成了一定规模的华侨。

从泉州地区一些族谱资料来看，以《永春鹏翔郑氏族谱》为例，该谱记载族人出洋的时间自16世纪末年到20世纪30年代，前后3个半世纪，记载出洋总数1068人。而有较具体的时间可稽查者976人，其中，16—17世纪仅有2人出洋，到鸦片战争以前计65人，占6.66%，鸦片战争以后911人，占93.34%。《桃源东熙王氏族谱》的资料也说明了这一情况。王谱记载的出洋总数498人中，有时间可稽者

①林金枝，庄为玑.近代华侨投资国内企业史资料选辑：福建卷[M].福州：福建人民出版社，1985：25.

490 人,其中 17 世纪以前未见出洋记载,至鸦片战争前出洋 12 人,占 2.45%,鸦片战争以后 488 人,占 97.55%。①

　　晚清以前泉州地区华侨出国的规模并不大,因而整个泉州华侨群体的形成似乎还不可能。但据 1982 年侨务部门统计和推算,明朝初年,印尼各地的华侨,最多时总数至少有 2 万多户 5 万多人,整个东南亚地区华侨总数应不少于 10 万人,其中泉籍华侨人数有四五万人。从这里可以得出结论:明末清初华侨群体已在泉州初见。华侨群体大量出现在泉州地区大约是在鸦片战争后的晚清时期。当时华侨群体在经济功能上,对泉州侨乡发生作用和影响,或当泉州侨乡社会开始主动地寻求与开放的海外华侨社会之间建立一种新型的、以跨国互动为主要特征的关系时,泉州华侨群体才基本形成。

第二节　泉州跨国移民的动因分析

　　跨国移民是一个十分复杂的社会现象。国内外学者对这一问题产生的原因进行了比较深入的研究。关于人口迁移的理论,目前有"成本—收益理论"②、"二元经济理论"③、"推—拉理论"④、"世界体系理论"⑤等。本章采用"推力—拉力"迁移理论分析模式,"推力因素"是指迫使人口迁移输出地的动力,诸如人口压力、战乱、饥馑、政治迫害等,而"拉力因素"则是指吸引外来移民的输入地的特征,如繁荣的

---

　　①庄为玑,郑山玉.泉州谱牒华侨史料与研究(下册)[M].北京:中国华侨出版社,1998:1098.

　　②代表人物是 T. W. 舒尔茨,该理论认为,迁移是人们追求最大经济收益的行为决策过程,迁移者预期通过实施这一行为将会得到比较大的收益。夏斯达则发展了这一理论,建立了"成本—收益"模型。

　　③1954 年由经济学家刘易斯提出,主要是针对现代移民问题的。

　　④最早提出"推力—拉力"理论模式的是赫伯尔,他在 1938 年发表的《乡村——城乡迁移的原因》一文中指出,迁移是由系列力量引起的,这些力量包括使一个人离开一个地方的"推力"和吸引他到另一个地方的"拉力",这一理论在 20 世纪 50 年代末由唐纳德·博格等进行了系统的阐述。该理论从运动学的观点较综合地分析了影响人口迁移的各种因素后认为,人口由迁出地流向迁入地是由两种力共同作用的结果:一种力是原居住地存在的推动人迁移的推力;另一种力是迁入地存在的吸引人迁入的拉力。两种力量在多种因素的影响下,共同或单方作用便导致了人口的迁移。

　　⑤由美国社会学家沃勒斯坦首次提出。他认为,世界体系是资本主义生产内在逻辑的外在表现。资本主义的延续性质是由它的深层社会经济结构的基本因果联系所决定的,并规定世界面貌的形成。国家互相作用体系是世界范围资本积累的政治结构。资本主义世界体系在 16 世纪欧洲产生以后,通过地理扩张和经济掠夺,到 19 世纪末,西欧殖民体系已在全球建立,从而完成了近代世界体系向全球扩张的过程。

劳动力市场、更好的生活状况、较低的人口密度等。内部推力主要包括经济推力、社会推力、文化推力、政治推力等，而外部拉力包括殖民者的招徕与诱拐，国际关系格局的变动等。应该看到，跨国移民既有客观社会环境的影响，又有主观动机的因素。我们认为只有运用各种理论综合分析，才可能得出比较贴近实际的结论。晚清民国是泉州人大规模向海外移民的重要时期。从移民动机的"推—拉理论"出发，分析这一时期泉州华侨群体形成的原因，除此之外，移民政策、华商网络、移民文化等因素也成为泉州跨国移民的诱导因素。有关理论涉及人口构成、历史传统、地理环境、价值取向以及经济格局变动等多重因素。近代泉州人跨国移民的动因，既可从宏观层面，运用"推—拉理论"模式来分析，也可从微观和中观层面，运用新古典主义学派移民理论、新经济学移民理论、移民网络理论和累积效应理论来考察和研究。

一、经济推力：人地矛盾和生存空间的挑战

人口发展的巨大压力与生存空间的挑战是泉州人跨国移民的客观原因。进入清代，泉州人口不断增长，人地关系极为紧张。康熙二十四年（1685 年）时，福建人均耕地 8 亩，而到咸丰元年（1851 年）时，人均耕地仅仅 0.65 亩[1]，难以维持基本的生计。这是全省的平均数，泉州地区则远没有达到平均数。到乾隆末年，泉州人口比明代后期增加一倍半。在农业社会，人口急剧增长需要耕地相应增长，土地人口负载量是与一定生产力发展水平相联系的。按照明清时代农村生产力发展水平人均应有 3～4 亩耕地才能维持生计。而明后期福建人均耕地约 2.2 亩，沿海地区则不足此数，尽管商、渔业能在一定程度上缓和泉州人民的生计窘迫，但远不足以维持温饱，人地矛盾更是突出。地方志中此类记载很多，如"田亩不足于耕耘"、"地狭人稠"[2]；"土地逼狭，生籍繁夥，岁硗确之地，耕耨殆尽，亩值寝贵"[3]。为了糊口，福建穷乡僻壤、山尖洴地，都已垦辟无余。从族谱中可以看到，农村土地的奇缺、人地关系的紧张，在泉州不少地方已经达到举步维艰的地步。南安《丰溪蓝园陈氏族谱》中记载道："限于疆界壤山偏小，庐舍纵横，田园益蹙，食多生寡，故士农工商，维持家计颇费踌躇。于是，奔走外洋，披星戴月，不辞跋涉之苦，别祖离宗，只为饘粥之计。"[4]联系宋代诗人谢履在《泉南歌》中所写"泉州人稠山谷瘠，虽欲就耕无地辟。州南有海浩无穷，每岁造舟通异域"[5]，我们不难看出人地矛盾的突出而导致

①李文治.中国近代农业史资料：第 1 辑[M].上海：三联书店,1957:9-10.

②(清)怀荫布,黄任,郭庚武.中国地方志集成·泉州府志·风俗(第 2 册)：卷 20[M].上海：上海书店出版社,2000:482-483.

③(清)陈寿祺等.福建通志·风俗(第 2 册)：卷 55[M].台北：成文书局出版社,1968:1117.

④庄为玑,郑山玉.泉州谱牒华侨史料与研究(下册)[M].北京：中国华侨出版社,1998:1109.

⑤(宋)谢履.泉南歌[M]//王象之.舆地纪胜：卷 130.1849:3735.

的危机,是泉州华侨出国的根本性原因。人口繁衍太快,其结果是粮食匮缺,流民剧增。"泉介山海之间,山箐深而海港,地卤壤狭,岁丰亦仰食于海运。"①

鸦片战争后,随着西方资本主义的侵入,中国自给自足的自然经济基础遭到破坏,闭关自守的国门被动打开,天朝帝国迫使与外部世界接触,封建社会经济体制开始解体。传统的小农经济制度日益瓦解,土地兼并现象日趋严重。皇室勋戚官僚庄园恶性膨胀,"一人据百人之室,一户占百户之口",广大农民被挤出土地,生活贫困,"虽手胼足胝,却并未见有获利之一日"。国内无法容纳从农村游离出来的如此庞大的劳动力。失去生计的农民、手工业者为寻求生计出路,同时也为了挣钱赡养留在国内的家庭成员,纷纷下南洋寻求发展。跨国迁移东南亚成了很多处于贫困境地的泉州人的选择,泉州族谱资料中也有记载。"振芳公,元极公三子……少时贫窭,无立锥之地,苦力耕种治其生。尝困乏米,怀袋向邻家求借,适遇多人在座,羞启口,忽睹灶凸烟起,以为家或得炊,空手而返家,乃知妻因见日已过午,诸子樵归待哺甚,烹汤以待米也,相视泫然,举家受饿。盖时值饥岁,公能固穷就商,南渡基隆。"②《诗山坊前黄氏族谱》中也记载:"芳御,瑞迥公长子……因家计窘迫,遂发愤以图自立,乃渡南洋营商业。"③南安《武荣诗山霞宅陈氏族谱》中有:"垂韭,字献远……家徒四壁,地无立锥,弱冠后南渡槟城。"④族谱中这类记载浩如烟海。《永春县志》中也有不少记载,"宋绩……性朴直,初贫甚,而母老且病,不能赡,至鬻妻以度朝夕,后渡洋为侨商";"黄富轩,妻陈氏,家卿园,合卺之次日,富轩以家贫,即往南洋"⑤。诗山半山《陈氏族谱》记述:族人"纷赴小吕宋各埠……甚至有举家往外者,为劳动者多,为富者少"⑥。《永春县志》中记录:"宋绩……行朴直,初甚贫,而母老且病,不能赡,至鬻妻以渡南洋。"⑦

二、社会推力:基于地缘、血缘的"移民链"与惯性原则

跨国移民与出生地有着难以割断的联系,并通过宗族、地缘、血缘等方式结合和维持。而且,这种宗族、地缘、血缘等方式的结合,又因种种中介机构的发达而在外延上有所扩大。这些中介机构包括旧客、水客、客栈、船头行、船舶业者、信局,等

①(清)怀荫布,黄任,郭庚武.中国地方志集成·泉州府志·序四(第22册)[M].上海:上海书店出版社,2000:5.

②庄为玑,郑山玉.泉州谱牒华侨史料与研究(下册)[M].北京:中国华侨出版社,1998:1010.

③庄为玑,郑山玉.泉州谱牒华侨史料与研究(下册)[M].北京:中国华侨出版社,1998:953.

④庄为玑,郑山玉.泉州谱牒华侨史料与研究(下册)[M].北京:中国华侨出版社,1998:928.

⑤郭一崧.中国方志丛书·永春县志(第22册):卷25[M].台北:成文出版社,1974:102.

⑥刘安居,陈芳荣.南安华侨志[M].北京:中国华侨出版社,1998:102.

⑦郭一崧.中国方志丛书·永春县志·独行传(第231册):卷25[M].台北:成文出版社,1974:811.

等。这些中介机构同时又促进了海外移民的进行。① 华侨社会与侨乡社会这种基于地缘、血缘关系的移民方式,在促使泉州人跨国移民的诸多原因中,有其特殊的作用。泉州人移居海外,不仅受经济推力的驱动,同时也受到诸多社会推力的影响。历史传统因素,宗族观念强而带来的宗亲戚友的牵引,宗族间械斗而导致的迁移,泉州人所具有的冒险、志在四方的观念,以及政府政策的调整等都对泉州人跨国迁移产生了重大影响。

跨国"移民链"的形成与延伸拓展与泉州华侨群体的思想意识里的血缘、地域观念和历史惯性存在着密切的关系。由于特殊的地理环境和历史背景,泉州社会长期比较安稳,其结果是各地普遍存在聚族而居的社会现象,单姓村庄和大姓巨族比比皆是,人们思想观念存在着浓郁的宗族和乡土情结。因此,那些先期出国的村民,都会把家乡人和宗亲也引领到自己的所在地,并且帮助他们安排食宿和找工作。这些宗亲聚居在一起,大家方言相通,生活习俗和信仰相同,并且从事同一种职业,形成以宗乡关系为纽带的社交群,在海外形成一个类似家乡的海外移民社会。

宗族观念强而带来的宗亲戚友的牵引是影响泉州跨国移民的社会推力。中国农村向来就有"聚族而居"的历史传统,移居东南亚的泉州人仍保持着守备相望、相助的传统美德。在海外扎根的泉州人多数能念及在国内度日维艰的宗亲戚友。于是,大批泉州人投奔海外的亲戚,如"奕定生城区,家世业儒……其父叔群从渡洋者近十辈,奕定甫十余岁从焉"②。刘亨赙先生,时十八岁,无以为生。其时,伯父刘元系在菲律宾马尼拉开设铁铺,加工出售铁器。于是亨赙就投靠伯父前往菲律宾马尼拉谋生。③ 也有一些泉州人为继承家业而迁移南洋。当然在早期的跨国移民中,这种现象很少。只有经过不断打拼之后,才能积聚一定的财富,他们的后代才会下南洋继承并发扬光大之。不少显赫有名的华侨都是这样下南洋的。泉州族谱中也有不少记载,"寿坂,字孙长……继乃父执邮传业"④,"光宙,字世宇,号进兴,受乃叔昭明君器重,托付家产"⑤而移居越南。很多已经在东南亚扎稳脚跟的华侨,对故乡的朋友等慷慨扶持,牵引着他们移民。在泉州侨乡,这种事例也不少。如丰山陈臣留于清乾隆丁丑年(1757年)游贾马六甲,在颇有获利之后,就牵引其亲友百余人相继出国。这类人出国条件较好,出国后境遇也较好,不会因举目无助而上当受骗,容易适应当地社会。在亲戚宗族的援引下,更多的亲友迁移海外,形成了新的海外华人社区,他们相互照顾,减少了在异乡的孤寂无助感。由家人带动

①[日]滨下武志.近代中国的国际契机——朝贡贸易体系与近代亚洲经济圈[M].北京:中国社会科学出版社,1999:62.

②庄为玑,郑山玉.泉州谱牒华侨史料与研究(上册)[M].北京:中国华侨出版社,1998:196.

③晋江地区华侨历史学会筹备组.华侨史:第2辑[G].晋江地区华侨历史学会筹备组印,1983:183.

④庄为玑,郑山玉.泉州谱牒华侨史料与研究(上册)[M].北京:中国华侨出版社,1998:209.

⑤庄为玑,郑山玉.泉州谱牒华侨史料与研究(上册)[M].北京:中国华侨出版社,1998:175.

族人,由族人带动全村的乡亲,出国的人数增长很快。泉州人王友梅,于道光二十五年(1846年)抵达东南亚的沙捞越古晋之后,着手商业贸易活动,通过他的关系,不少泉州人陆续入沙捞越[①];泉州树兜乡的华侨蒋备球,19世纪后期出国,经过艰苦创业,最后上升为土库商(即二盘商),他发财之后,便大量牵引其宗亲戚友前往东南亚的印尼[②]。

地方族谱中的记载表明,在东南亚扎根后,有一定经济基础的泉州人,对后来南洋的亲戚朋友大都给予了热情的照顾和帮助。"绍鹏,字昭程,号登云,孙望公长子,壮年赴菲律宾经营商贾四十余载,凡乡邻渡菲咸受提拔。"[③]"数年来,乡中往氓经商,抵埠金谓先到源和,或羁身或寄寓,咸受其(昭涂公,号景轩)欢迎,余若类此,可谓尊祖敬宗睦族者耶。"[④]

从泉州地方族谱中可以看到,泉州人向海外大规模的人口迁移活动,带有浓厚的血缘和地缘特色。同一个地方迁移出去的跨国移民,绝大多数都集中于同一迁入地,如安溪的华侨主要集中在新加坡,晋江的华侨主要集中于菲律宾,永春的华侨则主要集中于马来亚。再以石狮《容卿蔡氏族谱》为例,该谱记载清代移居东南亚的族人共62人,其中除2人具体迁入地不详,3人迁移其他地区,其余57人都移居吕宋。[⑤]《参山二房黄氏族谱》[⑥]记载清代出洋的族人则集中在印度尼西亚的吧城(即巴达维亚)。《延陵锦霞吴氏族谱》[⑦]记载的族人主要移居于暹罗。《安海灵水吴氏族谱》[⑧]记载的族人主要移居于马来亚的泗水。造成这样分布的原因就在于迁移主体是在海外亲戚的引渡下实施迁移行为。正是地缘、血缘关系的相互牵引形成了大规模的跨国移民潮。

三、文化推力:边缘形态的区域海洋文化特质

地域文化背景中固有的移民历史传统和传承作用应是考察泉州跨国移民的宏

①陈乔之.白色拉者统治时期沙捞越的中国移民概说[C]//吴泽.华侨史研究论集.上海:华东师范大学出版社,1984:105.

②庄为玑.泉州旅印(尼)菲侨村的调查研究[G]//泉州华侨史料编委会.泉州华侨史料:第1辑.泉州市归国华侨联合会、泉州市侨务办公室出版,1984:8-10.

③庄为玑,郑山玉.泉州谱牒华侨史料与研究(下册)[M].北京:中国华侨出版社,1998:870.

④庄为玑,郑山玉.泉州谱牒华侨史料与研究(下册)[M]北京:中国华侨出版社,1998:786.

⑤庄为玑,郑山玉.泉州谱牒华侨史料与研究(下册)[M].北京:中国华侨出版社,1998:507-516.

⑥庄为玑,郑山玉.泉州谱牒华侨史料与研究(上册)[M].北京:中国华侨出版社,1998:52-65.

⑦庄为玑,郑山玉.泉州谱牒华侨史料与研究(上册)[M].北京:中国华侨出版社,1998:7-10.

⑧庄为玑,郑山玉.泉州谱牒华侨史料与研究(下册)[M].北京:中国华侨出版社,1998:663-666.

观文化因素。基于这种心理取向，泉州跨国移民的海洋文化背景也是不可忽视的。离心倾向的加剧，以及蔑视权威、敢于离经叛道的独立自主精神、趋新的心理性和外向性等文化特质是导致泉州跨国移民运动活跃和持续不绝的一个极其重要的因素。

泉州人的流动观念比较强，敢闯敢拼，富有冒险精神。泉州人思想观念的进步有利于海外移民。国人自古就有安土重迁、固守家园的传统思想。汉元帝（公元前48—33年）曾经说过："安土重迁，黎民之性；骨肉相附，人情所愿也。"①道出了中国人"安土重迁"的文化心理。中国人被束缚于家乡，也与强有力的忠孝观念分不开。按照传统的要求，家族成员履行很多义务，如果不履行的话就会引起宗亲戚友的非难和邻里的讥讽。对家族中死去的成员，按照慎终追远的古训，要定期举行纪念和其他宗教的仪式。这些情况构成家族成员离开的一种阻力。

泉州人原来是由中原迁入百越之地的移民，其在颠沛流离的长途跋涉之后，对原有的观念伦理、习俗因新环境的挑战而不断加以调整和改变，形成有别于中原地区"安土重迁，黎民之性"的价值观。泉州地瘠人稠，戴云山之东南至海，大部分为山地丘陵，沿海地带多为黄沙赤土，自然环境极其恶劣，移民的生存意识使民以海为田，凭海为市的毅力。由于海上贸易发达，在重利经商观念的影响下，人们的价值观念也发生了变化，民间社会形成敢于冲破封建条条框框束缚的态势。贫民趋利若骛，有的儒生也弃儒从商，很多人都愿意到海外打拼，甘冒九死一生之风险，远涉重洋浪迹天涯海角，"男儿志在四方，乘风破浪，显名域外"的观念很普遍。重商趋利与铤而走险的冒险精神结合，使泉州人在通商逐利时特别无所畏惧。李长傅认为，这跟儒家思想浸淫不深有关，"民性剽悍，海盗横行，对于乡土观念甚薄故人民富于远游之心"②。对涉外事务较为熟悉的兰鼎元也认为这些跨国移民大多是"游手无赖，亦为富所驱，尽入番岛"③。历史上泉州人就以敢做"杀头生意"著称于世。明人冯璋在《通番舶议》中说，"泉漳风俗，嗜利通番，今虽重以充军、处死之条，尚犹结党成风，造船出海，私相贸易，恬无畏忌"④，从而能"富家征货，固得捆载而归，贫者为庸，亦搏升米自给"⑤。自隆庆元年（1567年）海禁开放以后，泉州人逐渐主导中国海外贸易近四百年。尤其是郑成功经营的海上帝国，其实力足以与东来的西方殖民者在远东海域抗衡。出洋经商和跨国移民行为都是为了逐利，支撑这种行为的是泉州人主观上的重商逐利和铤而走险的冒险精神。

在泉州人看来，跨国移民是一件相当荣耀的事情。他们认为"自己有特权享受

---

①（汉）班固撰，颜师古注.汉书·元帝纪（第1册）：卷9[M].北京：中华书局，1897：292.

②李长傅.中国殖民史[M].上海：商务印书馆，1937：6.

③（明）兰鼎元.小方壶舆地丛钞第十帙（二）·南洋事宜论·鹿洲初集：卷3[M].502.

④冯养虚集·明经世文编：卷280[G].2967.

⑤（明）张燮，谢方校注本.东西洋考：卷7[M].北京：中华书局，1981：131.

南洋来的佳美东西"①。在泉州侨乡的农村,每个村庄都有几座雄伟大厦,是归国华侨或海外富侨汇款营造,在衰败破落的乡村里鹤立鸡群。华侨回国,不论为结婚、探亲、度假,大多满载而归,大讲排场。这种情形给农村生活困窘的人,尤其是年轻人以很大的激励。与其困守家园,不如设法南渡,所以华侨出国在心理上有寻求出路、力求上进的意味。

从泉州地方族谱中还可以看到,清代兴起远游之志已成为泉州地区的社会风气。《永春鹏翔郑氏族谱》中仙清公墓志铭中有这样的记载:"公讳泽水……于是易士之宿习,而兴远游之壮图,率公兄弟渡洋至马来半岛之彭亨阜止焉。"《桃源潘氏族谱》中记述:"嗣明……弱冠抱四方志,经营外洋。"②还有的认为固守在有限的田园里,英雄无用武之地,如"诗允王先生,又名苏……行年廿许,自思田园无多,英雄无用武之地,乃禀请高堂,南渡星洲"③。清代中后期,许多华侨在出国前的生活也还过得去,尤其是海外有亲友接济的家庭。但是人们的重利观念使他们具有敢于冒险、奋发向上的品格特质。他们为追求财富往往离开父母,抛妻别子,漂泊异域。

从文化水平看,不仅普通民众有远游之志,具备一定知识水平的清代"知识分子"也有觉得仕途不如海外谋生更有前途,转而跨国移民而求发展的。如《桃园潘氏族谱》中有载曰:"孝山,讳贤渔,原名行渔,号渭溪,州庠生……谓溪禀姿[秉资]聪颖,弱冠后庠序蚕英,即有鏖战棘闱之志……课读之余,每假鼓以自乐,其胸怀可想可见矣。癸卯春初,其生父佐商尤邑归,年近衰迈,劝留在家养闲,虑舌耕薄俸不足供,遂卸馆,与里戚同往安南,冀邀厚利。"④也有些知识分子是"立志高尚,不肯同乎流俗"而出国的,如光绪癸巳(1893 年),设教南洋马六甲丰顺义学的永春县的子瑛就是一例。⑤

四、政治推力:不同时期政府移民政策的调整

不同历史时期政府海外移民政策的调整和变化是影响泉州人跨国迁移的关键性因素。晚清以前,历代政府都禁止海民移民。清初实行的海禁政策和迁界政策对泉州人跨国迁移有着重要的影响。顺治二年(1645 年)郑成功起兵抗清,顺治六年(1649 年)攻取金门、厦门两岛作为抗清复台的基地。清朝廷为了切断郑成功与东南沿海地区的联系,于顺治十二年(1655 年)重新宣布"海禁",明令"禁造两桅以上的大船",并声称"移外洋海岛者,应照交通反叛处决,立斩"。第二年三月,又宣布"锁海"、"海禁",规定凡运粮食等物资供应郑成功的,"不论官民,具行奏文处斩,

①布赛尔.东南亚的中国人[G].南洋资料译丛(第 4 期),1957:17.
②庄为玑,郑山玉.泉州谱牒华侨史料与研究(上册)[M].北京:中国华侨出版社,1998:289.
③庄为玑,郑山玉.泉州谱牒华侨史料与研究(下册)[M].北京:中国华侨出版社,1998:647.
④庄为玑,郑山玉.泉州谱牒华侨史料与研究(上册)[M].北京:中国华侨出版社,1998:309.
⑤庄为玑,郑山玉.泉州谱牒华侨史料与研究(上册)[M].北京:中国华侨出版社,1998:313.

货物入官,本人家产尽给告发之人。其该籍地方武官,不行盘诘令缉,皆革职从严治,地方保甲通容不举者,皆从死"①。顺治十三年(1656年)六月,清廷向福建等省颁布《申严海禁敕谕》,"严禁商民船只私自出海","不许片帆入口,一贼登岸"。②

顺治十八年(1661年)起,清政府还在福建沿海长达1820里的海岸线内,包括福、兴、泉、漳所属1州18县,实行"迁界"政策。夏琳《闽海纪要》记载:"上自福宁,下及诏安,或三十里,或二十里,量地险要,筑寨安兵;仍筑界墙,以截内地。外滨海数千里烟矣"③。迁界的二十余年,客死外地者不计其数,"界内之民,死于力役,死于饥饿,死于征输,至有巷无居人,路无行迹者"。④ 当时福建沿海人民不满清政府的残酷统治而起来反抗,遭到清廷的血腥镇压。尤其是郑成功的家乡南安石井及晋江安海一带的人民,更是惨遭迫害,"其间又素贸于海者,相率辗转流寓南洋一带,以谋生路,而为后之侨商"⑤。不少泉州人被迫迁移海外。

即使是在严厉的海禁和迁界政策时期,泉州人跨国移民也从未停息。海禁和迁界使沿海一部分出洋贸易的人失去了往日的职业,无法生存。加上自然灾害、沿海各地动乱日益增多,一些泉州人便下南洋。以石狮《容卿蔡氏族谱》为例,清初海禁期间出国多人,如"鸿充,号维参,系钦甫公四子,生崇祯癸酉年(1633)十月初一日,卒失详,殁在吕宋",还有恒乩(讳克岐)、恒兴(讳允起)等都是在海禁期间移民东南亚的。⑥ 其他族谱中也有一些类似的记载。康熙三年(1664年),又下令内迁50里。康熙十六年(1677年),福建省内上自福宁州,下至诏安,再次驱逐百姓内迁30里,由此而造成"膏腴弃为废墟",泉州沿海人民深受其害,不少人被迫迁移海外。泉州族谱中也有因"迁界"而出洋的记载,晋江《温陵晋水东皋吴氏族谱》中有:"标松公……生顺治丙戌年……年方弱冠,适值迁移,随叔远祥公游艺蒲城。"⑦南安石井《曾氏族谱》中记载:"迨海氛平定复界……家资荡然,不得不设险经营……往番邦吕宋生计。"⑧

鸦片战争以后,英、法、荷等西方殖民者强迫清政府签订不平等条约,使清廷同意劳工输出。1860年,中英、中法签订的《北京条约》做出劳工可出国居留承工的规定。中英《北京条约》第五款条文如下:"戊午(1858)年定约互换以后,大清大皇

---

①台湾历史语言研究所.明清史料·丁编·严禁海敕论(第2本)[G].上海:商务印书馆,1948:155.

②台湾历史语言研究所.明清史料·丁编·严禁海敕论(第2本)[G].上海:商务印书馆,1948:155.

③夏琳.闽海纪要[M].台北:台湾大通书局,1987:59.

④余飏等.莆变纪事·人事篇[M].南京:江苏古籍出版社,2000:26-27.

⑤《安海志》编纂小组.安海志[M].[出版社不详]1983:134.

⑥庄为玑,郑山玉.泉州谱牒华侨史料与研究(下册)[M].北京:中国华侨出版社,1998:511.

⑦庄为玑,郑山玉.泉州谱牒华侨史料与研究(下册)[M].北京:中国华侨出版社,1998:804.

⑧庄为玑,等.福建晋江专区华侨史调查报告[J].厦门大学学报(社科版),1958(1):114.

帝允于即日降谕各省督抚大吏,以凡有华民情甘出口,或在英国所属各处,或在外洋别地承工,俱准与英民立约为凭,无论单身或携带家属,一并赴通商各口,下英国船只,毫无禁阻。"①这就宣告了出国禁令的解除,客观上促进了泉州人的跨国迁移。

1866 年 3 月 5 日,法国、英国又与中国签订了在华招工章程条约,这个条约包括后来关于劳工出国所订条约和契约的基本内容,规定:一是目的地和劳动年限;二是移民及其眷属(如果携属的话),从出国口岸到外国的往返旅费免收;三是每天工作小时数及每年工作日数;四是工资、食、宿和医药照料;五是每月代移民汇款回家。作为这个条约的附件,清廷还发表了"中国政府对于自由移民,即自愿自费离开中国前往外国的中国人,概不禁阻"等声明。②

随着跨国迁移的合法化,泉州跨国迁移的人数直线上升。《桃源东熙王氏族谱》记载族人清代出国的有较具体时间可查的为 377 人,其中鸦片战争后到清末出国的就达 365 人,占清代出国总人数的 96.8%③。其他族谱记载的比例与之基本一致。

后来,英国、法国、意大利和比利时驻北京的外交使臣联名禀呈大清皇废除康熙五十一年(1712 年)"禁止出洋移民回国,违则处死"的谕旨,以消除前往海外的中国移民的疑虑。光绪十九年(1893 年)9 月 13 日的谕旨批准了这个要求,准许旅居外国的移民任便回国。④ 这表明中国对于移民的政策发生飞跃性改变,改变了严厉禁止的政策,这为外国资本主义掠夺中国劳动力披上了"合法化"的外衣,也为晚清跨国迁移潮打开了闸门,使得泉州人更大规模的跨国迁移成为可能。

五、外部拉力:国际经济格局变动和殖民者招徕诱拐

19 世纪中后期,随着罪恶黑人奴隶制的废止,西方殖民者为了开发南洋殖民地,更好地掠夺商品市场和原料产地,迫切需要解决劳动力不足的现状。因此廉价的华人是劳动力的最佳人选,于是殖民者纷纷采取优惠的招徕措施,吸引华工的到来。他们甚至采用"猪仔"苦力贸易和"契约华工"的手段,诱拐华工跨国迁移。西方殖民者对劳动力的大量需求,构成了晚清泉州的华工群体性出国潮形成的重要拉力。

这一时期,东西方国际关系格局发生了巨大的变动,新兴资产阶级崛起,代表

①贾桢.筹办夷务始末(第 7 册):卷 67"咸丰十年九月"[M].北京:中华书局,1979:2506.

②陈达.中国移民——专门涉及劳工状况(摘译)[G]//陈翰笙.华工出国史料汇编:第 4 辑.北京:中华书局,1981:11.

③庄为玑,郑山玉.泉州谱牒华侨史料与研究(上册)[M].北京:中国华侨出版社,1998:227-259.

④陈达.中国移民——专门涉及劳工状况(摘译)[G]//陈翰笙.华工出国史料汇编:第 4 辑.北京:中华书局,1981:13.

早期资本主义利益的葡萄牙、西班牙和荷兰等国为了扩大资本原始积累,开拓商品海外交换市场,都竭力推行海外殖民主义政策。而东西方直通航线开辟之后,它们的海外贸易势力范围相继从大西洋、印度洋海域延伸拓展到西太平洋海域。尤其是自 1511 年葡萄牙殖民者占领马六甲之后,英法等欧洲列强接踵而至,东南亚各国相继成为西方列强的殖民地或半殖民地。西方殖民者为了更好地获得利益,不断开发南洋各埠,这就需要大量的廉价劳动力,于是他们便纷纷采取各种措施,颁布多项法令来招徕华工前来充当廉价的劳动力。大批泉州人在西方殖民者的招徕下纷纷跨国迁移东南亚务工。

东南亚自然条件优越,拥有大片热带丛林和丰富的热带资源,且地广人稀,谋生相对容易。以英属马来亚为例,有 52000 平方英里,其人口总数于 1931 年尚不足 400 万,而清代马来亚实际人口远低于这个数目,人口密度很小。西方殖民者亟须解决劳动力不足的问题。当地人因生活简单,度日容易,不注重生产,许多可以开垦的沃地任其荒芜。欧洲列强相继在此建立殖民地统治权之后,看到东南亚地区土地肥沃、雨量充足,适宜农业的发展,看到大片土地荒芜甚为可惜。为了加速资源的开发,鼓励当地人民开垦发展生产,但收效甚微。因为土著居民懒散的习性难改,"他们宁愿过农夫与猎人的半饥半饱的生活,而不愿接受在欧洲人矿山和种植园中劳动的奴役条件"[①]。就殖民者而言,他们对于使用东南亚当地的劳动力有所顾忌,因为殖民侵略必然会遭到土著居民的敌视,也惧怕他们的反抗。而华侨吃苦耐劳、性情温和,殖民当局就鼓励华侨去开垦荒地,于是大肆招徕华工。

泉州地理毗邻东南亚,殖民者争先招徕华工,于是大批泉州人便纷纷跨国迁移东南亚。英国人 1786 年取得槟榔屿后,积极鼓励华工等移植开垦,这个渺无人烟的荒岛在英国人占领之后两年,已有人口一万两千人,其中约百分之四十为华侨。马来西亚联邦最大的沙捞越州,1840 年沦为英国统治,白色拉者(意即"国王")曾采取不少鼓励华工移民入境的措施,包括 1872 年的新《土地法令》,1876 年的新《土地法令》附加备例(即《鼓励种植条例》十二条),1880 年鼓励移民开发拉让江流域的特别通告,1889 年的《伦乐土地法》[②]等。甚至还颁布一个特别通告:给移植者足够的免费土地种植,政府提供临时住屋安置移植者,免费提供大米和食盐一年,提供交通运输工具,建立警察局保护华人安全,华人可永久居住沙捞越[③]。英属霹雳政府相继颁布招领荒地通告,分别于 1875 年颁布《霹雳政府招领荒地通告》、1878 年颁布《霹雳政府奖励大规模种植通告》、1891 年颁布《霹雳政府奖励大规模种植通告》和《霹雳政府奖励种植通告》、1897 年颁布《霹雳政府奖励种植树胶通

①雷斯涅尔,鲁布佐夫.东方各国近代史:卷 2[G].上海:三联书店,1958:251.
②陈乔之.白色拉者统治时期沙捞越的中国移民概说[C]//吴泽.华侨史研究论集.上海:华东师范大学出版社,1984:112.
③吴泽.华侨史研究论集[C].上海:华东师范大学出版社,1984(1):114.

告》①,大肆招徕华工前来垦殖;新北婆罗洲在 18 世纪末被英国占领,"其特许状第十三条第四款,即大书补助及奖励移民事项,首任总督崔渣氏到任之初,第一步工作即派干员处理中国移民人口事宜。② 荷属东印度,颁布属地章程,给予华人与土著居民同等的法律地位,1854 年规定:凡阿剌伯人、摩洛人、中国人,暨回教人,或多神教人,均同化为土人"③。英国殖民政府在开发马六甲时,也宽待中国移民,在海峡殖民地,华人、马来人、东印度人或欧洲人之间,在诸如选举、纳税、置产等权利与义务方面,法律上并不加歧视。荷兰殖民者为招徕华商和吸引劳动力,曾几度对船只载人限制进行放松,"从最初(1706 年)的最高限 100 人,逐步提升至 130、160、230、350、500、600、700、750 人,到最后(1807 年)完全取消限额,准予无限制地载人入境。"④ 而且还不断降低华人的人头税,从开始(1820 年)的 1.5 元降至 15 钫(1 元=60 钫),其间还一度停征。⑤ 这一系列鼓励跨国移民的措施,极大地刺激了泉州人跨国移民。

随着自由资本主义向帝国主义过渡,殖民势力之间争夺原料产地、商品销售市场和资本输出市场的竞争日趋激烈,它们对劳动力的需求更为迫切。这一时期,巴城的甘蔗种植、加里曼丹的金矿开采、马来亚的胡椒种植业、威士利省树胶园的开拓、苏门答腊的烟草栽植,英国海峡殖民地建立后城市码头、官署、港口、道路的大量建设等,都使劳动力需求成倍翻增。于是殖民者大量招徕华工,华人如潮水般涌来。1876—1898 年从厦门出国往东南亚各地的华人共达 1368823 人;其中大多数是华工,去海峡殖民地的有 818967 人;去马尼拉的有 207747 人。⑥ 这也造成了大批泉州人跨国移民。

19 世纪中叶后,奴隶性质的苦力"猪仔"贸易是西方殖民者掠夺泉州华工出国的重要手段。西方殖民者在东南亚开发和掠夺的深入,香料、咖啡、蔗糖、橡胶等经济作物进一步纳入资本主义世界市场,种植园经济日益繁荣,各种企业、锡矿等相继开发,使劳动力需求大量增加。各殖民者除了采取招徕措施吸引华工外,大肆采取"猪仔"贸易的手段来掳掠华工。外国的投机商人和招工贩子在资本家的重利引诱和殖民政府的大力支持下,纷纷涌向中国东南沿海从事"猪仔"贸易,掠运泉州华

①温雄飞.南洋华侨通史[M].上海:东方印书馆,1929:297-300.

②叶保滋.北婆罗洲华侨移植经过及爱国史实[C]//高信,张希哲.华侨史论集.台北:国防研究中心,1963:199.

③李长傅.中国殖民史[M].上海:商务印书馆,1937:313.

④黄文鹰,陈曾唯,陈安尼.荷属东印度公司统治时期吧城华侨人口分析[J].厦门:厦门大学南洋研究院,1981:171.

⑤黄文鹰,陈曾唯,陈安尼.荷属东印度公司统治时期吧城华侨人口分析[J].厦门:厦门大学南洋研究院,1981:150.

⑥缅卡林尼.菲律宾的华工问题[G]//陈翰笙.华工出国史料汇编:第 4 辑.北京:中华书局,1981:184.

工。在 1876 年,每一苦力的募集费、客栈费及船资费等,共计约在十三元至十四元之间,而客贩所得多则达二十元至二十四元。① 及至 1890 年间,招募苦力一名往海峡殖民地所费不过十四元至十六元,而募往苏门答腊及婆罗洲,雇主所付之移交价格则自八十元至九十元,其利益皆猪仔贩所得。② 可见,苦力贸易确实有利可图。

从"浮动地狱"幸存下来的"猪仔",上岸后,往往被招工馆的打手施以酷刑,强迫其签订盖有本人手指印的契约,即卖身契约,"条约未满,无论如何,总不能卸身,猪仔因为有此条约的束缚,所以各种非人的痛苦,就从这里产生出来"③。契约华工工资低廉,而且"厂主开设店铺,逼勒华工在此购买什物,质极劣,价值极昂。所得蝇利,日用不敷,偶有急需,支借工资,按月纳息,支借一两纳五钱。故若辈虽勤,不免粝食"④。契约华工在契约期限内没有自由。

泉州地方族谱资料中就有家族成员被猪仔贩卖的记述。晋江《凤池李氏族谱》中记载:"昭未公,孙郁公之子……往石码作棉工,被人诱卖番作工","昭执公,孙摄公螟蛉冢子,未娶,被人诱卖番"。⑤ 安溪《尚卿福林吴氏族谱》中也有"诗睨,字基视,生咸丰辛亥年(1851),被卖猪仔去外洋"的记载。⑥ 至于究竟有多少比例的泉州人以契约华工的形式移至东南亚,因苦力贸易是秘密进行的,无法找到从厦门等口岸苦力掠夺的系统的统计,只能从侧面看出。"1877 年共有 161668 个中国移民在进入海峡殖民地时受到检查。那一年在新加坡入境的 9776 个中国人当中,有 2653 人是赊单新客(即契约华工)"⑦,该年契约华工占总出国人数的 27％,而 1890 年"百分数降低到 8.4％"。⑧ 因"猪仔"的输出地,除福建外,还有广东等省,以上数字并不能精确地解释福建契约华工的比例。而且不少契约华工为了谋生,在海峡殖民地接受检查时,否认自己是契约华工,而谎称为自由华工。实际上,以契约华工形式出国的泉州人比例当远超于此。契约华工是晚清时期泉州跨国移民潮中最重要的移民成分,也是泉州人跨国迁移东南亚的一个不可忽视的重要因素。

总之,西方殖民者的东来,给泉州人带来了大批就业的机会,殖民者采取的各种招徕华人的措施,成为推动泉州人跨国迁移海外的外在拉力。大量的泉州人正

①李长傅.中国殖民史[M].上海:商务印书馆,1937:275.

②李长傅.中国殖民史[M].上海:商务印书馆,1937:276.

③梁绍文.南洋旅行漫记[M].上海:中华书局,1924:106.

④蒋良骐.东华录[M].济南:齐鲁书社,2005:117.

⑤庄为玑,郑山玉.泉州谱牒华侨史料与研究(下册)[M].北京:中国华侨出版社,1998:768.

⑥庄为玑,郑山玉.泉州谱牒华侨史料与研究(上册)[M].北京:中国华侨出版社,1998:71.

⑦坎倍尔(Campbell).中国的苦力移民[G].陈泽宪,译//陈翰笙.华工出国史料汇编.北京:中华书局,1981:260.

⑧坎倍尔(Campbell).中国的苦力移民[G].陈泽宪,译//陈翰笙.华工出国史料汇编.北京:中华书局,1981:260.

是在这样强大的拉力下,跨国迁移东南亚去寻找发财致富的机会。尽管其间殖民者也制造了排华的种种暴行,甚至屠杀华侨,但都很快平息,殖民者出于自身经济利益的需要,很快便又重新鼓励华人入境。强大的跨国迁移潮势不可挡。

晚清民国是泉州跨国迁移东南亚的重要时期。这一时期泉州人跨国迁移东南亚的原因是错综复杂的,找寻跨国移民与当时的经济条件、社会环境、政治制度等因素的关系,不仅要注意考虑国内背景,也要把跨国移民置于国际关系格局变动的宏观背景中来考察分析。泉州人跨国移民过程是一个受迁入地和迁出地多种因素影响,在一定程度上服从惯性原则,具有多种迁移特征的综合迁移过程。泉州人向海外迁移的原因,既有内部的推力,也有外在的拉力。内部推力是最主要的、最持久的因素,尤其内部推力中的经济因素,是泉州人跨国移民的最基本的因素。其中人口与土地的矛盾是泉州向海外迁移的主要原因。泉州社会生存的自然环境恶化,政治、战争、海盗、土匪所构成的各种人身威胁,血缘、地缘、亲缘的吸引以及先前的移民财富积聚对后来者的诱惑、示范和辐射,寻找有利的事业发展场所的欲望,原先迁移过程的正反馈作用,构成了迁移高潮的形成和迁移规模扩大的主要原因。而到东南亚地理交通的便利及其优越的自然环境,东南亚经济发展中巨大的劳动力吸引能力,相对稳定的社会秩序、政治背景,使这个迁移过程形成以东南亚为终点的迁移流。这个迁移流是一个具有多种特征的综合性的跨国迁移过程。[①]正是强大的内部推力与外部拉力的相互作用,导致了近代泉州人大规模跨国迁移和近代泉州华侨群体出现的局面。

第三节　近代泉州华侨群体特征

跨国移民的持续作用导致近代泉州一种新的谋生出路与社会结构的分化。一部分人开始脱离传统的生存和发展模式,走上了跨国移民发展的世俗化生存与发展道路,并促动了近代泉州华侨群体的形成。近代泉州华侨群体在中国华侨史上具有重要地位。他们既是中华文化的传播者,又是中华文化与侨居地文化融合的推动者,也是将海外物质生活和思想文化引入泉州侨乡的推介者。他们最初从事最低级的劳动,拿着微薄的收入,在艰苦环境中磨炼出坚韧意志,最终崛起成为近代中国社会颇具影响力的一个华侨群体。生发于深厚的泉州文化底蕴中的华侨精神是泉州华侨群体生生不息、长盛不衰的关键。历史渊源与文化传承因素造就了泉州华侨群体重商逐利的精神,冒险进取、"爱拼敢赢"的开放和兼容品性,以及"爱国爱乡"的情怀和鲜明的家族化特征。这些精神气质和品格都有利于华侨群体与

---

① 蔡苏龙.侨乡社会转型与华侨华人的推动:以泉州为中心的历史考察[M].天津:天津古籍出版社,2006:150.

近代泉州社会转型以及跨国实践活动的实现。综合来看,近代泉州华侨群体具有以下几个特点。

一、从流向分布和规模看:分布广、规模大,主要集中在东南亚

自唐代开始,泉州人因商贸、谋生、避乱、游历迁往菲律宾、文莱、印尼、越南、日本等国家和地区。[①] 至鸦片战争爆发前夕,居留海外的泉籍华侨估计已逾 30 万人。由于历史、地理等因素,历史上泉州跨国移民多聚居在东南亚各国,特别是印尼、菲律宾、新加坡等。鸦片战争后,被西方殖民招募或拐卖的"契约华工",有的幸存下来,在契约期满后再移民;也有些华侨开始从东南亚向欧美移民;加上泉籍海员受雇于远洋轮船等因素影响,泉籍华侨逐渐扩展到世界各地。由于出国潮持久不衰,至 1911 年估计海外泉籍华侨总数已超过 80 万人,到 1939 年泉籍华侨统计就有 1349528 万人,主要分布在东南亚地区。[②]

二、从职业成分和谋生情况看:大多是华工出国,成分构成多元

近代泉州华侨群体大多出自草根阶层,底层创业,成分构成多元。近代跨国移民的泉州人大都是以种种名目被"招募"出去的"契约华工"。《华工出国史料》第三辑及冲绳县《历代宝案》记载,1852 年,美国"猪仔"船罗伯特·包恩号从厦门运出的 475 名(一说 410 名)遭难"契约华工"中,祖籍为晋江、惠安、南安、南溪、永春五县的泉州人共 207 名。泉州劳工被拐、被诱出洋究竟有多少,现已无从统计,但据吴凤斌先生从档案中找到 19 世纪 40—70 年代 29 位较完整的契约华工个人材料来看,祖籍泉州地区的就有惠安唐建、泉州籍陈阿吉、永春籍罗福安、南安籍林水头、晋江籍黄箕等 12 人,居各地区人数之首[③]。移民海外的泉州人,大多文化素质比较低,沿袭传统的谋生方式,多数从事体力劳动,如拉黄包车、踏三轮车、当矿工或到橡胶园卖苦力,有的当小商贩,有的靠"三把刀"起家。在餐馆、工厂里打工谋生,大多有在海外生存的不幸遭遇,只有一小部分人经过多年的奋斗,通过底层创业,自下而上取得了一定的成就,成为当地华侨社会中一支重要力量迅速崛起。二战前,侨居东南亚地区的泉州华侨群体,各属(帮)均有其传统的行业。20 世纪初的荷属印尼华侨中,泉州华侨群体大多从事批发、土产、贸易、布匹、制胶和榨油等行业,在工业生产方面又多从事锡矿开采。例如,惠安出洋者大多以石业为主,德化华侨以陶瓷为多,安溪以小商贩为多。泉州华侨群体主要从事农业种植、矿山工人、工厂职员和店员,也有部分是小贩,从事摆货担、挑货郎担、小食担等,真正属于资产阶级的在海外

---

①泉州市华侨志编纂委员会.泉州市华侨志[M].北京:中国社会出版社,1996:10.
②泉州市华侨志编纂委员会.泉州市华侨志[M].北京:中国社会出版社,1996:11.
③吴凤斌.契约华工史[M].南昌:江西人民出版社,1988:42-43.

华侨人数中不到10％。然而,泉州华侨群体无论贫富,皆辛勤经营、艰难创业。

三、从区域文化和人文性格看:富于冒险进取、敢拼爱赢

泉州华侨群体与其他地区华侨相比,最具鲜明个性的特点就是强悍拼搏,敢于冒险犯禁。他们既有追随梦想的愿望和要求,又有脚踏实地的实干精神和特点。泉州地处福建东南沿海一带,人们世代跟大海打交道,浩瀚的海洋给了泉州人敢于冒险进取的风格和坚韧的拼搏精神。泉州民谚"走海行船三分命"道出了出海的危险,经常与恶劣艰险的自然搏斗,颠沛流离、悲欢离合经常伴随着他们,因此形成泉州人鲜明的性格特点,铸造了泉州文化的精髓:冒险进取、敢拼爱赢。他们具有必胜的信念,排除万难的决心,不屈不挠的意志和乐观向上的拼搏精神,敢入不毛之地,敢闯绝域之墟,执着追求美好的理想。这种冒险拼搏的特点在历史的长河中,孕育成泉州华侨"爱拼才会赢"的风范,又构成了他们"敢为天下先"的文化心理素质。泉州民谣讲"少年不打拼,老来无名声"、泉州歌中道"三分天注定、七分靠打拼,爱拼才会赢","拼"和"赢"两个字,十分形象贴切地刻画了泉州华侨勇于开拓、冒险进取的心态。明清海禁时期泉州人仍冒险犯禁出海从事走私贸易和海外移民,都体现了泉州华侨"敢为天下先"的特点。要到海外异域去谋生,并不是一件轻而易举的事情。他们需要乘木帆船(晚清以前还没有轮船和飞机可乘)穿过惊涛骇浪的大海,才能到达彼岸,没有一点冒险精神是不行的。到达彼岸后,还要有艰苦奋斗和各种谋生之术,"爱拼才会赢"。这就逐步形成闽南人性格比较开朗、富有开拓精神,敢于冒险、敢于进取、敢于拼搏的特点。这是泉州华侨群体人文性格最大的一个特点。

四、从乡族特质和地缘品性看:具有浓厚的重商意识,涌现出了一批华商巨贾

泉州华侨群体另一鲜明特色就是浓重的重商情结和务实的逐利精神。滨海的地理位置,悠久的商业历史,使泉州华侨群体商业意识最早觉醒,商贸文化异常活跃。他们坚信"商中自有黄金屋"、"商能致富"、"以商为荣"。泉州华侨富有拼搏开拓的意识,脚踏实地的务实精神。泉州华侨不仅吸纳了内地商人诚信、踏实的经商作风,也吸纳了海外商人尤其是阿拉伯商人灵活敏捷的经商特点,涌现出一批又一批华侨富商巨贾,以泉州华侨群体为标志的"闽籍华商"雄起天下,成为海外华商中实力超群的一支。游仲勋于1970年出版的著作中对东南亚华侨社会的构成进行分析,其中有一半的华侨靠领取工资维持生活;以小商人、手工业者、知识分子、自由职业者、职员阶层等中等收入者占到40％;资产雄厚的大资产阶级则占5％左右。① 二战前后的东南亚华侨社会发生很大变化,但从他的分析中可以看出,近代

---

① ［日］游仲勋.东南亚华侨经济简论［M］.厦门:厦门大学出版社,1987:58.

泉州华侨群体经济实力的强大。著名的有李清泉、李光前、陈清机、吴记霍等一大批实力雄厚的华商巨富。

五、从社团和组织关系看：同乡会、宗亲会等地缘组织发达，跨国互动频繁

泉州华侨群体初到国外，谋生不易，处境艰辛。为联络乡谊和亲情，他们组织了许多以地缘为基础的同乡会，以血缘为基础的宗亲会，主张同乡同宗的人互助团结。这些宗乡社团是以中华传统文化思想为基础组织起来的社团组织，是海外华侨最普遍的社团组织。辛亥革命后，经过民主革命运动和五四爱国运动，泉州华侨群体的国家意识有所觉醒，然而绝大多数华侨对中国的认同基本还是停留在村县府省的"乡土"阶段而不是"国家"阶段。汇款回国，赡养家小，建造房屋，自然属于惠及族人乡里之举，即使是各地的学校，也大多是原祖籍地华侨回乡捐建或捐助的。在新加坡，泉州会馆揭示的宗旨即是"服务于桑梓"。在菲律宾，同乡会的工作和目的还在"故乡的公共福利事业上"。这些都有力地证明了海外华侨当时对祖籍地的强烈归属和认同，也有利于爱国爱乡行为的实现。

六、从家族文化和价值追求看：家族化特征明显，富有"爱国爱乡"精神

泉州华侨以血缘为核心，以家族为凝聚较为普遍。由于北方汉民迁移泉州的时间、地点、路线不尽相同，再加上泉州境内重峦叠嶂的阻隔，分散的自然村落鲜少往来，便形成相对独立的经济文化生活区域和文化形态。汉人入闽后多凭借家族的力量来拓展生存空间，采取聚族而居的方式形成精神生活上的稳固性。这种状况自然而然地加强了宗族血缘的观念。自宋元以来，泉州民间家族制度较中原地区更加严密完善，明清时期泉州民间家族组织的发展进入了高潮，各地建祠堂、修族谱、崇祭扫之风盛行。这种浓厚的家族观念在近代泉州基层社会中发挥着重要作用。历史上的泉州华侨就有家族化移民网络、"帮中套帮"的特点，家族化特点十分明显。近代泉州华侨群体富有艰苦创业的精神，慷慨豪爽、乐施好义的崇高品质。泉州华侨群体对家乡的贡献非常大，无论是在晚清社会转型时期，还是辛亥革命时期、抗日战争时期，很多华侨无私奉献捐款捐物，直接投身于祖国的抗日救亡运动，浴血奋战，提倡奉献精神，有强烈的"爱国爱乡"情怀，捐资兴办教育和捐助慈善公益事业，以及回乡侨汇投资，支持家乡建设的优良传统。他们通过捐资、捐物及其他形式参与和推动泉州侨乡社会的公益事业。民国时期泉州籍热心捐资办学的华侨精英主要有李清泉、李光前、刘玉水、李文柄、吴桂生、林景书、陈清机、陈碧峰、桂华山、蒋报企、张时英、郑焕采、尤扬祖、傅维丹等。据不完全统计，1912 年至1949 年 10 月以前，泉州侨办学校总数 269 所，侨助、侨建的公立和教会办学校

1291 所。① 以晋江为例,据统计,在 1925—1927 年晋江的 120 所学校中,私立学校占 63.5%,侨办学校占私立学校的 70%,②据国民政府统计,1935 年,晋江县教育经费 47 万多元,政府负担的教育经费只有 3 万元,其余都是华侨捐资。③ 这些情况在重点侨乡尤为突出,如龙湖乡共有 40 所小学,其中有 37 所的新校舍是由华侨捐资兴建的;泉州的凌霄,晋江的南侨,石狮的石光,惠安的惠安、惠南,南安的国光等中学;以及晋江的阳溪、希信、大道、启明,惠安的荷山、屿光等小学,也都大兴土木,新建校舍。④ 金井,中华人民共和国成立前有侨校 62 所,其中完全侨办 13 所,不收学费;基本侨办学校 21 所,除学费外,其他费用均由华侨负担,经费由华侨负担一半的有 3 所;另外 6 所由华侨负担部分经费。⑤ 在 1949 年以前,晋江县有 5 所中学和 200 所小学,基本上是由海外华侨捐助而设立的。泉州华侨群体还大量捐款、投资在家乡建房、设厂、兴学、修路。泉州市区及安溪、南安、永春侨乡新建房屋迅速增多,新辟公路、村路达 2000 里,建桥上百座。南安溪美莲村成为民国时期侨乡建设的模范村。在莲塘小学董事会主持下,建立校运动场、围墙、铁门、大礼堂,添置仪器设备,赠图书,办夜校,并整顿村容,改变村俗;大修车路,建成 4 条通村外的乡村公路干线,以及环塘、环校、环村支线;开垦茶果园,办毛巾厂、纺织厂。

①泉州市华侨志编纂委员会.泉州市华侨志[M].北京:中国社会出版社,1996:238.

②福建日报社.八闽纵横:第 2 集[C].1985:102-103.

③福建省地方志编纂委员会.福建省志·华侨志[M].福州:福建人民出版社,1993:217.

④泉州市华侨志编纂委员会.泉州市华侨志[M].北京:中国社会出版社,1996:238.

⑤熊卫霞.近代闽粤侨乡社会若干问题研究[D].厦门:厦门大学,1993:53.

第二章　华侨群体与泉州社会经济的近代转型

清朝末年,国困民穷。为了振兴国家,清政府将目光投向了在海外拥有巨大经济实力的华侨群体,制定和颁布了一系列吸引海外华侨回国投资实业的政策与措施。海外华侨本就心系祖国,加之政府召唤,纷纷回国投资兴办实业。随着泉州社会近代化的不断推进,特别是由于政府与海外华侨群体之间信用的建立和互利"交易"秩序的构建,海外华商网络开始顺利地渗入和参与到泉州社会的多个领域,使得泉州社会获得了进行各项事业的社会资本。在这一变迁的历史进程中,华侨群体起到了十分重要的推动作用。在工业方面,华侨群体的作用主要体现在率先投资新式工业企业,引进国外的近代化经营方式,进而对本土工业化起到了积极的推动作用;在商业上,华侨商人大力推动泉州社会商业模式创新;在传统与近代共生共荣的交通、金融业中,也无不显示出华侨群体的牵引带动作用。正是华侨外引内联的跨国实践,有力地推动了泉州社会的经济转型。本章从近代化和社会转型的视角来考察和探讨近代泉州社会工业、交通、商业和金融业的历史变迁,并对华侨群体在这一变迁中的历史角色做一个分析。

第一节　海外华侨的投资与近代泉州工业的兴起

一、海外华侨投资近代泉州工业简况

早在清光绪(1875—1908年)年间,南安旅菲华侨吴记藿的进出口公司就在上海、厦门、福州、天津、汉口等地设立代理机构,并创办汉冶萍铁钉锌线厂。光绪三十四年(1908年),菲律宾华侨陈天恩(南安人)、郑德坤(晋江人)等10人筹资1.5万银元在厦门创办淘化公司,陈天恩任董事长,杨格非任经理。[①] 这是最早有关海外华侨投资家乡的记载。

在有资料可查的1871年至1949年,福建华商投资总额不如广东华商,但泉州地区的华商却占有全省投资额近80%的较大比例。

---

①泉州市华侨志编纂委员会.泉州市华侨志[M].北京:中国社会出版社,1996:187.

　　一般来说,华商投资户数和投资额应与该地区华商人数成正比。但是投资行为与捐赠行为不同,它首先是经济行为,所以,生产条件与市场条件是十分重要的。厦门以其港埠开放、市场比较成熟而成为华商的投资重点。泉州市、晋江县也因悠久商业传统成为华商投资比较多的地方。

　　据不完全的调查统计,民国时期泉州地区工业中海外华侨创办的大型工厂和公司有 60 多家,其中包括蔡子钦的泉州电灯公司(1913 年),资本额为 245000 银元,其中侨资 90300 银元;黄奕住的厦门自来水公司(1921 年),资本额为 1000000 银元,其中侨资 700000 银元;黄奕住又有独资厦门电灯公司(1921 年),资本额为 1000000 银元;黄奕住还有鼓浪屿中华电气公司(1928 年),资本额为 200000 银元,其中侨资 158000 银元;王志明的独资南安温陵制糖公司(1937 年),资本额为 200000 银元;颜子俊的侨资永春华侨实业社(1943 年),资本额为 400000 元;林为白的侨资厦门中原烟厂(1948 年),资本额为 400000 元。[①] 福建华商投资的农矿业重要公司有 19 个(1916—1946 年),泉州地区占 15 个,其中最大的是李汉青侨资永春实业公司(1939 年),资本额为 1700000 元。[②]

　　在西方工业革命的影响下,泉州华侨抱着“实业救国”的理念,认为“振兴中国唯一出路是发展实业”[③],试图走“实业救国”道路,于是,纷纷回国投资兴办工矿企业。积极投资修建公路,创办汽车运输公司、海运公司、电灯公司等工厂企业,以华侨资本为主的民族工商业得到初步发展,出现了近代交通、工商业雏形。到 1926 年,已有各种工商企业数十家,职工 6000 多人。其中,公路汽车运输公司 6 家,轮船运输公司 10 多家,邮政、电报、民信局 20 多家,电气、电灯公司 2 家,纺织厂 4 家,印刷厂、粮食加工厂 5 家,还有五金、瓷业等手工作坊以及银行、钱庄。在晋江、南安等地华侨投资的工业企业类别主要有纺织、碾米、制糖等(详见表 2-1)。泉籍华侨群体投资的行业主要有工业、交通业、商业等。泉州爱国华侨回国投资设厂,引进国外的生产技术和管理经验,出现了近代意义上的工业。但当时政治腐败,地方势力盘根错节,因此,华侨群体的各种努力都无法使泉州的经济摆脱衰落的困境。在帝国主义和封建势力的压迫束缚下,泉州经济举步维艰,发展十分缓慢。到 1949 年,城区的工业设备只有 380 千瓦发电机、12 台小机床和 80 多台原始织布机等。当年泉州工业总产值 863 万元(人民币),其中现代工业只占 0.43%。[④] 据庄为玑、林金枝《福建华侨企业调查报告》的不完全统计:1949 年以前,华侨投资泉州

---

①福建华侨投资农矿业调查[G].华侨投资资料,1959:88-92.

②福建华侨投资农矿业调查[G].华侨投资资料,1959:184.

③陈德贤.陈清机与泉安公司的开创[G]//晋江县委员会文史资料编纂委员会.晋江文史资料选辑:第 5 辑.晋江县委员会文史资料编纂委员会印,1984:46.

④泉州市地方志鲤城区志编纂委员会.泉州市鲤城区志·工业:卷 5[M].福州:福建省情资料库,2000:2523.

各地总户数为 1244 户,投资总金额折合人民币 2212 万多元。① 民国至中华人民共和国成立初期,侨商、侨资投资泉州市区工商、交通、文化和其他事业的,共有 178 企业或单位,大约占 1956 年全市工商各业总户数的 30%,比例虽不算太大,但其投资总金额却高达 8714192 元(人民币),占福建全省华侨投资的 12.39%,是当年泉州市非侨资投资的工商企业总资金的 1.6 倍。其中投资于工业的有 23 家,侨资 307000 余元(人民币);商业 120 家,侨资折合人民币 1598000 余元;金融侨批业 16 家,侨资折合人民币 440000 余元;公路汽车运输 15 家,侨资折合人民币 6198500 余元;文化事业 2 家,折合人民币 168000 余元;服务业 2 家,折合人民币 7600 余元。②

表 2-1　1927—1937 年晋江、南安华侨投资工业类别　　　　(单位:国币元)

	类别	纺织	碾米	制酒	制糖	酱油	其他	小计
晋江县	户数	5	1	1		2	6	15
	投资数	460000	35760	122500		91882	181242	891384
南安县	户数		3		1		1	5
	投资额		32318		475728		73500	581546

资料来源:泉州市华侨志编纂委员会.泉州市华侨志[M].北京:中国社会出版社,1996:189.

二、海外华侨投资企业经营模式的创新

海外华侨在国外亲眼看到资本主义工业先进的经营管理模式,他们回乡创办工业企业非常注重采鉴西方先进的企业经营方式。在华侨群体创办的工业企业中,有不少开始实行公司制,如泉州电灯股份有限公司、安海电灯电力股份有限公司等。其在资金投入配资上,采取合资或集股方式,以降低投资和经营风险;在企业决策和经营管理方面,为提高企业运行效率,一般采用董事会制,推选总经理管理具体事务。

泉州电灯股份有限公司开始就有一整套现代公司经营运行模式。1913 年,由地方绅商前清贡生谢俊英发起,泉州菲律宾归侨商人李丹臣、董福禾、陈启仑、林樵庵、苏应南等筹集 1 万银元,筹办电灯电力公司。但因资金不足,无法进行,不久得到厦门鼓浪屿富商林菽庄出资 8 万银元才得以组建而成。1916 年 9 月正式发电营业,定名"泉州电灯股份有限公司",建厂于市郊菜洲,市区三朝铺设办事处。由谢俊英任董事长兼总经理,董事会设有董监 7 人。在 39 名股东中,除林菽庄在厦门和台湾经商外,大部分是泉州商人与华侨商人。南安华侨黄奕住等也参入其中,占

①庄为玑,林金枝.福建华侨企业调查报告[R].1958:65.

②泉州市地方志编纂委员会.泉州市志[M].北京:中国社会科学出版社,2000:3327.

有一定股份。资本 10 万银元,其中林菽庄占 80％,地方商人占 15％。1917 年股东龚显鹤任总经理,但由于用户大部分为机关和部队,营业不振,连年亏损。从 1916年至 1927 年 10 年间,公司负债达 5 万银元,财力上已陷入无法维持经营的困境。1913 年,安海归侨蔡子钦(后任董事长)和归侨万福来、陈清机、周起梁、蔡具意等筹资承顶,实行改组后,更名为"泉州电灯电力股份公司",办事处改设在中山南路507 号。①

安海电灯电力股份公司也是采用董事会制的企业。安海电灯公司是晋江最早的电灯公司,也是福建省最早的电灯公司之一。1918 年,以厦门鼓浪屿富商林菽庄为主集资开办。后因公司聘用的日本工程师西山氏被人枪伤,工程停顿。1927年,归侨商人蔡德远出任董事长,主持续建工程,同年 6 月 29 日,正式供电营业,公司址设黄墩村,服务范围限于安海中心区。因经验不足,管理不善,企业亏损较严重,营业 1 年多,就几乎难以继续维持。1929 年 3 月,蔡德远、陈清机、吴善卿等募集侨资 5 万银元承顶安海电灯公司。承顶后名称不变,聘原董事长蔡德远之子蔡子钦任经理。新公司经过整顿改革,企业逐渐扭亏为盈。②

1935 年,安海电灯公司资本额为 5 万银元,营业电灯数为包灯制 810 盏,表灯制 1650 盏,共计 2460 盏,营业范围为安海镇市区中心,公司职工 16 人。当年全年实收入 25665 银元,实支出 24381 银元,略有盈余。至 1937 年公司平均每月发电量约 300 度,群众用电约 600 户,每年盈利约 2000 银元。抗战期间,业务每况愈下,直至抗战胜利后才逐渐得以恢复和发展。抗日战争后期,蔡子钦辞职,改聘王一平继任经理,虽仍继续维持正常营业,但到新中国成立前夕,企业因亏损严重而难以为继。③

在海外华侨创办公司的带动下,除了上述两家较大的电力电灯公司之外,这一时期的泉籍侨商和华侨资本参与合资创办的还有青阳洪光电灯公司、石狮电灯公司、永宁电灯公司等,它们共同为近代泉州地方电力事业的发展和进步做出了巨大贡献。

海外华侨经营管理企业还有一个突出的特点是比较重视对人力资源的投资和开发培训。纺织业是近代泉州工业发展中的一个重要行业和领域,海外华侨对这一领域的人力资源也有比较多的投资。1918 年,为了解决侨属子女就业问题,一些归国华侨在泉州市区承天巷开设"华侨女子职业学校",附设织布机 20 多台,采用边学习边生产的方法。同一时期,南安归侨吴记藿出资,聘请前清进士吴桂生、地方绅士伍淑畴开办"嘉福职业学校",附设织布机 20 多台。这两所职业学校均向

---

①林金枝,庄为玑.近代华侨投资国内企业史资料选辑:福建卷[G].福州:福建人民出版社,1985:137-146.

②晋江市地方志编纂委员会.晋江市志(上册)[M].上海:三联书店,1994:469.

③晋江市地方志编纂委员会.晋江市志(上册)[M].上海:三联书店,1994:469.

外聘请技师，从培养技术人员着手，为发展纺织业打基础，但参加培训学习的人并不多，不到一年宣布停办，嘉福职业学校改组为嘉福小学。

1920 年 5 月，周文格、陈登波二人合资 300 银元，创办了"人生织布局"。经过多年探索经营，从手工业操作过渡到半机械生产，发展成为泉州最有实力的纺织手工业工场，至 1932 年产年达 2 万匹，并一直保持到 1934 年。人生织布局突飞猛进的发展，给泉州纺织手工业打开了局面，一些有发展实业欲望的人，特别是一些商业资本家，纷纷集资办厂。[①]

海外华侨在泉州城内投资了几家纺织厂，投资的地点主要集中在晋江东石，因为东石是泉州地区近代纺织业的初兴之地（晋江东石 5 家侨资纺织厂情况详见表 2-2）。民国初年，陈为直、陈为重兄弟从上海把最新的纺织技术带入东石，在东石的沙堀、前头设立厂房，随后东石人及海外华侨也纷纷在本地投资开办纺织厂，这里成为福建省电动染织业发展最早、最为发达的地方，其发展规模和数量在福建省均占有很大比重。20 世纪 30 年代，东石著名的纺织厂有民星、利群、振东、化光、东安，都是侨商投资或与华侨资本合资经营的。[②]

表 2-2 晋江东石 5 家侨资纺织厂简况

创办年份	厂名	资本（国币元）	机械数		工人数		年产量（匹）	价值（国币元）	经理
			电	手	男	女			
1931	振东	100000	25	20	55	150	18000	144000	蔡长标
1933	利群	120000	50		60	180	21600	172000	蔡世希
1931	民星	150000	55		65	185	23400	187200	魏光中
	化光	30000		30	60		10800	86400	蔡××
	人生	60000	28	15	30	120	18000	144000	
合计		460000	158	65	270	635	91800	733600	

资料来源：泉州市华侨志编纂委员会.泉州市华侨志[M].北京：中国社会出版社，1996：188-189.

抗战期间，由于交通断绝，原料缺乏，晋江东石纺织业陷入萧条。利群、民星两厂迁出山区，振东、化光两厂专卖外地，剩下 1/5 厂家维持生产。抗战胜利后，华侨纷纷返乡探亲，积极投资，恢复纺织业。东石布商将产品运销台湾，换回大米、白糖、水果等货，台湾布袋镇的协盛行、中南行都经营东石布，转销台南、高雄、凤山、屏东等地，销售量占东石布总产量 90%，使得东石纺织业重新振兴，这种局面一直

---

①中国民主建国会泉州市委员会，泉州市工商业联合会，泉州市鲤城区委员会文史资料研究委员会.泉州工商史料：第 1 辑[G].中国民主建国会泉州市委员会，泉州市工商业委员会，泉州市委员会文史资料研究委员会印，1983：68-79.

②泉州市地方志编纂委员会.泉州市志[M].北京：中国社会科学出版社，2000：3328.

持续至 1949 年。①

民国时期,军阀混战,匪患频仍,不少华侨投资兴办的企事业,都不同程度地受挫。例如早在 1916 年,由黄培松倡办,募集侨资 20 万银元,计划开筑从泉州顺济桥至晋江东石乡的一条轻便铁路,原已将计划报北洋政府交通部审批,可是因遇北京政变,报送的原计划丢失,因未得批复,此后不得不放弃,筑路计划未能实现。然而事隔 20 年,直至 1936 年 1 月,国民党政府铁道部才饬令晋江县政府稽查此事经过,真是令人啼笑皆非。又如 1932 年初,华侨陈清机在菲律宾岷里拉,向在菲华侨做了多次公开演讲,阐述闽南矿物蕴藏极富,久弃于地,殊为可惜,若非发展矿业,振兴工商,不足以抗敌御侮,他在华侨桂华山、林书晏等人的支持下,组织了一个安南永矿业公司,并聘请日本技术人员到安溪、永春一带探测矿产,编写了一部探矿报告和开发计划,原计划先投资二百万银元,并报经国民党福建省建设厅批准。在陈清机等爱国华侨的鼓动下,海外华侨投资甚众,没有几天,即认购优先股 30 余万银元(原计划优先股 50 万银元),正当计划准备付诸实施时,即遇到 1933 年“闽变”事件,可惜此项计划遂告流产。又如 1929 年,陈清机先生投资创办的“泉州安海桥西垦殖公司”,先在南安康店创办畜植试验场,并由日本引进桑苗、果树、鸡、兔等良种和先进农机,但不久因遇匪乱而废弃。②

东石位于晋江的东南部,厦门的东北部,交通比较便利,是泉州纺织业的一个重镇。泉州的电机纺织业,东石占很大比重,共有 5 家,都是在 20 世纪 30 年代创办的。主要有民生、利群、振东、化光、东安等。这些厂家大都与华侨资本投资或与华侨资本合资有关,而且重视人力技术水平的提高。

此外,还有其他一些采用企业公司制的侨办工厂详见表 2-3。如泉州的华丰公司碾米厂。它系侨居马来亚槟榔屿华侨许华狄,于 1930 年秋出资由其外甥林志贤在泉州津头埔乡创办。1936 年,有土豪翁直,平日贩卖烟土,鱼肉乡民,勾结陈国辉族部,以中伤其家风水为名,将林绑架拘禁于戴同山营部,命令其将米机拆毁,不得在该处安设,后被勒索巨金,才被释放。华丰公司也因此破产。南安文新朴山碗厂成立于 1930 年 3 月,由华侨李继颇独资办理,计资金 1 万银元,以造碗为业,建厂十几年,至全面抗战爆发,因资金拮据宣告歇业。还有缅甸华侨杨丕应于 1929 年在南安创办泰兴加工厂,资金为 3 万多银元,经营不久,1931 年被土匪洗劫一空,工厂停止生产运行。

在海外华侨的积极推动下,20 世纪 20—30 年代,泉州的纺织业兴盛一时,可说是一段兴旺发达的黄金时期。仅晋江东石的 5 家侨资纺织厂,就拥有织布机 225

①晋江县委员会文史资料委员会.晋江文史资料选辑:第 13 辑[C].晋江县委员会文史资料委员会印,1991:27-29.

②周基亮.华侨投资与泉州工商业[G]//《泉州华侨史料》.泉州华侨史料.泉州市归国华侨联合会印,1984(1):84.

架，从业工人 505 人，年产布匹 91800 匹，年产值达 33600 银元。在当时市场竞争日趋激烈的环境下，泉州织造的布匹仍能拓展国内市场，并且远销菲律宾、印尼等南洋各地。这与海外华侨重视生产技术和产品质量的提高显然是紧密相连的。

表 2-3　清末至 1949 年 9 月泉州地区华侨创办的部分主要工厂

创办年份	企业名称	创办人姓名	祖籍	侨居国（地区）	资本额	其中侨资	币制	备注
1930	泉州方圆机械修配厂	吴文彩	泉州	印尼	3 万	3 万	银元	中华人民共和国成立后并入泉州机械修配厂
1930	泉州华丰公司碾米厂	林志贤	泉州	马来亚				
1930	南安朴山碗商公司	李继颇	南安	菲律宾	3 万	3 万	银元	即文新朴山碗厂
1931	南安协成花砖碾米厂	吴序青	南安	印尼	21436	21436	银元	
1932	德化瓷器改良场	曾瑞番	德化	南洋				1944 年停业
1936	晋江进化酱油厂	庄材经	晋江	菲律宾	2 万	2 万	美元	
1937	南安温陵制糖公司	王志明	南安	南洋	20 万	20 万	国币元	
1940	德化大中宝公司德化瓷厂	集资	德化	南洋				
1942	安溪官林公司农具制造厂		安溪	南洋	25 万	15 万	国币元	
1942	集美实业公司制皂厂	陈济民	永春	新加坡				址设永安，1947 年迁厦门
1943	华侨兴业公司惠安崇武海产制造厂	胡文虎郑玉书等	永定永春	南洋各属				
1943	永春南洋华侨实业社	颜子俊	永春	越南	40 万	40 万	国币元	
1943	泉州泉泰（食品）厂	朱丰华	泉州	马来亚	26255	26255	折合人民币	
1946	永春高垄水电站	陈式皋	永春	马来亚				供应五里街及永春中学用电

资料来源：泉州市华侨志编纂委员会.泉州市华侨志[M].北京：中国社会出版社，1996：190-191.

第二节　华侨群体与泉州交通运输业的近代化

在地方公路及运输体系的建设方面，华侨群体的影响也是主要的。1922 年，泉州安海籍华侨陈清机联合地方实力人物许卓然创办泉安民办汽车有限公司,联合海外华侨、学校慈善团体、农民、商人等力量,经营地方交通事业,开通了泉州与晋江县境内公路线多条,组织汽车运输和轮船运输服务。接着,泉州城乡各地也出现类似的股份公司。所有的公路公司都与海外华侨有密切的关系,大都包括地方乡绅创办、海外华侨捐助,地方政府创办、海外华侨及民间股份支持等几种类型。在海外华侨资本的促进下,泉州地方公路及运输体系的基本建设,对于地方之间的区域联系起到了划时代的作用。可以认为,正是在海外华侨投资公路及运输体系的推动下,当地各村庄、市镇等区域等级的联系,才从传统的驿站制度,演进为近代化的交通制度。

一、海外华侨投资泉州公路交通运输

泉州地区海外华侨投资的汽车公司,最早是由晋江菲律宾华侨筹组的泉安公司,成立于1919年。该公司修筑泉州至安海线,事后又修筑安海至东石、安海至磁灶、水头至小盈岭的线路。同年,菲律宾华侨李文炳、庄骏声创办了泉围公司,修筑泉州至围头线。1921—1922年,华侨王辟尘等人创办泉洪公司,修筑泉州至洪濑线,原先开办人力车路,后扩展为汽车路,后又改组为泉永公司。1926年,缅甸华侨王尚玉创办泉溪公司,修筑泉州至溪尾线。1931年,菲律宾华侨吴记藿创办泉秀公司,修筑泉州至后渚线。与此同时,安海人许书亮创办溪安公司,修筑溪尾至安海线;菲律宾华侨蔡培庆创办石东公司,修筑石狮至东石线;蔡培庆、王苇航创办石永蚶公司,修筑石狮至永宁以及石狮至蚶江两线。在惠安,缅甸华侨黄选卿于1924年创办鸭杏公司(鸭山在后渚对面,与秀涂邻近)。在安溪,缅甸华侨陈丙丁创办安溪公司,修筑安溪至同安、官桥至西坪两线等。根据闽南汽车公司联合会的估计,20世纪30年代,闽南公路大部分是华侨投资的,7/10的汽车路是在泉属各县。据该会估计,泉属汽车路的资本华侨拥有7/10,漳属汽车路的资本华侨拥有5/10。[①]

海外华侨在泉州投资公路运输事业,是从1919年创办泉安公司,修筑泉州至安海公路开始的。至20世纪20—30年代,海外华侨对于泉州公路汽车运输的投资迅速地发展起来。到20世纪30年代,泉州、晋江、南安、惠安、同安、安溪、永春等地,华侨投资的公路及汽车运输事业有十几家公司。据统计,自陈清机修建泉安公路至1931年,晋江共兴建16条公路,通车里程236公里。[②]这些公路的修建使泉州现代化的交通运输网络体系初步形成,是20世纪30年代泉州作为中国富裕侨乡的一个重要标志。海外华侨创办的汽车公司主要有:泉安汽车公司、泉永德汽

---

①林金枝.近代晋江地区华侨的国内投资[G]//晋江地区华侨历史学会筹备组.华侨史:第2辑.晋江地区华侨历史学会筹备组印,1983:198.

②晋江市地方志编纂委员会.晋江市志(下册)[M].上海:三联书店,1994:1182.

车公司、泉秀汽车公司、泉围汽车公司、安溪汽车公司、溪安汽车公司、石永蚶民办汽车公司、石浦汽车公司、泉洪汽车公司和泉官水汽车路公司等。

（一）泉安汽车公司

泉安民办汽车路股份有限公司为泉州市最早的汽车公司，也是侨办汽车公司中最先成立的一个。创办人陈清机是旅日华侨。1913年，陈清机回国发起创办"闽南泉安摩托车路股份有限公司"，积极鼓吹"实业救国"，但当时军阀横行，未获成功，他再次东渡日本。1919年，孙中山南下主持护法运动，在好友靖国军司令许卓然的邀请下，陈清机回到故乡安海，任路政局局长，筹办泉安汽车公路。他一方面着手勘路兴工，一方面于赴菲律宾向华侨招募股份，获得华侨赞助与支持，投资巨款。1922年6月1日，全线完成通达至泉州顺济桥。

泉安原始股本额为25万银元，计分12500股，每股20银元，1931年第三届股东大会决议，将1925—1927年盈余额及未发股息和1927年—1930年未发的股东红利增加股本至50万银元（即每股增红利股一股，计25000股），以后又于1937年第十五届股东大会决议，将1922—1938年未发股息及1931—1935年未发红利又转作股本，增资股本至75万银元（即每股又增红利股一股，计37500股）。它是民国时期泉州较具规模的资本主义企业。[1]

在组织架构和人事制度管理方面，泉安公司根据地方政府颁布的公司法长途汽车公司条例及福建省颁布的民办车路暂行章程，建立了一套完整的现代企业制度，其组织系统最高为股东大会，下设董事会，董事会下设经理室，经理室统有四课、一室、一队，即机务课、站务课、总务课、会计课及稽查室和工程队。

新中国成立前企业财产被盗窃，仅吴警予逃亡香港就劫走轮船一艘，价值估计达10亿746万元，卷逃资金（无账可查）估计达40亿元，超过公司当时财产的180%。公司遭受巨大创伤，到新中国成立后破碎不堪，仅保留着庞大的企业外壳。[2]

（二）泉永德汽车公司

泉永德长途汽车公司创建于1933年4月18日，由黄克绳、黄钦书、杨孔莺等集合泉永（泉州至永春）、淘芸（金淘至芸美）、诗美（诗山至溪美）、鹏码（鹏口至码头）4家汽车公司组建而成。公司创建后，业务不断发展，规模逐步扩大。全面抗战争爆发后，公司内迁永春、大田，勉强维持。[3]

抗战时期，公司最好的8部车全部被征用，剩余陈旧车辆仍勉力经营，且当时

---

①泉州市鲤城区委员会文史资料委员会.泉州文史资料：1-10辑汇编［G］.泉州市鲤城区委员会文史资料委员会印，1994：375.

②泉州市鲤城区委员会文史资料委员会.泉州文史资料：1-10辑汇编［G］.泉州市鲤城区委员会文史资料委员会印，1994：376-389.

③泉州市地方志编纂委员会.泉州市志［M］.北京：中国社会科学出版社，2000：87.

内运物资缺乏,改走白兔港等至泉州路线,在同安马巷沿途等处,被日机枪扫射损失引擎数部。1939 年 5 月间,泉永德被奉令破坏,物资内撤永春,惨淡经营永德路段业务。1942 年 7 月间,永德公路段又奉令破坏,即内撤大田经营,但业务上经营重点在外线,而大田地处偏僻,且材料来源缺乏,成本高无法维持,便设法迁进永安,争取外线各省业务,维持员工生活,数年经营,收支均不得平衡,一切存余物资已将次用罄。故 1943 年来,业务随生随灭,苟延残喘,员工日常生活陷于不能支持。①

抗战胜利,一切亟待复原,因公路线为晋江流域交通命脉,沟通闽中物资至为重要,修复自不容缓。经政府责成旧泉永德公司从速修复,改公司董事会,再召开会议,决定增加股本,以及招募新股,事隔 2～3 年均无头绪,政府以如此延宕,影响泉永德交通至巨,乃严限旧公司于短期完成,否则按照"本省鼓励民商投资修筑及修复公路租营方法"另行招商承办。1948 年 2 月沿线华侨及地方人士,以故乡交通不容旁观,乃与旧公司洽议发起组织泉永德公司复路委员会,另行招股负责复路事宜,由各委员先行认定股额,并负责分头招募,俟将来与旧公司分别估值合并经营。工程开始于 1948 年 4 月雇工修复,5 月 20 日由泉州修至洪濑,并通车营业,是时限于资金未收足,仅修简易桥梁及单行道,便以路养路的办法,先后完成双车道及半永久式桥梁和涵洞,1948 年 10 月继修复洪朋线(洪濑至朋口),路基已具全,惟限于地方环境半途停工。1949 年 3 月继续修复永诗段(永春至诗山长潭),7 月完成。至诗洪段修复工程(诗山至洪濑)由陈委员拔萃负责修复,于将来再估计合并。但因该段仅由诗口修至长潭,故无法衔接(诗口至洪濑),暂以轮渡接运。②

(三)安溪汽车公司

海外华侨返国时深感泉州交通不便,他们不少人出于建设家乡的热忱,投资创办汽车运输事业。如安溪、同美、泉秀、石东等汽车公司都是这一类型的企业。安溪华侨不少,出入须经过同安县境,且有海拔 1200 公尺的东岭峰阻隔,地势险恶,盗匪啸聚抢劫,生命财产毫无保障。回国的安溪华侨,往往回到厦门,却回不到故乡。这些停滞厦门不能返回安溪的归侨,严重时聚集达数百人,有的甚至未能实现抵乡省视父母妻儿的愿望,不得不怅然返回南洋。即使侥幸结伴成行回返安溪的,沿途黑恶势力还对行李恣意勒索敲诈,不胜其苦。所以 1928 年春,由"安溪旅厦门同乡会"联系南洋马来亚、印尼等十几个商埠的华侨,募集资本,筑路开车,设立了安溪汽车公司。

安溪民办汽车路股份有限公司由创办人陈丙丁、陈文章、叶采真等发起,呈奉

---

① 林金枝,庄为玑. 近代华侨投资国内企业史资料选辑:福建卷[G]. 福州:福建人民出版社,1985:314-315.

② 林金枝,庄为玑. 近代华侨投资国内企业史资料选辑:福建卷[G]. 福州:福建人民出版社,1985:316-317.

政府创办，向海外华侨募股，计100万银元。总公司设在安溪龙门，董事会设在厦门，董事长为陈丙丁，副董事长林成竹，经理陈清杰。路线由同安小西门起至安溪县城对溪之北石为干线，再由安溪县城至魁斗为支线，拟扩充至南安诗山、安溪湖头和永春达埔，并由安溪官桥至西坪为支线，拟扩充至漳属至浦南为止。于1931年4月通车，全路线经过田亩地基、果地、厕地房屋，概由公司出资购买，其土方、路面、桥梁、涵洞、车辆、站屋，也全由公司出资建置，路面均用沙及小石子散铺，顺利行车。桥梁有钢骨混凝平面桥21座，石台木面桥28座，石拱桥16座，大小洋灰方涵及大小石方涵，并洋灰圈水管，计550座。于1931年呈奉福建省建设厅颁发民办汽车路公司立案执照列汽字第2号，准由公司专利30年。至抗战结束，所有路基桥涵悉遭破坏。1946年7月，增募股本6亿元（国币），进行复路，于1946年底，龙同线先行通车。

因路途遥远，公司为谋客货运输便捷与安全起见，架设电话线杆，在经理部龙门站、同安站、安城站及半岭碉楼，安设电话机，至1949年4月底因地方发生战事，所有电话杆线，悉遭破坏。因龙同线，均系崇山峻岭，路线蜿蜒，油料轮胎损耗较巨。后因地方战事，客货稀微。裁缩后到1949年12月只剩2队20名工人从事修养路基桥涵。[①]

公司在组织上以股东大会为最高机关，由股东大会选举董事31人，组织董事会。董事会下设经理部，秉承董事会执行公司业务。公司营业主要是运输客货。

（四）石永蚶民办汽车公司

石永蚶民办汽车路公司于1925年由石狮旅菲华侨蔡培庆创办，开筑石狮至永宁、蚶江2条公路。1930年投入营运汽车8辆，其中客车6辆、货车2辆，经营客货运输。1935年公司有职工28人，其中职员8人、技术员2人、技工8人、养路工10人。全年行车22464公里，年营业收入5.4万银元，其中客运收入4.3万银元、货运收入1.1万银元；资产总值12.5万银元。全面抗战爆发后公司停办。1947年与石东汽车公司联合复办。董事会设于菲律宾，由蔡鼎常任总经理。募集侨资修复石狮至东石公路22公里和石狮至永宁9公里，投入营运。[②] 石永蚶汽车公司96%以上的股份是由华侨投资的，董事会设在菲律宾。该公司在全面抗战爆发前为两个单位，一为石东民办汽车公司，一为石永蚶汽车公司。全面抗战爆发后，两路路基及桥梁涵洞，尽受破坏，丝毫无存。抗战胜利后，蔡鼎常到菲律宾联合旧股并招新股，筹集股款，成立董事会，把两个公司联合为一，在晋江石狮成立复路办事处，两路同时修筑路基及桥梁涵洞，以及车站办事处各项附属建筑等。其石永线工程6个月内完成，石东线1年内完成，并先后通车。该公司股东大部分侨居菲律宾，因此董事会设在菲

---

①林金枝，庄为玑.近代华侨投资国内企业史资料选辑：福建卷[G].福州：福建人民出版社，1985：330-332.

②石狮市地方志编纂委员会.石狮市志[M].北京：方志出版社，1998：350.

律宾,为本公司最高机关。董事会聘任正副经理,主持公司一切事务,下设总务、工程、会计、机务、业务等五课,分设各站,设站长站务员等。公司营业经过路线概为侨区。在侨汇畅通时,业务状况还比较正常。到新中国成立前,石东石永二线桥梁、涵洞及路面电杆、电线等,遭受大破坏十余次,小破坏不计其数,损失重大。[1]

(五)泉秀汽车公司

泉秀汽车公司是 1931 年由晋江籍菲律宾华侨吴记藿发起创办。资本额 25 万银元,有汽车 8 部,修配车间一座,材料库一座,职工 50 人。由吴记藿在菲募资 10 万银元,计分三期交款,第一期集资 7 万银元,回国通过泉州绅士曾振仲、吴桂生、叶青眼创设。但在创设筑路时,受地方势力阻挠,迁延日久,路仅修到法石,全部花去 7 万银元。因此,影响投资人的信心,致 2～3 期股款,未能收集,诸股东认为无利可图,前途不好。但发起人吴记藿认为大有厚利,坚持创办。故在 1934 年由吴全部承担,投资 25 万银元,1938 年修通,开始通车,并和厦门泰利轮船公司合用联运,由泰利参加少数资本。通车初,投资人另募 2 万银元,雇用德国工程设计师设计,准备开筑后渚码头,买了大部分钢板。后因地方不靖,即行中止,一大部分钢板为钱东亮部队征用,去作防御工事。通车后由于地方连年战乱,汽车被征用,公路被破坏,因而年年亏损。1942 年投资人死后,即由吴桂生、曾振仲与泉安公司接洽,全部转让给泉安,以 55000 银元收买,以认股抵额,并转作花桥善举公所、妇人养老院、男人养老院各 1 万银元,泰利 1 万银元,吴记藿 1.5 万银元了事。[2] 泉秀公司筹资时的原意是要为朱州平民小学学校建立基金,因当时泉州公路局长周骏烈鼓励修筑公路,所以改为投资修建泉州至秀涂 10.70 公里公路,以利于泉州与厦门交通,并决定公司每年盈利绝大部分捐献给泉州地方公益慈善事业。由于经营不善,业务不能开展,于 1942 年以 55000 银元折价入泉安公司,并将此项投资中股权 35000 银元分别捐赠给泉州花桥善举公所施药局、泉州开元儿童教养所、泉州男人养老院、温陵妇人养老院等慈善机构。

华商投资的交通业大多集中在泉州属县一带,分布于晋江、南安、惠安、同安、安溪等五县。必须指出的是:以华侨和华侨资本为主创办的 10 多个汽车公司所开筑的 10 多条公路,形成了一个以泉州城区为中心、四通八达的公路交通运输网络,把沿海城市与内陆山区连成一片,泉安公路成了泉厦之间交通的主要纽带。由于汽车公路发达,泉州地区城乡物资交流畅通,商旅便利,带动和促进了工农业和商业的发展和繁荣。在 20 世纪上半叶,以泉州城区为中心的公路交通运输网络在全

---

①林金枝,庄为玑.近代华侨投资国内企业史资料选辑:福建卷[G].福州:福建人民出版社,1985:328.

②林金枝,庄为玑.近代华侨投资国内企业史资料选辑:福建卷[G].福州:福建人民出版社,1985:333-334.

国有名。① 1946—1949 年,华侨投资企业达到 72 个,投资数达 310.8 万元,占华侨投资总数的 35.6%,其中公路交通运输所占的比重仍然较大,达 236.3 万元。②

海外华侨投资泉州的公路汽车运输业,使泉州侨乡交通便利了,开始摆脱了"肩挑人负"的落后状态。过去泉州民间流传着这样一首歌谣:"山岭高,山岭长,爬山越岭喊爹娘,件件东西用肩挑,半世功夫路上跑。"到了 20 世纪 20—30 年代,华侨投资公路运输事业之后,当时泉州各县与其他地区之间,泉州与厦门、晋江、南安、永春、同安、安溪、惠安之间,形成了比较发达的公路网,以前那种靠"肩挑人负"、"步行坐轿"的落后状态开始有了改观。华侨投资的公路及汽车运输事业对推动泉州建筑事业的发展,其作用也是显著的。

海外华侨投资泉州公路运输虽然得到发展,但汽车运输方面的地方垄断局面也随之发展。尽管在 1929 年设立了私营汽车联合会,但并没有改变各自为政的局面。因为各汽车公司自主地进行经营,彼此各筑一段路,不能有统一的修路计划。由于某公司的车辆只能在该公司的线路范围内行驶,这就给旅客及货运带来极大不便。旅行时如带有笨重行李,有时同美公司开车,而溪安公司则因事停开,所以旅行和货运都缓慢。换车所花时间也很长。

二、一个典型案例:泉州公路交通创始人陈清机

陈清机(1881—1940 年)是泉州近代史上一位著名的华侨实业家,泉州公路交通创始人,出生于晋江安海镇的一个普通平民家庭。少年时因家贫而失学,由姑父资助,在家乡安海开"鸿泰号"干果店。后东渡日本侨居神户经商。受民主革命思想的影响,清光绪三十年(1904 年),在日本参加孙中山先生领导的中国同盟会,走上反对封建专制的革命道路。陈清机一生爱国,先后参加过孙中山先生领导的辛亥革命、讨袁斗争和十九路军将领与国民党内反蒋势力发动的"福建事变"。曾多次被官府通缉,数度流亡日本。陈清机通过募集侨资或以独资的方式,发起创办安海汽车路有限公司、安海电灯电力公司、泉州安海桥西垦殖公司等多项实业,致力于公路、码头、电力等公共设施建设和矿业农业开发,为家乡建设和民生发展贡献良多。抗日战争中的 1939 年,家乡人民生活十分困难,他从菲律宾马尼拉独立汇回 3 万银元,其中 2 万银元施赈安海,1 万银元施赈泉州城区。陈清机 1940 年 7 月 22 日病逝于菲律宾碧瑶,逝世的消息由马尼拉广播电台播发,新加坡《南洋商报》登载了消息。安海各界群众在养正小学举行了隆重的追悼会。周恩来、林伯渠等

---

①周基亮.华侨投资与泉州工商业[G]//《泉州华侨史料》编委会.泉州华侨史料:第 1 辑.泉州市归国华侨联合会编印出版,1984:80.

②周基亮.华侨投资与泉州工商业[G]//《泉州华侨史料》编委会.泉州华侨史料:第 1 辑.泉州市归国华侨联合会编印,1984:82.

中共领导人致电悼唁。[①]

　　陈清机在日本时，经商的同时与日本神户的华侨革命党人联合创设建东兴行，经营棉织品和杂货。身在异国他乡的陈清机看到日本工业和交通的发达促进了国家的富强，他深受启发。他怀着"实业救国"的雄心壮志，于1913年回国在安海创办"闽南泉安摩托车路股份有限公司"，这是我国民营汽车路的发端。

　　1914年7月开始购地筑路计划，聘请留英工程师南安人雷文铨勘测安海至泉州公路线。但因当时军阀混战、封建势力的横加阻挠及其他因素，筑路的计划成了泡影。此后因和老友许卓然等人在厦门创办的《声应报》发表拥护共和反对袁世凯专制言论而被查封，陈清机被迫再次东渡日本。

　　在孙中山南下主持护法运动的1919年，闽南靖国军司令许卓然发电日本邀请陈清机回国任"晋南同政务处"路政局局长。陈清机回国，在家乡安海建设闽省第一条公路，仍聘请雷文铨为总工程师。后成立"闽南泉安民办汽车路股份有限公司"。

　　1919年6月，泉州至安海公路的测量及购地筑路工作开始了。"闽南泉安民办汽车路股份有限公司"首创以土地入股的方式，得到公路经过的沿途各乡村农民的理解和支持，于1919年7月1日在安海金墩码头举行筑路工程开工典礼。1920年4月，陈清机赴菲律宾向马尼拉、宿务、怡朗等地华侨招募股份，得到华侨的大力支持，获得投资巨款，公司原始股为12500股，其中华侨、侨眷的股份占80%，合25万银元。华侨还从海外引进了先进技术和人才，如开始时聘请的留英工程师雷文铨，以及其他技术员工（包括第一批司机），大多是归国华侨。

　　泉安公路自1919年7月动工兴建，采取"筑好一段通车一段"的方法，至1922年6月1日全线完工，总长27公里。"泉安公司"于1920年在泉州创立，这是一家以侨资为主的私营企业，也是福建最早成立的侨办汽车公司。此后的短短几年间，泉安公司又创建了青阳至石狮、安海至东石、石狮至浦内、安海至八尺岭、灵水至石狮、瑶琼至双沟、水头至小盈岭以及泉州至后渚等多条公路，通车总里程达到116公里，并在安海、东石港口建设码头，实现公路海运联运，有力地促进了泉州公路运输网的形成，对泉州各地的经济发展起到了巨大的推动作用。为了纪念陈清机的功绩，泉安公路的第一座大桥被命名为"清机桥"。此后陈清机终身担任泉安汽车公司的董事长，致力于公司的发展。

　　泉安公路是福建全省第一条公路，由安海旅日华侨陈清机发起建设。1930年的泉安汽车公路安海站，非凡的气派甚至超过了泉州城内的任何一个车站。泉安汽车公司是福建最早的汽车公司，也是侨办汽车公司中最先成立的一个。创办人陈清机是日本华侨和菲律宾华侨，他认为美国是"世界上道路建设最完备"的国家，又认为第一次世界大战中摩托车的功劳很大，因而极力主张发展交通事业。但是，

①泉州市华侨志编纂委员会.泉州市华侨志[M].北京：中国社会出版社，1996：392.

该公司创立后在封建势力割据及军阀混战中受到不少损失，特别是 1922—1925 年间，车辆常被军队征用，还发生土匪劫车等事件。然而由于苦心经营，并采取抬高客货运价、延长劳动时间、压低工资、裁员扣薪等办法，公司依然获得盈余。1922 至 1926 年间，利润率除 1923 年稍低不及 10％外，其余都在 20％以上。同时，由于该公司是最早开办的，泉州—安海又是泉厦间交通的重要纽带，加上企业处在侨区中心，这又成为公司吞并同业及垄断闽南汽车业的有利条件。

第三节　泉州侨商与近代泉州商业的变迁

中国传统农业社会历来重本抑末，从事商业活动的人总是被认为"为富不仁"、"无商不奸"，他们的人品、人格也会受到极大的质疑，人们常常以怀疑的眼光看待他们。而泉州社会鼓励人们从商，宋元时期，泉州人就有崇尚工商习俗，具有浓厚的重商意识。当时泉州"州南有海浩无穷，每岁造舟通异域"。① 道光年间的《晋江县志》载："行货曰商，商贾之名，虽亚乎士，而与农工，均在四民之列。"② 可见泉州文化中没有商人为四民之末的观念，亦儒亦商更是人们向往的一种职业，商人在社会上有较高的地位和较好的美誉度。宋代泉州商人遍布沿海各地，随着泉州港地位的日益重要，泉州海商盛极一时；元代由于开放的外贸政策，泉州港进一步繁荣，大批商人到海外经商；明代后期以来的跨国移民活动更为泉州文化注入异域文化的活力，泉州人以善于做海外贸易而驰名神州；鸦片战争后，厦门开港，伴随资本主义全球殖民扩张，泉州人被迫移民出海，泉州华商足迹遍及全球。

晚清民国时期，泉州籍华侨商人在急剧动荡的时局里，延续传统经营模式的同时又迎合新时代。他们充分地利用本区域的各种优势，依托海内外市场和本土地方政府的大力支持，在商海中谋求生存发展，在一些商业领域均有不俗表现。泉州籍华侨商人群体无疑是近代闽商团队中的一个重要组成部分，也是推动近代泉州社会经济繁荣的一支重要力量。

鸦片战争以后，帝国主义列强千方百计通过本地商人的销售网络向内地倾销商品。买办商人的出现，从根本上改变了这个地区的商业结构。辛亥革命以后，华侨资本大量投入，推动了泉州民族商业的发展。但是在帝国主义和封建势力的压迫束缚下，泉州民族商业走过了一段艰辛的历程。至中华人民共和国成立前夕，市区私营商业仅有 1159 户，大商户寥寥无几，人员 3953 人。③

---

①（宋）谢履．泉南歌[M]//王象之．舆地纪胜：卷 130.1849：3735.

②高铭群．石狮商工文化研究[M]．厦门：厦门大学出版社，1995：164.

③泉州市地方志鲤城区志编纂委员会．泉州市鲤城区志·商业：卷 10[M]．福州：福建省情资料库，2000：2578.

自五口通商后,泉州对外贸易港地位完全丧失,来自英美日的洋烟、洋布、洋火、洋油连同鸦片,以及很多劣质商品大量流入泉州地区。进出口主要通过厦门,或由福州、宁波、上海、青岛、大连等地转口。外国资本为了占领泉州市场,加速向泉州地区倾销商品,清末民初开始派人来泉州推销商品,并寻找其代理人,"买办"这种新的贸易形式和新的职业群体也在泉州和华侨群体中开始产生。

20世纪上半叶,外国经济入侵加剧,大量洋烟、洋布、洋油、洋糖等洋货源源输入,几乎成了必需品,使泉州传统的商品如卷烟、土布、靛蓝、蔗糖等受到沉重打击,从而对泉州市场的商品格局产生极大影响。①

美英烟草公司在厦门的分公司首先派2名洋人来泉州推销刀牌洋烟,千方百计利用本地商人的销售网络倾销其商品。他们先是在泉州街头免费分给路人吮吸,后又在一些店铺或水果摊以厚利委托代销。卷烟销路逐渐打开后,美英烟草公司便开始寻找较大的代理人。结果泉州的福义记和昌隆两家商号被选中,成为泉州最早推销洋卷烟的买办商家、买办商人。以后又逐步发展,数年之间,泉州就出现了美英烟草公司代理经销行19家(市区11家、青阳1家、石狮1家、溪美1家、诗山1家、洪濑2家、安溪1家、河市1家)。推销的洋卷烟,也由刀牌等初级卷烟,逐步向高级化发展。先是三结义、大中华牌,后来又推出五华、云锦、自由车等牌;以后又有哈得门、大前门、多福牌、七七牌、三炮台牌等。花色品种日益翻新,推销量也不断上升,每月数量由七八百箱上升到1000箱以上。以每箱平均30元计算,在泉州地区,每年光销售洋卷烟一项就被外国人赚去三四百万元之巨,而泉州的传统烟丝业则奄奄一息了,民族商业受到排挤。②

1908年,泉州瑞裕行成为亚细亚石油(包括煤油、汽油、柴油及润滑油等)公司在泉州的总代理。很快民生行、瑞和行也先后分别成为美孚火油公司、德士古火油公司的代理商,在泉州地区推销煤油。据1936年对泉州、安海、石狮3地的调查,计有煤油、汽油销售商号6家。由于泉州境内有民办汽车公司11家,汽车有120余辆,汽油消耗大,加上各县煤油燃料大都由泉州供给,所以,1920—1933年,泉州石油销售业相当发达。民国二十六年《晋江县经济统计》记载,民国二十四年全县煤油输入量为7.5万合,每合10加仑,按美制折合为2271吨,汽油输入量为2.1万合,折合为564.3吨,柴油输入量为3380桶(每桶42加仑),折合为456.73吨。③

泉州最著名的洋货代理商有代理美孚洋行的美孚行大资本家朱晓江,代理亚细亚洋行的瑞裕行大资本家蔡光华等。蔡光华一开始仅代理亚细亚洋行的洋油,民国二十五年又代理白礼氏洋油、电油、车油、油渣及洋烛等,民国二十六年又代理

①陈丽华.民国时期的泉州商人[J].闽商文化研究,2014(2):9.
②泉州市地方志编纂委员会.泉州市志[M].北京:中国社会科学出版社,2000:1472.
③晋江市地方志编纂委员会.晋江市志(下册)[M].上海:三联书店,1994:476.

德忌利士的双斧牌肥田粉，以及力士香皂、利华药皂等。① 凭借代理洋行商品，蔡光华的瑞裕行积累了雄厚的资本，20 世纪 20 年代与其他商家联合成立"和丰公司"，直接从大连、营口、牛庄、烟台、青岛等土特产集散地，采购大豆、花生油、豆饼、干味、冬粉、高粱酒等，运来泉州销售，在和丰公司解体之后，又与珍利、万源合营"珍裕源行"，灵活运用钱庄贷款，以多销货加快资金周转，称雄泉州南北土产市场，蔡光华也因此成为泉州巨商。

泉州地区的煤炭同样依赖外地输入。19 世纪 90 年代，安海人高烶泉率先在安海镇开设"长顺"商号，兼售"鸡笼煤"（安海人对从台湾省基隆输入的煤炭之称呼），但数量不多。1922 年前后，高建基在安海镇创办"长成"商号，为先后在中国开办的"四维公司"（中法商人合办，总部设在越南海防，厦门设分部，煤炭来自越南康海）、"和记洋行"（中英商人合办，总部设在天津，厦门设分部，煤炭出自河北省开滦煤矿）和"海南洋行"（日商独办，总部设在台湾，煤炭来自台湾基隆）等代销煤炭，成为 3 家煤炭洋行在安海的总代理。其时，泉州煤炭亦多由厦门的四维公司分部或和记洋行分部购入，然后海运至后渚港。约在 1932 年，高建基又联合归国华侨蔡子钦等人合股在石狮玉埔开设"同成公司"经营煤炭。此外，在泉州、安海、石狮等地还有煤炭店 4 家。《晋江县经济统计》记载，民国二十四年全县输入煤炭 600 吨，大多为生活用煤，泉州电灯电力公司和安海电灯公司等也曾以煤炭作为发电燃料。②

西药在泉州地区也风靡一时，尤其在抗战胜利后，美制药品在泉州大量倾销，许多在第二次世界大战以后才出现的新药，如"苏发太素"（磺胺噻唑）、"地阿"（磺胺嘧啶）、"巧甚"（葡萄糖酸钙）、"盘尼西林"（青霉素）、"肺痨针"（链霉素）以及肺炎膏、维他命、D. D. T 等，在泉州市场十分畅销，经营西药的商人增多。到泉州解放前夕，市区共有西药房 19 家，并成立药业公会，在泉州药业市场上占有重要地位。

西方商品大量倾销，即使远在山区也不例外，如永春五里街的义茂、振隆两家商行，从漳州、泉州运入英国火柴、美孚煤油、狮标面粉、日本肥田粉和阳关、暹罗的大米；建裕成商号大量销售英国香烟；瑞记商号专营批发外国纱布、德国染料和英国香烟，且日货数量越来越多，如 1928 年进口生油 8000 担、火柴 1200 箱、煤油 4000 桶、棉纱 9000 把、羊毛 3000 磅等。抗战胜利后，小麦、棉纱、化肥、肥皂、火柴、煤油等美国货乘虚而入，1947 年永春进口生油 6700 担，食糖 1500 担，胶鞋 10 万双，火柴 1500 箱，大米 4.5 万担，煤油 4800 桶，肥田粉 5500 担，在这个山区市场上很快充斥着美国货。③

简而言之，洋烟、洋布、洋糖、西药、洋油、洋肥等都是泉州地区的畅销商品，由

---

①泉州市地方志编纂委员会.泉州市志[M].北京：中国社会科学出版社，2000：1473-1474.

②晋江市地方志编纂委员会.晋江市志（下册）[M].上海：三联书店，1994：466.

③永春县地方志编纂委员会.永春县志·华侨志[M].北京：语文出版社，1990：493.

于利益所在,泉州地区一些有经济实力的商家大多参与其中,相应出现了一些带有买办性质的企业。但是,代理商的代理业务完全由受理代销商行支配和控制,一旦对方中断货源,代理业务遂告结束,代理商就要改变经营业务,以求生存。为了立于不败之地,许多代理商大多在受聘为买办之前就已经开设商号,从事着进出口业务或钱庄等方面的业务;他们在本地有丰富的经验,建立有自己的贸易渠道和广泛的业务联系。因此,他们所拥有的商号并不是洋行的下属组织,也不固定为某一洋行服务,赚取中间利润乃其终极目标。① 20 世纪 30 年代初期,泉州沿海走私十分猖獗。当时,日英美加紧对我国进行经济侵略,为在中国倾销其本国产品,大肆纵容包庇走私活动,加上国民政府对一些商品的进出口税率大幅度提高并开征高税率的统税,因此一些商民联合形成集团走私高税物品,牟取暴利,一些沿海村镇地方的势力成为海上走私的社会基础,使私货通行无阻。其走私特点是海商与海陆走私人员联合共同完成,在海上主要以电船、帆船、渔船等为运输工具,在陆上利用四通八达的公路网,以汽车、摩托车、肩挑或牲畜拉为主要工具。其走私物品主要是糖、火柴、煤油、粮食及军用材料等一些需交纳统税及其他特别税的高税物品。其整体态势是以泉州为中心点,进而形成以石狮、安海、獭窟等地为集散点的走私网络。其规模日益集团化,少至几个,多至几百人,甚至是整族、整村武装走私,獭窟、安海塔头、石狮、浔埔、祥芝、东埔等地纷纷出现走私大公司。虽厦门海关及下属各关卡严厉打击,亦无济于事。海上走私不断发展,达到空前的规模。②

抗战全面爆发后,沿海全面封锁,海上航行风险巨大,走私稍有收敛。但是在这一时期,为适应战时军用所需,国民政府增加盐税,私盐随即充斥。厦门沦陷后,一些不法商民在獭窟、大岞、崇武、塔头、深沪等滨海之地组织大规模走私,私运台货、日货倾销内地,成为公开的秘密。有的商人甚至从泉州各地搜买粮食、军火材料等私运资敌,一些政府官员、商界的头面人物也加入其中,从中赚取巨额利润,大发国难财。抗战胜利后,随着历史条件的变化,商人的沿海走私主要表现为当时美帝国主义披着合法外衣进行的公开的走私。③

鸦片战争以后,中国沦为半殖民地半封建的社会,泉州社会经济日渐衰落。民国年间,受帝国主义、封建主义和官僚资本主义"三座大山"的残酷压迫和欺诈,特别是受帝国主义列强的疯狂掠夺,泉州经济处于半殖民地半封建的凋敝状态,农业耕作落后,农业生产停滞,近代工业、交通虽然有所发展,但手工业大部分仍是家庭作坊式的生产经营方式,商业仍是小农经济的流通方式。在 20 世纪上半叶,泉州商业发展受各种内外因素影响,华侨商人的正常经营秩序受到严重制约或破坏,造成市场的动荡不安。而华侨商人的财产和人身安全得不到保障,商家面临着随时

---

① 陈丽华.民国时期的泉州商人[J].闽商文化研究,2014(2):12.
② 陈丽华.民国时期的泉州商人[J].闽商文化研究,2014(2):11.
③ 陈丽华.民国时期的泉州商人[J].闽商文化研究,2014(2):11.

停业或破产的风险,致使部分成功的华侨商人纷纷转移财富至厦门等地或东南亚,剩下的大多为中小商人,华侨巨商大贾寥寥无几。

从抗日战争爆发前近代泉州民族商业发展的历史进程中,可以发现近代泉州地区民族商业发展呈现出资本贸易混合型的外向型发展形态,而这也对泉州乃至闽南社会经济变迁产生了深刻的历史影响。

第四节　华侨群体与近代泉州跨国金融网络的构建

一、水客与近代泉州社会跨国金融网络的构建

19 世纪中叶以前,华侨与家乡的联系主要依靠往返海外与国内祖籍地的水客。正是这些跨国流动于海外和泉州侨乡的水客,加强了海外华侨与家乡亲人的联系。水客不仅是泉州侨批业的创始人,金融网络的建构者和经营者,而且也是跨国移民网络的重要环节。

一般认为,水客的出现是在 19 世纪初。水客本来是来往于都市与乡村之间的行商,但后来也扩大到海外。水客实际上是船上的小商贩,他们从国内带些丝绸、茶叶、瓷器等物到国外出售,再从国外带些香料等前来贩卖,以获暴利,俗称"走水"。海外华侨在寻找与国内亲人联系时,看到他们往返于两地之间的方便,便托其携带银信给国内眷属。水客为华侨携带银信,起初是海外华侨或其国内眷属付给他们一些报酬,后来便逐渐有了固定价格,并且甚是丰厚。由于经营侨批业甚是有利可图,一些水客便逐渐从其他行业中分离出来,成为专门经营侨批者。目前已知泉州最早专为华侨传递侨批银信的水客是永春县丰山乡陈应谋,他于清道光二十八年(1848 年)开始为马六甲华侨递送银信,每年来回一次。① 同治年间(1862—1874 年),安溪县陈履迦即前往新加坡担任水客,引带新客出洋,并为华侨传送"批银"。② 泉州新门外王宫村人王世碑于清咸丰元年(1851 年)即在川走于厦门和吕宋之间的船上当船工,并为华侨携带银信。由于他服务周到,信誉日著,海外华侨互相传报,托其带银信者日多。世碑遂不再作船工,而以传送银信为业。由于水客为华侨携带银信逐步专业化,便慢慢脱离了原来的含义,成为经营侨批者的代名词。最初的侨批即称为"水客时代"或"客头制度",水客出现的时间大约是在

①安溪县委员会文史资料工作组. 安溪文史资料:第 1 期(总第 6 辑)[G].安溪县委员会文史资料工作组印,1988:29-30.
②安溪县委员会文史资料工作组. 安溪文史资料:第 1 期(总第 6 辑)[G].安溪县委员会文史资料工作组印,1988:29-30.

19 世纪初期。①

　　其实水客的出现应该早于这一时期。一些资料记载,早在 18 世纪就有水客往来于南洋与闽粤之间②。在中国侨乡闽粤地区和南洋等地,以"水客"作为职业的人为数不少。19 世纪末至 20 世纪初,福建的泉州、厦门和漳州等地的水客就达1000 多人,由于水客的人数庞大,为了便于管理,20 世纪 30—40 年代在闽粤以及南洋等地都建立了水客的管理或联谊组织。水客形成有一个过程,从早先为人顺便托带银信,后逐渐以此为业,成为水客。应该说,充当水客的人大多具有一定文化水平和办事能力,诚信忠厚,富有同情心。因为只有这样,他们才能得到海外华侨及侨乡侨眷的欢迎、信赖,并在业务上获得发展。他们沟通南洋和国内的情况,受到海外华侨和国内侨眷欢迎。《民国永春县志》记载:水客宋质渡洋为侨商赍书信,不论道里远近,必亲送其家,由是为侨民所倚信至编为歌传诵之。③

　　在泉州地区,自有人移居海外以来,一直存在着一种以侨汇为主的金融网络。侨汇是移居海外的华侨赡养其故乡亲属的款项。一般来说,早期移居海外的华侨大多是单身男子,"他们或是成婚以后出国,在家乡留有妻儿、父母;或者少年出国,成年后回国结婚,后又重返侨居地,留下妻子侍奉父母"。在这种情景下,为了养活在国内的妻儿老小,他们都会想方设法积钱汇回或托人带回家乡,从而使泉州侨乡地区每年都有大量的侨汇流入。流往泉州地区的侨汇早期主要通过水客及华侨商人在南洋等地和在侨乡经营的侨批馆(批信局或信局)进行,也就是说,水客和泉州华侨商人建构起以侨汇为主的跨国金融网络。

　　在帆船时代,水客经营以侨汇为主的金融网络业务是一年一往返,至汽轮作为主要的交通工具时,水客每年可作多次往来,即"走水"。一般来说,水客每年"走水"可分为走大帮和走小帮。走大帮也就是指专走端午节、中秋节和春节这个时期,小帮就是走这三节之间的时期。故有"一年大小两三帮"之说。大帮和小帮加起来事实上一年就是六帮。水客"走水"时携带侨汇大约有两种办法。一是将客户的原信原银带回家乡,交给收款人;二是将客户托带的钱款先行挪来购买当地较便宜而家乡紧缺的"洋货",如布匹、胡椒等,然后运回家乡卖,脱销后再把款交给收款人。④ 此外,水客除得到"走水"所得的茶水费、脚路钱和转卖货物的钱外,还可靠异地汇兑率差赚钱。因为当时侨居国的货币不准带出国境,所以华侨只好偷偷地请水客带钱回来,水客收取华侨所带钱款时,根据当时的汇兑率适当收高一些,到家乡发放时又低,一高一低从中赚了钱。当水客返回南洋时,除为侨属带信物外,还会顺便带些家乡的土特产,如干咸菜、仙人草、喉风散等,在侨居地转卖给华侨,

①李天锡.也论侨批的起源及其他[J].华侨华人历史研究,1997(3):75-79.

②包乐史,吴凤斌.18 世纪丰巴达维亚唐人社会[M].厦门:厦门大学出版社,2002:125-134.

③中国银行泉州分行行史编委会.闽南侨批史纪述[M].厦门:厦门大学出版社,1996:90.

④陈顺先.论侨批发生源[C]//饶宗颐学术研讨会论文集.香港:翰墨轩出版有限公司,1997:367.

从中收取一定的手续费。每当国内的侨属从水客手中拿到亲人寄回的钱物时,另外要拿出一部分作为酬谢水客的礼金,称之为"顺风"。① 在早期,水客作为一种行商,熟悉南洋与闽南地区两边的情况,有信誉,加上带钱物比邮寄更便宜快捷,所以很受欢迎。在福建,1871 年至 1884 年水客所带回来的款项平均每年 311 万银元。② 我们若以 1938 年泉属各县在全省侨汇中所占的比例 56.67% 计,泉州水客所携送的银钱当为 176 万多银元。③

水客作为华商中的行商,在跨国金融网络中起到了沟通海外与侨乡的桥梁和纽带作用。以前没有邮政,就靠水客传递信息和钱物等。但是,随着时代的发展,水客的局限性也逐渐显现出来。由于水客的经营采用的是一条龙的服务,随着侨汇的日益增多,水客虽然盈利较丰,但来去匆匆,没有固定的地方,要代客户携带钱物,需要挨家逐户地寻问,非常的不方便,因此,便有一些积累了资金的水客自己或联合开办批馆,成立固定经营侨汇的机构。此外,有的海外水客刚开始时是利用小店铺做根据地,凡是要汇款回国的人,或要水客代他们从中国带来消息,都要到店铺询问。这样一来,店铺成为一般华侨汇款及询问讯息的所在地。有些店铺牌子老,信用好,人们更信赖它,久而久之便成为批馆的雏形。"走水"到离泉州较近的南洋一些国家每年最多也只有 5~6 帮次,到南洋其他更远的地方,每年只有 2~3 帮次,而到美洲、南非等地的往返次数就更少了。④ 这样,银信及回批递送迟缓,难以满足华侨、侨属的需要,特别是 19 世纪 70 年代后侨汇量大幅度增加,逐渐使散兵游勇式的水客难以应付,于是便有一些积蓄较丰的水客或富商自己租赁或设立固定场所,专门经营侨汇业务,批馆(批信局或信局)正式出现了。在泉州,1871 年晋江安海镇人郑灶伯、郑贞伯两兄弟开办的郑顺荣批馆,是所知道的福建成立最早的批馆。⑤

这种关系其实是一种连接泉州侨乡和南洋两地的以侨汇为主的金融网络,这种网络早期是以水客,后来又以水客或富有侨商所设在南洋的侨批总馆、银行,以及建立在泉州侨乡的侨批分局、钱庄等为平台。跨国金融网络以南洋为中心,在南洋群岛各首府设总局,华侨社区设分支局,并向泉州各地辐射,在主要口岸厦门等地设二盘局或分区总局,在各侨属集聚的地区设分支局或代理处,其业务覆盖了南洋与泉州社会城乡各地。

水客不仅为自己获得较为可观的利润,而且在跨国金融网络和跨国移民网络中发挥着其独特的作用,充当泉州侨乡和海外华侨跨国互动的桥梁。泉州地区以侨汇

①郑一省.水客与近代中国侨乡的金融网络及移民网络——以闽粤侨乡为例[J].东南亚研究,2006(5):79-80.

②福建省华侨志编辑委员会.福建省华侨志(上册)[M].福州:福建人民出版社,1989:72.

③李天锡.泉州华侨华人研究[M].北京:中央文献出版社,2006:375.

④郑一省.水客与近代中国侨乡的金融网络及移民网络——以闽粤侨乡为例[J].东南亚研究,2006(5):80.

⑤吴泰.晋江华侨志[M].上海:上海人民出版社,1994:32.

为主的金融网络在专营邮政和侨汇业务的机构建立之前,海外华侨汇回家乡的款项,主要靠"水客"递送。后来,由于水客经营的局限性以及邮政和侨批业的逐渐出现,水客把持侨汇行业的情况逐渐改变,但水客通过自己兴办侨批馆,或者加入侨批行业的队伍,或为其他侨批馆所雇用,仍然与其他华侨商人一起建构起金融网络,从而促使泉州侨乡的侨汇业务迅速发展,侨汇量大增,极大地刺激了泉州侨乡消费社会的形成。

水客不仅带家乡人出国,还帮南洋华侨回乡物色女子,并带往侨居地成亲。此外,水客也将侨居地侨民的子女带回国内上学或探亲。泉州侨乡的这种跨国移民网络是以泉州地方家族为核心及以地域为支撑,通过水客的牵引,"一人带一人去,一家带一家去"而形成的"连锁移民链",水客因而成为这种跨国移民网络的重要环节。除了在跨国金融网络和移民网络中发挥着独特的作用外,水客还在泉州侨乡与海外华侨的感情沟通中充当桥梁的角色。比如,邮局机构还没出现之前,海外华侨的第一封信大多是由水客带回的,而回信也由其递送。水客不仅帮泉州华侨回国购置田地、房屋及其他产业,甚至还代替海外华侨看望亲人、田园、祖坟和祖屋等,几乎能了却一切海外华侨的牵挂。水客的这些功能和作用极大地方便了华侨与侨眷之间的联系,且极富浓厚的人情味,深受广大华侨和侨眷的欢迎,水客因此成为联结南洋与泉州侨乡两地华侨的纽带。

二、侨批业与近代泉州跨国金融网络的运转

水客时期的银信经营多为"走单帮"的一条龙服务,它建立在个人人脉关系的基础上,受限于个人的血缘、亲缘、地缘等社会关系,经营资本和规模等因素,其经营存在很大的局限性,不但经营地域范围狭窄、业务量有限,而且效率也很低,因此难以取得跨越式发展。随着银信业务的增加,水客经营侨批发展成侨批局是市场需求的一种必然。侨批业是基于特殊的海外华侨社会需要而出现的特殊服务行业。它产生于19世纪70年代海外华侨逐渐增多之时,集商业贸易、金融货币、交通运输、人文道德、风土民情于一身,具有地域性、商业性、服务性和信用性等特征。从经济史来看,侨批可与徽商的契据、契约"媲美",其价值相等。侨批不仅可与徽商的契据契约媲美,侨批同样可与被称为"中国银行之父"的晋商的"钱庄"、"票号"相提并论,尽管其规模和范围远不及晋商的钱庄票号,但从区域经济史的角度看,泉州侨批业却有独特的地域特色。

泉州侨批究竟产生于何时,因缺乏原始实证资料,已经无从考证。现存有关侨批的最早记载出自石狮大仑村《蔡氏族谱》,记载有明朝嘉靖(1522—1566 年)菲律宾华侨汇款回家的情况:"思叔弟也……娶媳后,遂往吕宋求赍,迭寄润于兄弟,二兄弟景超全家赖之,修理旧宇,俾有宁居。"①明确指出思叔旅居吕宋之后,"迭寄润

---

①庄为玑,林金枝.近代华侨投资国内企业资料选辑:福建卷[G].福州:福建人民出版社,1985:24.

于兄弟"，他的二兄景超的生活"全家赖之"，并用作"修理旧宇"。因而此处之"润"必为款项，也就是侨批。因此，明嘉靖年间就已有吕宋"迭寄润于家"，实物侨批则有大量的清末光绪、宣统年间的来批与回批。

侨批是侨信、侨汇的俗称，又称银批、番批，是专指海外华侨通过民间渠道寄回祖籍国，连带家书或简单附言的汇款。"侨批"即华侨的批信，华侨既寄钱又寄信，因此侨批业就是为华侨汇款送信的行业，是一种特殊的邮政业务。经营这种业务的机构叫"批馆"、"银信局"或"侨批局"等，1934年后邮局则规定其统称为"批信局"。作为一种行业，侨批是出国谋生的泉州华侨，寄回家乡赡养胞亲和报平安的一种"银信合封"，即所谓"汇款家书联襟"的民间寄汇；作为一种文化，侨批却是一种以金融流变为内核，以人文递播为外象，以心心交感为纽带，以商业贸易为载体的综合性、跨国型的文化形态。侨批是海外华侨"根"意识的特殊嬗变，"商"思想的创新运用。

侨批业，也称侨汇业，是指专门经营、传递华人移民侨批（书信、钱物）的私营商业性服务行业，兼具有邮政和金融双重功能。侨批业主要分布在广东、福建、广西和海南等沿海地区，是中国华南侨乡地区极具地方特色的一种行业。闽南方言称信为"批"，侨批俗称"番批"或华侨银信，是一种以"银信合封"为基本特征的特殊交往方式，是华侨与国内眷属之间汇款及书信沟通的载体。其基本特征是"银信合一"。侨批局是专为出国华侨办理通信、汇款的一种民信局，因为福建方言将"信"叫"批"，故称"侨批局"或"批信局"。经过不断演绎、发展，到清末时期在福建、广东、广西和海南等地形成一个特殊的行业——侨批业。侨批业是经营海外华侨批信的汇兑业，兼具邮政、金融、交通、汇兑、文化等功能，不仅影响着侨乡社会经济生活，而且对全国甚至全世界都产生过很大影响。据《闽南侨批史纪述》载，泉州最早在南洋经营侨批业的是永春县丰山乡华侨陈臣留。他于清乾隆二十二年经营"陈丰兴"商号，并因此而致富。永春有俗语："南洋最富，一丰兴，二振裕。"其富裕程度由此可知。

晚清时期，华侨出国人数渐多，一般"水客"无法适应需要，随着邮政、银行汇兑业的产生和不断发展，一些较富裕的"水客"或侨商便开设侨信局（也称侨批局），经营侨批业务。在19世纪末产生了专为华侨寄信、汇款的商业机构——侨批业。1871年，泉州安海成立了最早的侨批局——郑顺荣批馆。创办人除了郑氏兄弟外，还有郭有品，他为新加坡有名客头。该局先设总局于新加坡，并在马来亚各大埠设分局，又在国内陆续设分支机构于漳州、厦门、泉州、晋江、安海、石狮等地。自称是首创"天下第一家"的信局，故美其名曰"天一"。设立时间，还早于中国的邮政局。至1930年时，仅晋江就拥有侨批馆达18家之多。1932—1936年，泉州地区新设立的侨批局有：惠安东园的新记、荣记，永春五里街的和盛、新瑞丰、春成、永顺、春记，石狮的谦记、三美、捷兴，安海的鸿安、德盛、捷兴等。[1] 1934年和1940年泉

---

①泉州市华侨志编纂委员会.泉州市华侨志[M].北京：中国社会出版社，1996：181.

州聚宝街和永春五里街还分别设立大生和新永兴信局。

据不完全统计,至 1942 年 4 月,泉州地区共有民营批信局 44 家,其中设于泉州市区和晋江县者有 24 家。[①]

(一)泉州侨批业的历史演进

侨批业者主要以乡谊等社会关系为依托,构建了以批信商为主体,包括现代邮局、银行、钱庄等金融机构以及杂货店等的近代跨国移民华人网络。[②] 泉州侨批业跨国网络具有明显的空间形态。在侨批跨国网络运行中,东南亚和泉州批信局各自承担不同分工与职能,共同一体化地完成侨批收集、寄递、分派与传送完成等事宜。总体而言,基本上经历了以下几个历史阶段。

1.海外贸易商人携带

早期泉州华侨出国与海外交通贸易联系密切,因而最初侨批的汇寄也是与海外交通贸易同时进行的,海外华侨把银信委托浮海贸易的商贩或船上的水手捎带回家。这种情况可以从一条有关郑成功的史料得到证实。郑芝龙在日本与田川氏结婚后返回福建,田川氏也于 1645 年前来福建。临行时她对郑成功弟七左卫门说:"良人及汝兄数欲相迎,然我怜汝幼,辞之数矣。今汝稍长而不往,恐使汝失父兄之欢,今止汝于此,我将从其请诣彼地。请良人托每岁来舶赠银以为资给。纵令吾身不全,无足顾。[③]"田川氏在这里很清楚地说明要请郑芝龙托"每岁来舶"——即每年前往日本的商船带银钱给七左卫门。可见此时"每岁来舶"是沟通海内外亲人经济上联系的桥梁。早期华侨银信的汇寄可能是由他们来进行的。可是,由于此时携带侨批的商人还是以海外交通贸易为主,携带侨批只是受人之托,顺手携带而已,携带侨批还没有形成一种职业,所以还不能叫作侨批业(或水客业)。然而它们却在孕育着水客时代的胚胎。1974 年 8 月泉州港发掘的宋代海船中的木牌、木签上有"曾干水记"、"林干水记"、"吴兴水记"等文字,据学者考证,此处之"水"似与"走水"含义相同。[④] 这大概可以作为上述推测的佐证。由于此时水客还没有出现,因而不能以"水客业"称之。

2.水客传递

水客本来是来往于都市与乡村之间的行商,但后来也扩大到海外。水客实际上是船上的小商贩,他们从国内带些丝绸、茶叶、瓷器等物到国外出售,再从国外带些香料等物前来贩卖,以获最利,俗称"走水"。海外华侨在寻找与国内亲人联系

---

①泉州市华侨志编纂委员会.泉州市华侨志[M].北京:中国社会出版社,1996:183.

②焦建华.近代跨国商业网络的构建与运作——以福建侨批网络为中心[J].学术月刊,2010 (11):136.

③[日]田氏七左卫门诉状[G]//林恕,林凤冈.华夷变态.东京:东方书店,1981.

④福建省泉州海外交通史博物馆.泉州湾宋代海船发掘与研究[G].北京:海洋出版社,1987:65.

时，看到了他们往返于两地之间的方便，便托其携带银信给国内眷属。水客为华侨携带银信，起初是华侨或其国内眷属付给他们一些报酬，后来便逐渐有了固定价格，并且甚是丰厚。由于经营侨批业甚是有利可图，一些水客便逐渐从其他行业中分离出来，成为专门经营侨批者。如"王世碑，晋江王宫村人，他少时家贫，理发为业，清咸丰元年 20 岁时，往厦门谋生，经友人荐之为往吕宋船工，对往返华侨能照顾新客，关心旧客，并受其委托代递银信，颇受华侨之信任，故托者日多，求之甚众，有的闻讯远途赶来，几经辗转相托。居菲岛乡村社里者，甚至有数年不得一托。诸多华侨愿付劳酬，以补川资。王世碑盛情难却，毅然辞去船工，专营为菲侨传信递银的走水和客头，劳酬颇丰"①。泉州新门外王宫村人王世碑于清咸丰元年（1851年）经友人介绍，在一条往返厦门和小吕宋（今菲律宾）间的大帆船上当船工，逐渐熟悉海上生活。那时，开往吕宋的航船主要搭客，兼收货载。往返一程不过 20 多天，如遇暴风大雾，则需要一两个月甚至更长时间。由于他服务周到，信誉日著，华侨互相传报，托其带银信者日多。世碑从此不再做船工，而以代客传送信款为业，成为职业"水客"。由于水客为华侨携带银信逐步专业化，便慢慢脱离了原来的含义，成为经营侨批者的代名词。

随着 19 世纪末国内赴菲谋生的人愈益增多，王世碑的业务亦益盛，遂召其侄儿王为针前往菲协助，商得在马尼拉的友人同意后，将其开设的异文斋刻印店店屋辟出一部分，世碑即在此开设王顺兴信局，专营信款及汇兑业务。②

3. 侨批局递送

随着海外交通贸易的持续发展与华侨出国的不断增多，水客所采取和沿用的"收批—承转—解付"这种从头到尾的一条龙经营方式，已经适应不了日益增加的侨批需求，因而便有人在南洋设局收批，主要利用侨居地的商栈代向华侨收取银信，仍由水客带回国，交给国内一个与其有承接关系的商栈或民营信局，由其派专人出去分发。后来，这些商栈也慢慢从其他行业中分离出来，专门经营这一业务。于是，侨批局就这样产生了，即完善的侨批业就这样出现了。③

清末民初，侨批信局逐步建立起自己的经营网络，并借助不断发展的邮政和银行网络及技术进行专业分工，从而促进侨批运转效率的提高。侨批局作为一种经济组织，由自身的企业形象、信誉建立，并且需要健全企业管理。侨批局以个体各自独立于整个侨批汇兑市场中，其间的竞争之激烈可想而知，侨批局要寻求发展必须有新的经营模式来应对市场竞争。建立经营网络则是侨批局拓展市场和提高服务质量的新的运行模式。

---

① 王朱唇，张美寅. 闽南侨批史话[M]. 北京：中国广播电视出版社，2006：13.
② 王清乾. 王顺兴信局的始末[G]//泉州市鲤城区委员会文史资料委员会. 泉州文史资料：1—10 辑汇编，泉州市鲤城区委员会文史资料委员会印，1994：346-349.
③ 李天锡. 也谈侨批的起源及其他[J]. 华侨华人历史研究，1997(3)：75-79.

和盛信局是一家实力较雄厚的信局,创设于20世纪20年代,初期只经营菲律宾侨批。1937年12月由菲律宾马尼拉寄晋江的侨批封,使用和盛信局格式化宣传信封,印明该局在各埠收发处,即在怡朗设和盛公司、马尼拉设和盛信局,国内在厦门设和盛栈、晋江设和盛分局等直属分局。和盛信局是一个实力较强的菲帮侨批专局,初期全部依靠其直属分机构,形成了一个以怡朗、马尼拉连接闽南侨乡之间的侨批经营网络。和盛信局在国内设有直属分局,较偏的地方则借助其他信局的力量。在菲侨华中祖籍永春的所占比例远远少于来自晋江和石狮的华人,于是在永春的菲律宾侨批业务就由三友公司来代理。在菲律宾除马尼拉和怡朗以外的地区则依靠批脚来补充其网点的不足,形成一个潜在网络来拓展其收汇业务。这样,和盛信局形成了以马尼拉和怡朗辐射泉州和闽南主要侨乡的侨批经营网络。

和盛信局的经营网络发展轨迹,即从1937年由4家的直属分局组成的经营网络发展到5个直属分局和1个代理机构组成的经营网络。和盛信局的经营地域从晋江拓展到菲律宾华侨较少的永春,借助在当地的商家来完成其在永春侨批的代理解付,可达到事半功倍的效果。随着时局的变化,和盛信局及时调整网络布局,以适应随之而变的业务发展需要。随着华侨出国人数增多,寄批需求增加,信局进行专业分工,进行网络经营,促进了侨批运转效率的提高。侨批流程的收汇、头寸调拨、承转、派送四个环节中,一般收汇、派送由信局完成,头寸调拨、承转借助银行和邮政机构来完成。侨批局则以现代跨国企业的经营理念来管理和经营侨批业务,侨批局组成自己的经营网络甚至利用其他信局的经营网络来拓展自身业务,有效地促进侨批业务的发展。侨批网络主要由数目众多的批信局构成,同时也依赖于与侨批有关的钱庄、店铺、邮局和银行等。它们利用东南亚华侨金融网络进行资金周转,在东南亚侨居地与泉州侨乡之间形成了国际金融及汇兑的跨国网络体系。

顺昌信局是一家经营菲律宾侨批的专局,但由于其在国内没有机构,由国内的顺记信局的支票处代理。顺记信局是一家经营二、三盘业务的信局,在厦门海后路1号设总局,在晋江第三区中山街(今龙湖镇)、泉州中山南路374号、石狮街马脚桥、安海玄坛宫捷兴内、永宁石盘街108号、金井第二横街设有支票处。马尼拉顺昌信局完全利用国内顺记信局的经营网络点经营侨批业务。

新和兴信局是一家经营菲律宾侨批的专局,由于其只在厦门和晋江柳山设新和兴机构,因此,该局利用厦门震南、泉州建南、安海大成、石狮德盛、衙口大生信局以及深沪吴庆波个人作为网络点为其代理侨批业务,扩大业务网络。可见,国内网点少的侨批局为了扩大经营地域而依靠其他侨批局的经营点来组成经营网络,这是侨批局迅速扩大网络的一种模式。利用别人的资源为己所用,善于整合社会资源来拓展自己的业务,这也正是泉州侨批业经营者商业智慧所在。

(二)泉州侨批业的基本特点

泉州侨批业在建构和运转的过程中,具有鲜明的空间形态地域性、多重经营商业性、多元互补服务性、区位环境的文化性和跨国对称的网络性等特点。

1. 空间形态的地域性

泉州侨批业形成一定规模的，主要是晋江、南安、安溪、永春等地，而以晋江和南安为多，其区域性和地域性特征明显。这个地域性是以服务对象即以华侨家乡的属地来划分的。各地侨批业的经营，也是以侨属所居地域自成体系，从最初的委托回国人员递寄，到水客业的产生发展，再到侨批局、银信局的规模经营，其演进始终是以侨属地域为体系，这是由便利经营所决定的。以水客经营为例，一个晋江籍的水客不太可能去接受安溪人委托递送物品和侨批，去熟就生，十分不划算。尽管到侨批业的规模经营时期，各地的批信局互相偶有联系的商号委托接驳等业务出现，但其地域性的特征仍相当明显。这主要是因为地域性经营更有利于批馆与顾客建立信任关系，更有利于收寄和递送，同时也更有利于各批局减少解送成本和增加解送地准确度。

2. 多重经营的商业性

从泉州侨批业的发展历史来看，它的整个运营过程，都具有明显的商业性。最初的委托回国乡亲代带钱物回乡，就带有商业经营的性质，代带物品者可能原物带回，这可说不具任何商业性，但代带货币，在早期未出现国际汇兑业情况下，代带者必然要想方设法把货币置办成货物，回国后再出卖货物，还原成国内货币交还委托者付寄的对象。这就已经实施了异地商贸的实质，不管受委托人是否从中赚取异地商贸的合理利润，其带有商业性已客观存在。到水客经营成批递带人、钱、信、物的阶段，水客明显是以此为业，靠此谋生，其通过递送运带的服务赚取一定费用已是不争的事实，包括把货币置换成商品回国后再换回货币付还侨属。其商业性更是无可置疑，到了创设侨批馆、银信局阶段，无论是水客扩大经营所创立，还是一些商号、客栈所创立，经营者多系私人货合股，性质上都是一个全新的商号，无论是国内或侨局国，都必须向当地当局相关管理机构登记，领取营业执照才能合法经营，其商业性质就更明显。况且很多批信局都以刊登广告承诺诸如上门收批、汇费低廉、手续简单、递送准确、回批快捷，甚至有代垫批款，回批时才收取招揽生意，形成一定的商业竞争。而在汇兑上，或瞄准预测兑行情，把握汇兑时机；或依靠异地包括诸如香港等中转地汇率的差异，总之，通过时空的差异，各地批馆各显神通，从中赚取汇水，还有办成货物，成批运回家乡出卖等赚钱。因此，许多批馆获利颇丰。但这都是靠商业经营，获取合法利润。当然，正因为泉州侨批业的商业性，商人有逐利的本质，故也不排除其中的某些不正当的商业行为，尤其20世纪40年代末国民党政府因腐败无法收拾，滥发纸币的时候，有些批局以套汇、压批等不正当手段经营，获取暴利，致使华侨侨属的利益蒙受巨大的损失。

3. 多元互补的服务性

侨批业是由海外华侨社会为汇寄银钱回家乡赡养亲人，与家乡沟通信息的需要而发展起来的一个特殊的服务行业。早期的水客，已是专门为华侨提供此项服务的专业人员。泉州华侨多数不识字，而侨居异国拼力打工，但汇钱寄信与家乡却必不可少,当时邮政和汇兑业并未通行,即使有也手续麻烦。而华侨家乡大多是荒僻的山村。邮政也未必能通。于是,水客业便应运而生,水客多以家乡某一区域范围为服务对象,华侨既是乡亲,容易建立信任,能放心委托,水客则对家乡情况谙熟,能够准确快速递送到家,且能秉持诚信经营,服务到家,及时送达回批。在侨居国也常深入矿山、工厂、农场、养殖园等收取侨批,或登启事约定于某个固定小店铺收取侨批,这种周到的服务,使华侨深感方便,因而深受泉州华侨和侨眷欢迎。到了侨批局、银信局建立以后的规模经营阶段,各批局为招揽生意,相互竞争,更提供快捷周到的服务,如派伙计登门或到侨民较集中的厂矿、农场收取侨批,如寄批者不识字,批局伙计还可代为写批,遇到工人未领工资而急需寄批,批局还可先代垫付,待回批时才收取批款,而且批局比水客寄批的批次更频密,多数每周都发批一次,在泉州设立相应的批局和分支机构,形成跨国网络,有些批局还将华侨及家属的姓名、住址,详细登记编号,抄具副本给国内与之联号的批局付查,因而有些批信,批局仅书编号及家属姓名,即能准确寄达。这不仅使侨批局在收解信款时做到"按址投送"或"无址投送",更在于衍生的信任使侨批局与顾客间形成相互依赖的关系。侨批局的这种认真周到的服务,深受侨民侨眷的赞扬。因此,批局的伙计,包括解款的批脚,均深受欢迎和敬重。

4. 区位环境的文化性

侨批虽是侨乡特有的事物,但它根植于中国传统文化和泉州地域文化之中,蕴含区域深厚的文化元素。"远梦归侵晓,家书到隔年",亲情永在,锦书难托,一纸家书,天长地久。每一封侨批都寄托海外游子的思乡之情,深化了以孝悌为基础的家庭文化。泉州华侨虽然身在海外,但心系故土家园,不忘亲情。他们时刻牵挂远在家乡的父母妻儿,一有积蓄就寄回银信,表达对亲人的思念,恪尽对家庭的责任和担当。体现这种强烈的家庭观念的泉州侨批有很多。如1921年(辛酉年)十月一日晋江侨领王珍艮的家信:"书奉慈母大人膝下:拜别以来转眼阳春,瞻恋萱堂,日夕怀念,倾接示信一札,并婶大人玉体康安,幸叨芎苍之庇,得以健旺之安,儿远游外夷,不能随侍晨昏,罪戾大焉!……身子平安,伏望玉体自珍,免致游子身心两地矣!……"[1]又如一封辛巳年(1941年)由儿子从缅甸东吁寄给泉州永春老母亲的侨批,收件人为"林采际先生家母"。内容是:"慈亲大人膝下:……遥想玉体安康……病毒未解痊安,儿时常念,惟望再请高贤明医前来调治除根……内外二孙俱亦平安,顺此告慰祖弟……拨出贰佰元以助二哥……"[2]字里行间渗透着儿子对母亲的思念,对故乡亲友的牵挂。而对自己在海外的辛劳却只字不提,这是当时大多数泉州侨批的共同特点。家书是一根长长的线,把游子的心与家人紧密相连。分配批款,是侨批信的一项重要内容。所有侨批,除了日常赡家款项和专用款(如祝

---

① 王朱唇,张美寅.闽南侨批史话[M].北京:中国广播电视出版社,2006:158.
② 李天锡.泉州华侨华人研究[M].北京:中央文献出版社,2006:376.

寿、援急)外,其他的一般会详细写明所寄批款以及赠送的具体人、具体数目、接批人和分送对象范围,从血统亲属到姻亲系列,以至乡邻朋友,只有款数大小的差异,而凡有直接或间接关系的人,几乎都有提及。款额的分发,一般都上下有序,内外分明。有先近亲、后远属的分法,近亲占侨批款很大的数目。但收批人一般是赡养和照顾的最亲的亲属,这点绝对不含糊。祖母在,侨批款不寄给母亲。母亲在,妻子只能是分批的收管人。

5.跨国对称的网络性

跨国对称网络所表达的是侨批业者与泉州社会跨国互动关系,它由海外华侨社会网络和泉州社会网络两大部分构成,而在近代网络系统中,不同的信息及资源又构成了各自的网络,形成对称的网络结构体系。水客经营侨批依靠的是以人脉组成的单线网络,其辐射面有限。同族、同乡,亲情、乡情是侨批经营的基础。不管是个人经营或是信局经营,个人的熟人关系和人脉网络是侨批经营的最基本要素。从水客发展到侨批局经营,并不仅仅体现在经营规模的变化,更重要的在于经营理念上的差别,侨批局以现代跨国企业的经营理念来管理和经营侨批业务,不但可以以个人和企业的信用进行经营,而且可利用其资本扩张,发展自己的跨国经营网络、扩大经营地域,由单帮发展成杂帮,进而发展代理网络,利用其他局的便利来拓展自身业务,从而有效地促进侨批业务的发展。侨批作为早期海外华侨与国内侨眷的主要联系方式,对泉州地区及广大的侨眷具有极大的历史贡献,早期侨批的主要作用是赡养亲属,早期华侨多为家中的青壮年劳力,因为生活所迫出洋谋生,他们的主要任务就是多赚钱来供养家乡老弱妇孺的生活。因此,不管生存和劳动环境多么恶劣,他们都努力赚钱,只要攒到钱就通过侨批寄回家乡,履行赡养家乡亲属的义务。[1]

(三)侨批业对近代泉州社会转型的影响

第一,侨批业的发展对近代泉州社会的经济转型意义重大,改变了泉州社会的经济结构。海外华侨寄回的批款,不仅用于赡养国内亲属,同时还在家乡投资兴办实业,其投资的领域涉及工业、金融业、房地产业、交通运输业、商业等各个方面。以房地产业为例,1912年,南安旅菲华侨陈光纯在泉州城区奎章巷购地建房作为住宅。1912—1929年,陈光纯及其长女陈兹义先后投资100多万银元,在泉州购买大量房地产,购建房屋140多幢。除7幢自用(包括商用房),以及10多幢用于办学校和宗教用途外,均用于出租或借给有关机关使用。其中最具规模的是位于许厝埕的天主教堂和3层钢筋水泥大楼,其他房屋中也有部分为3层或4层大楼。1933—1936年,石狮旅外华侨参与投资拓宽石狮旧街道,在两旁建筑钢筋水泥楼房,先后完成大仑街、新华路、民生路、糖房街、城隍街、大舍街、上下街、都爷池和后向街的拆除和改建。石狮街道改建工程,华侨投资占6/10。配合泉州市政建设,

---

①黄清海.闽帮侨批业网络发展初探[J].华侨大学学报(哲学社会科学版),2002(4):60.

也有部分华侨投资房地产。其中著名的有黄奕住,建有房屋10余幢;陈清机,建有楼房8幢。购建三五幢房屋的人也较多。这在一定程度加速了泉州城镇化的兴起,促进了商业的发展和交通运输的近代化。

第二,海外华侨寄回的批款在一定程度上改变了侨眷家庭和非华侨家庭的谋生方式。中国是传统的农业型社会,华侨出国前大多都是农民,进行农业生产是其谋生的主要手段。随着大量青壮年出洋谋生,特别是养家性批款的不断寄回,华侨侨眷的谋生方式发生了一些变化。原先主要依靠种地吃饭,现在则是主要依靠批款生活。对非华侨家庭而言,华侨修宅建屋等生活费用的支出,催生了建筑、搬运等副业的产生。这些副业大多由附近的农民承担,从而引起周边农民谋生方式的改变。

第三,泉州籍华侨对家乡教育的捐助,为当地教育的发展提供了数量可观的资金和资源,奠定了坚实的物质基础。这一方面增加了当地人民受教育的机会,提高了当地的教育文化水平,有益于人才的培养;另一方面,海外的先进文化通过办学的形式引进泉州地区,有利于侨乡教育现代化的发展。

第四,侨批业的发展推动了家乡与侨居地在金融领域的跨国性发展,培养和造就了许多泉州华商金融多元化人才。网络经营的国际化视野及侨批的金融属性,决定了泉州华商侨批业最终获得了新生,得到了进化。吴道盛从在鸿发信局学徒开始,到投资创办建南信局,再发展创办建南银行是个典型例子。吴道盛,晋江金井围头村人,1897年生。1912年,吴道盛告别寡母南渡菲律宾谋生,初在马尼拉同乡人吴仔柱的鸿发信局当学徒,1928年后脱离鸿发信局,在马尼拉市王彬街开设建南信局,并在厦门设"荣和信局"和建南(汇兑)信局。吴道盛因经营得法,业务日盛。1938年厦门沦为日占后,建南信局迁址泉州经营。1931—1941年间建南信局除主营侨批之外兼营菲、美、沪三角汇兑业务,为侨批同业调拨侨汇头寸。张公量1943年出版的《关于闽南侨汇》中记载,1940年泉州汇兑信局汇出汇入统计,9家汇兑信局全年海外汇入7170万元(国币)中建南信局4200万元(国币),占58.6%;而泉州汇出到上海5900万元(国币)中建南信局3500万元(国币),占59.3%。[①]由此可见建南信局在当时的汇兑地位。1946年后,建南信局单帮汇兑业务发展快,领先同行。1948年在马尼拉开办建南银行,在香港设建南银行机构。泉州侨批信局的经营者对推动泉州、闽南地区与东南亚在金融领域向多元化和国际化发展的贡献是明显的。

侨批业的贡献不仅体现在对家乡经济的支持,更有意义的是培育了一批侨批业的从业者和经营者,带动了家乡泉州与侨居地在金融领域的互通互联,在侨居地出现了以经营侨批业而起家进而发展为银行经营者的案例。在泉州由于侨批业的

---

①据1993年12月中国银行泉州分行行史编委会翻印版《关于闽南侨汇》第15页的表统计所得。

兴起,出于资金周转的需要等而使家乡的钱庄等民间金融机构得以构建,并形成跨国网络与海外华侨金融网络的对应关系。新加坡的华侨银行在侨批兴盛的时代于槟城、仰光、香港、上海、厦门等主要城市设立分行,形成了经营网络。华侨银行也在仰光、槟城经营侨批业,在侨批业网络已形成的时代与华侨金融业的网络有交叉渗透和互相不交叉各自发展的地方。[①]

第五节　海外华侨投资与泉州经济的近代转型

近代海外华侨投资泉州地区大体经历了四个时期:初兴期(1862—1919年)、发展期(1919—1927年)、高峰期(1927—1937年)、低谷期(1937—1945年)。中国民族资本主义近代工业始于1872年,华侨投资泉州也始于同一时期,但是当时的投资数量非常有限。甲午战争后由于外国资本的涌入、中华民国的建立和第一次世界大战的爆发客观上刺激了中国经济的发展,形成20世纪初华侨投资的初兴期。五四运动后至大革命时期,华侨投资呈上升趋势。从全国范围来看,每年平均投资数全国为200余万银元,比初兴期每年平均20余万银元,增加了9倍。泉州每年平均投资数20余万银元,比初兴期每年平均1.8余万银元,增加了10倍。1927年至抗战全面爆发前,是世界经济危机和中华民族危机逐渐深入的时期,也是中国民族资本和华侨投资的高峰。无论从投资企业数、投资金额还是年平均投资额都是跳跃式增长,在整个近代时期处于波峰之巅。但这一时期的投资并不是直线上升的。在世界经济危机冲击下,华侨投资在1932年左右就开始减少。抗日战争是中国社会经济严重受挫时期,也是华侨投资跌入低谷的时期。华侨投资数量急剧下降。华侨在全国的年平均投资35万银元,仅为1919—1927年间的每年平均投资数额1/5强。泉州地区每年平均只有5万银元投资,还不及发展期202万银元的1/40。海外华侨在生产性投资方面与非生产性投入相比,资金要少得多。据有关方面材料的综合推算,从1862年到1945年的80多年历史中,全国华侨汇款总数为331000万美元,投资总数为12137万美元,投资占侨汇3.67%。[②]根据泉州的材料推算,从1905年至1938年的34年中,泉州地区华侨汇款461260000美元,投资总数为11581218美元,投资占侨汇的2.51%。[③]虽然华侨生产性投资是很有限的,但客观上在一定范围内却对泉州社会经济的近代转型产生了不容忽视的影响。归纳起来,主要表现在以下几个方面:

---

①刘伯孳,黄清海.浅析侨批业与东南亚华侨金融业之间网络对应关系[J].闽商文化研究,2010(1):24.

②林金枝.近代华侨投资国内企业的几个问题[J].近代史研究,1980(1):229.

③郑林宽.福建华侨汇款[M].福州:福建省政府秘书处印刷所,1940:73.

第一，华侨投资的经济行为推动了近代泉州工业外向型的历史进程。据估计，近代华侨资本约占广东民族资本的 40%，占福建民族资本的 60%。[①] 在近代泉州迈向工业化的历史过程中，资金短缺也是个严重的问题。泉州华侨将在海外积累的资本投资于泉州地方企业，无疑增加了生产要素的投入，对扩大再生产具有推动作用。这种投资虽说数量不大，但还是引起了泉州经济局部由封建、半封建向资本主义性质的转变。根据 1904—1931 年海外资本投资泉州工业统计，华侨资本占资金总额的 80%～90%。泉州地区和内地的近代工业相比较，具有鲜明的外向型特点。利群布厂于 1933 年 9 月开设，招股时资本 10 万银元。利群的股东大多系永春人，在东石开办，其中最大股东为永春张逊琛，投资 2 万银元，他是印尼安班澜华侨，黄振缓投资 1 万银元，许西利投资 5000 银元。全面抗战爆发后，被反动政府迫迁，机器运到内地。胜利后再合资开办，原股东不肯出钱，乃卖给晋江石狮蔡孝思45000 银元，由蔡世希任经理。当时东石以民生和利群布厂为最大，开办时两厂无竞争，因当时产品销往闽南各地，都很畅销。利群布厂原料初由厦门买来，后因厦门沦陷，改由买上海原料。初年可赚 1 万多银元，三年可赚 5 万银元。后来全面抗战爆发，与日货竞争不过，工厂转盈为亏，后因上海失守，原料无法供应，致工厂停办。[②] 华侨资本是近代泉州侨乡社会民族资本的一个有益补充和重要组成部分，海外华侨的投资推动了近代泉州地区外向型产业结构的转型升级。

第二，华侨投资促进了泉州城镇的近代化。就泉州地区而言，市政基础设施建设是华侨投资所取得的最引人注目的成就。泉州马路的兴建，堤岸的建筑，以至公园的开辟，一改旧日污垢的面貌，打开市区交通的阻隔，成为闽南地区一座现代化的城市。据统计，整个城市建设工程耗资巨大，其中华侨的投资占 60%～70%，以房地产业为最多，约占投资总额的 65.17%。1946—1949 年，泉籍华侨投资国内房地产大多是在泉州市区或各县县城。据 1958 年 12 月《泉州市华侨企业调查报告》资料，1945—1949 年 9 月，泉州（市区）华侨房地产的投资，自建 301 座（幢），购置有268 座。其中自住 246 座（幢），出租 323 座（幢）。主要分布在中山南路、中山中路、新门街一带；其次是涂门街、聚宝街、新桥街、东街、西街、中山北路、北门街、打锡巷，泉州市区几乎每条主要街巷都有华侨购建的房屋。

第三，华侨投资拉动了近代泉州地方社会物质生活和商业消费的升级。19 世纪 60 年代后，泉州地区的各业多有华侨的投资，在一定范围引发了人们谋生观念和生活方式的转变。在华侨社区，商业气氛弥漫于民间社会。无论老幼，提到生计的出路问题，视线的焦点立刻集中在商业上面。海外华侨的投资，对促进泉州近代经济的发展，作用是显著的。最突出的是大型百货公司的创立，直接带动了泉州近

---

①林金枝.近代华侨投资国内企业概论[M].厦门：厦门大学出版社，1988.

②周亮亮.华侨投资与泉州工商业[G]//泉州华侨史编委会.泉州华侨史料.泉州华侨史编委会印，1984（1）：84.

代商业的发展。而在工业方面，随着一批侨资企业的相继创办，国外一些先进的生产技术传入中国，不仅把泉州工业生产的管理和技术水平推上了一个新的高度，还填补了泉州民族工业生产门类在某些领域的空白。

第四，华侨投资推动了近代泉州民族资本主义的发展。泉籍侨商投资地方工业，在一定程度上提高了当地的生产力，给现代工业提供了一些技术基础和动力来源，并且培养了一定数量的产业工人。例如侨商、华侨在泉州和安海等地创办的电灯公司，利用电力作为动力，使越来越多的民众享受到了现代文明带来的各种便利，带动了地方碾米业的兴盛，促进了粮食加工业的进步。

第五，华侨投资改善了泉州侨乡交通运输，促进了城乡物质交流格局改变。在所有侨办企业中，对城乡民众生产生活产生较大影响、牵涉面较广的，要属交通运输业。泉籍侨商、华侨投资兴办公路交通，对福建的初期公路建设起到了先导的特殊效应和贡献，几年内使闽南侨乡公路四通八达，摆脱了肩挑人负的落后状态，从而促进了各地土特产交流，节省了港口进出物资集散时间，促进了侨乡的经济和文化发展，提高了人民的物质生活水平。华侨投资修路的同时，还带回来从国外学到技术的技术人员，驾驶员。修理工等也多数是华侨，对交通发展做出了较大的贡献。

尽管华侨在泉州地区投资的比重不大，但在经济构成和结构改变上，初步开始了近代产业结构的建立过程。19世纪60—70年代，由于海外华侨的投资遍及工业、农业、矿业、交通运输业、商业、金融服务业和房地产业等各方面，这就在一定程度上改变了泉州侨乡以往像非侨乡那样将社会力量集中在农业以及与农业有关的简单加工业和手工业生产的格局，使产业结构向着工业近代化方向调整，有利于近代产业结构的建立。

海外华侨投资泉州地区工商业，这些都为泉州社会近代工商业的发展注入了新的动能，推动了泉州社会工商业的近代转型。总之，海外华侨的投资以商业、房地产业为突出，这些投资在一定程度上加速了泉州市镇的兴起，工商业的扩大和繁荣，金融业网络的建构，市政市容的改观以及文化娱乐、旅馆服务业的扩大，也加速了交通运输的现代化，促进了现代工厂的出现。因而华侨投资的影响不仅仅局限在对小农经济的瓦解，更重要的是带动了侨乡乡村新的经济结构的建立和新经济因素的产生，以及带动泉州乡村卷入全球经济贸易的轨道。但是由于当时晚清和北洋政府政治腐败，失信于侨，泉州侨乡地方社会投资政策的不完善，所以华侨投资的一切努力均收效甚微，最后还是以失败而告终。但它毕竟加速了泉州社会经济的近代化进程。从这一意义上说，华侨群体是推动近代泉州社会经济转型的重要力量。

近代泉州地区的历史演进和华侨群体形象蜕变的历史过程是密切相关的。考察近代泉州地区社会经济转型与华侨群体跨国网络可以看出，两者显然存在着互为因果的跨国互动关系。泉州地区的社会经济转型牵动了华侨群体跨国网络的一系列变化，并从一张华侨群体跨国贸易网络，演化为一个由贸易、移民、金融、社会等多种网络交叉构成的跨国网络。华侨群体跨国网络的变化，又影响、制约了泉州地区社会经济转型的趋势和力度。近代泉州地区一方面出现了外向型近代工业、现代型金融业、繁荣的城市商业，以及与此相关的社会组织与制度变迁；另一方面则由于城市发展动力后劲不足，城市化力度有限而无力进一步带动作为腹地的泉州农村地区的社会经济良性发展，并且使城市商业的繁荣失去坚实根基而变形。

第三章 华侨群体与泉州社会文化的近代转型

近代化以从农业文明到工业文明的演进为纵向发展主线,包括政治上的民主化进程、法制化,即从人治到法治、从专制政治到民主政治等内容;经济上的工业化进程,即从传统农业到工业化、自然经济到市场化等内容;思想文化上的科学化、大众化进程;社会生活和风俗的演进,即城市化。1840年鸦片战争,不仅给中国带来了国破城缺、主权沦丧的民族危机,同时也使近代泉州政治、经济、思想、文化发生了剧烈变动。伴随着自然经济的解体,近代工业化的发展,泉州社会由传统农业型社会向近代化社会的蜕变,泉州社会文化也随着近代化的发展发生了巨大变化。华侨长期旅居国外,从事体力劳动,收入有限,无法举家外迁,被迫将妻儿父母留在家乡,形成一家两国的特殊情况。这种特殊情况的存在,使华侨与家庭和祖籍地保持密切的经济、政治联系。他们一方面将中国传统文化、生活习俗以及宗教信仰带入欧美及东南亚诸国,另一方面也将所在国的先进思想文化、西式器物等带回家乡,从而在泉州社会文化变迁的进程中自觉或不自觉地扮演起传播者、引领者的角色。华侨群体在近代泉州社会文化变迁中的作用表现为:形成独特的华侨文化,既向全球传播泉州地方文化,同时又将不同国家的文化引入泉州,丰富了泉州地方文化的内涵。华侨群体传播域外近代先进的生活方式、行为习惯和物质文化,成为近代泉州社会文化变迁和"西器东传"的重要推动力量,他们将西方先进的思想观念和制度文明引入泉州,从而开启了文化思想近代转型的历史进程。

第一节 跨国移民与乡土观念的嬗变

文化传播需要媒介,移民是文化传播的主体,也是文化传播最活跃的载体。移民的过程本身就是文化传播的过程,移民不仅是人口的大迁徙,更是文化的大迁徙。跨国移民文化构成了泉州侨乡社会文化模式的主要内容和基本特征。跨国移民也是传播域外思想观念、制度文化和精神文化的最直接、最有效的载体,跨国移民使得家国同构的儒家思想广泛流播,也使得域外的文化模式得以在泉州侨乡社会移植、融合、强化和重塑,使得泉州侨乡社会文化呈现多元化和多姿多彩的新形态。

一、跨国移民的历史传统与海外发展观念

自近代以来,跨国移民与海外发展不仅成了泉州人的一种谋生手段和生存方式,还构成了其生活和历史记忆的一部分。泉州侨乡居民的移民冲动比内地人的移民冲动要强烈得多,因为侨乡长期以来形成了对海外的向往。泉州侨乡地处沿海,自唐宋以来,泉州人就有较强的海外发展意识。特别是自晚清以来,帝国主义的入侵破坏了中国传统的自给自足自然经济,农村的破产,手工业的凋零使得城乡到处是失业破产的农民和手工业者。而中国民族资本主义发展的落后使他们无法获得谋生的职业。再加上国内军阀混战,匪患不断,社会秩序混乱,广大农民不得不纷纷逃离家园,出海谋生。据 1935 年统计,晋江县华侨占全县人口总数的10%。[1]

归国华侨和侨眷对泉州人的海外发展有着深刻影响。在 1900—1949 年的五十年中,仅晋江地区每年就有五万人出国。[2] 多数华侨的发财梦想破灭了,但努力奋斗终成致富者也不少。这些成功的华侨有的荣归故里,他们在自己的家乡盖起了新式的洋楼,高楼洋房都属于那些有幸在西贡、海峡殖民地、马尼拉等地发迹的商人后裔所有。富裕华侨回到家乡,生活奢侈,大讲排场,他们"兴土木,筑大屋,神工鬼工久雕琢,大妆奁,大聘金,一嫁一娶费沉吟,乡人相惊羡"[3]。不少侨眷也由于有海外华侨接济,生活富裕而舒适,却很少从事劳动生产。大量华侨回国建房和汇款回国是近代泉州侨乡才有的现象,一般的青壮年都懂得待在家乡是没有出息的而具有"过番"心理。这些造成泉州人跨国移民绵绵不断,一浪高过一浪。虽然东南亚地区亦遭受殖民者的劫掠,但总的说来,谋生比国内容易得多,经济成功回报率亦较高,泉州人民利用地理之便纷纷出国谋生,冀望通过积年累月的辛勤劳作,满载而归,使自己成为富裕的华侨,来改变自己的人生道路和生活轨迹。这种经济上的追求正是泉州人向海外发展观念形成的根本动因。

二、重商意识和逐利的价值取向

泉州人具有重商与务实逐利的精神。相对于"万般皆下品,唯有读书高"的儒家信条,泉州人更重事功实利,具有强烈的务实逐利心态和思想观念。由于跨国移民传统的影响和生存环境的恶劣,泉州人在价值观上更重物质利益和改善生存条件。泉州人崇尚工商的传统和习俗始于宋元时期,形成于晚清民国推行"重农抑商"的国策之际,与西方重商主义的兴起几乎同步。相对于"学而优则仕",泉州人

---

①福建省政府秘书处统计室.福建省统计年鉴[Z].福建省政府秘书处统计室印,1937:97-98.

②林金枝.福建侨乡族谱中有关南洋华侨史的若干问题[J].南洋问题,1982(4):125.

③吴增.泉俗激刺篇·"洋客"条[M].清末资料,1908.

更喜欢把航海和对外贸易当作实现其人生价值的手段。西方重商主义得到欧洲新贵族的支持，成为资本主义发展的动力之一。泉州人的重商主义却屡受中国政府海禁和抑商政策的种种摧残。直到晚清民初，泉州人的重商主义才又一次得到一定程度的充分发挥。

在泉州侨乡，"无论老幼，如提到生计问题，视线的焦点，立刻集中在商业上头"，他们认为"如要赚钱，如要赚大钱，就应做生意去，往南洋做买卖去"①，做生意成为泉州侨乡人一般的信心和观念。家长对于子女的教育，是希望子女学会打算盘，能记账写信，以便将来有能力在商店里任职，做生意，或能接替自己的事业发展生意。许多侨眷也注意在平时对子女进行商业训练，希望他们长大后经商。泉州侨乡土地占有情况也从侧面反映出侨乡人民对土地投资的热情与他们所拥有的财富并不相称，人们大多愿意留着资金从事商业经营。侨乡富户虽多，但土地占有却极为分散，不少侨眷家庭并不占有土地，他们认为与其向土地投资，不如留着钱从事商业合算。

重商观念的形成有其客观原因。首先，大量的侨汇使得一些侨眷在生活之余仍有经商资金，侨汇亦使侨乡旺盛，从商变得更为有利可图；其次，泉州许多侨乡土地贫瘠，自然条件差，与其向贫瘠的土地投资，不如拿钱做买卖去；再次，华侨也大多从事商业，他们对家乡人的职业产生了重要的影响。据1931年统计，缅甸华侨中商人占41％，泰国华侨在商业界谋生的约占70％，马来亚华侨也多从事商业买卖。在印尼，分布于商界的华侨占36.6％。泉州华侨半数以上都从事商业活动。经商的华侨往往以自己的经验来开导家人，在他们看来，种田赚死钱，经商赚活钱，此外，回国投资的华侨也往往将资金投放到商业上。侨乡商业气氛浓厚，推动了商品经济的发展。

泉州侨乡社会商业气氛的浓厚使侨乡人对于利的观念看得比较重。许多华侨在出国前的生活亦过得去，但为求厚利往往抛妻别子，漂泊异域，如泉州灵水，田地肥沃，粮食够用，"为求得更好的利益，亲引亲而出洋"，造成该乡"几乎家家出洋客"②。利是每一个人无可非议的嗜好，非求不可，也正是人们的重利观念使得侨乡人具有了敢于冒险、奋发向上的品格。但侨乡人的重利观念也引起了一些不好的后果。金钱成为他们衡量一个人能力和地位的唯一标准。在泉州，不懂闽南话是要被人瞧不起的，在人们心目中，唯有富裕的华侨才受人敬佩。

三、浓厚的崇"侨"慕洋心态

从外表看，近代泉州侨乡也处处烙上了外来文明的印记。泉州的乡村"远远望去煞像香港的外貌，高高的巍楼和三四层的洋房"。建筑颇有南洋风味。泉州富家大户房屋也仿作欧风。西方和南洋风格的房屋随处可见，表现出泉州侨乡人对外

---

①陈达.南洋华侨与闽粤社会[M].上海：商务印书馆，1938：76-77.

②安海乡土史料丛刊编辑协会.安海乡土史话：第1辑[G].海乡土史料丛刊编辑协会印，1983：15.

来文明的欣赏和模仿。

泉州侨乡女子在洋化气氛感召下也追求时髦。饮食和服饰的变化一方面表现出泉州侨乡人因外来侨汇的接济而生活富裕,另一方面也体现了人们珍惜享受世俗生活的心态。无论城市或者乡村,迎神赛会、娶嫁葬丧等无不大肆铺张,竞争奢侈大讲排场。大量的侨汇没有得到合理的利用,却被追求眼前的享受挥霍掉了。泉州侨乡虽有大量侨汇,但商品经济的发展仅表现为外运内销活跃,而呈现出商业的畸形行为和虚假繁荣。

人们在对外来物质文明和生活方式的欣赏与模仿中还培养出一些盲目的崇洋慕侨心理。此外,他们还以拥有外国物品而自傲,常以海外华侨寄回的洋物向人夸耀,表现出“洋人的东西总是好的”心理。在近代中国,受西方文明冲击是普遍存在的现象,而非独侨乡如此。但在泉州侨乡社会其崇洋慕侨与西化程度较之非侨乡表现得也更明显。当时报载,泉州石狮郊区东圆村有一年轻又富裕的侨妇,战时丧夫,战后欲招人入赘,要求年龄在 25 岁到 30 岁之间,身体强健,略具知识等;有意者须“亲往面洽然后决定”,引得许多侨乡男子纷纷前往面试。[①] 在旧的婚俗中,只有男子对女子“看相”和“相睇”,却无女子选择男子的主动权,而东圆村侨妇的招人入赘在当时未尝不是一件大事。而许多男子前往应试又印证了侨乡中“白银买人心”的俗谚了。对金钱的崇拜和对华侨的迷恋在侨乡却也闹出了许多婚姻的悲剧。泉州一女子宝珠,因其母对侨眷生活羡慕,希望为女儿择得一如意金龟婿,却被骗与一伪称“大番客”的男子李长源订婚同居。后李长源诈得宝珠巨金又逃之夭夭,母女俩始知受骗上当,后悔不迭。[②]

近代泉州侨乡地区在社会思想观念和价值取向的若干方面发生了较为深刻的变化,跨国移民传统及其社会经济和文化的回馈是导致人们观念变化的基本动因;同时社会思想观念和价值观的变化是一个渐进的过程,是在对自身和周围环境不断适应和认识基础上的一种深层意识的演进。它既有积极的一面,又有消极的一面,有时甚至带有盲从性。所以我们在强调跨国移民对泉州侨乡社会文化产生积极作用的同时,也不应忽视消极方面的影响。

四、思想启蒙与新的社会风尚

近代泉州侨乡社会与跨国移民有密切联系,其接触外国的政治、经济制度较早,较之国内其他地区,是“开社会风气之最早”的先行地区。特别是辛亥革命和五四运动,进一步解放了人们的思想,泉州侨乡乡民也更加容易接受外来的新事物和新文化。其中最显著者当属兴学重教风气的形成。晚清时期,康有为和梁启超等发起“百日维新”失败后,流亡东南亚继续积极鼓吹兴学堂、启迪民智等主张,因此,

①[菲律宾]华侨商报[N].1948-8-29.
②[菲律宾]华侨商报[N].1948-8-29.

在海外华侨中有过一定的影响。而一些旅居海外的华侨，由于过去自己文化程度低，备受欺诈之苦，所以更对未受教育有切肤之痛。他们在侨居国开始创办第一批中华学堂，并滋生捐资在祖国办学的念头。之后，以孙中山为首的革命党人在海外各地宣传推翻清朝建立民国的革命活动，也极大地激发了海外华侨民族意识的觉醒和爱国爱乡的热情。因此有更多海外华侨热心于在家乡兴办教育事业。除为自身子女考虑外，他们把办学与国家兴亡联系起来。"为乡兴学，为国树人"，觉得中华民族的自强要从办学校入手。这也正如爱国兴学的陈嘉庚所说："教育为立国之本，兴学乃国民天职。"一批热心桑梓建设，乐于捐资办学的典范人物相继涌现，李光前、林珠光等，都积极在泉州兴办学校。受他们启发，之后，即使一般华侨也很重视家乡子女的教育问题。从当时的学校数量和一些教育经费情况也可看出海外华侨对教育的重视。20 世纪 20 年代初，晋江侨乡兴起了一股华侨兴办学校的热潮。开始为安海、永宁、金井等村镇先后创办几所新型小学，后很快在泉州侨乡形成风气。据 20 世纪 30 年代初统计，沿海侨乡侨办学校达 300 多所（其中较大规模有立案的 170 多所，小规模没有立案的 130 多所），基本上达到村村有小学。① 据 1935 年晋江县政府统计，全县教育经费 47.4 万元，县政府只负担了 3 万元，占 6.3%，其余的 44.4 万元（占 93.7%），都是由华侨来捐助的。② 首先是对女子教育的重视。据陈达在 20 世纪 30 年代对侨乡的调查统计，（樟林）侨乡入学女童数占女童总数的 20%，而同期的非华侨社区仅为 5%。特别是华侨家庭，对于儿女们的教育，更能平等看待。希望女儿成长起来，同儿子一样，也在商店里服务；或女儿出嫁以后，亦可以协助丈夫，在商店里帮忙。③ 有些村内的女子教育甚至比男子教育更为发达，中学毕业生的人数，女性超过了男性。因为男子在小学或初中毕业后，家长急忙地要将他们带往南洋学做生意。女子既然不负责维持家庭的经济，家长们就要她们多读几年书，希望提高她们出嫁时的身份。④ 泉州华侨在这一时期捐办了许多女校，如毓德女校、竞新女校、嘉福女子职业学校、启明女校等。其中，林朝素协同其父建立"晋江竞新女校"（竞新者，即女子应与男子一同竞赴新潮之意），从 1916 年至 1940 年的 24 年间，培养了成千名侨乡女学生，其中不少成为各行业的女强人，如在菲律宾宿务的女企业家林振华、女教师林昭绵等，同时为侨乡培养了妇女人才，提高了侨乡妇女的文化水准，为她们争取自身的解放做出了一定的贡献。⑤

---

①郑梦星.晋江侨乡的形成及其民俗[G]//晋江市委员会文史资料委员会.晋江文史资料选辑：第 16 辑.晋江市委员会文史资料委员会印,1994：34.

②华金山.福建华侨史话[M].福建省华侨历史学会筹备组,1983：121.

③陈达.南洋华侨与闽粤社会[M].上海：商务印书馆,1938：199-223.

④黄新宪.华侨华人捐资办学的社会效应——以闽南为中心[J].教育理论与实践,2008(1)：15-19.

⑤林朝素.侨乡晋江的第一所女校[G]//晋江市委员会文史资料委员会.晋江文史资料选辑：6—10 辑（修订本）.晋江市委员会文史资料委员会印,1999：51-53.

　　民国时期,泉州侨办学校的教学目的主要在于训练学生的谋生技能,以为其将来下南洋做准备。这是因为,当时南洋的华侨社会是以商业为中心的,所以,泉州的各侨校都在可能范围内给学生们提供相当的训练基础,以便其在毕业后前往南洋,可胜任在当地商界的工作。可见侨办教育也有为其工作服务的现实目的。另外,由于海外华侨所在的南洋地区受西方文化思想影响较早,得风气之先,华侨在家乡所办侨校多是新式学堂。除传授文化知识外,还设立了体育、唱歌、图画等课,注重德智体的全面发展。有些还从捐资办学校发展到捐资办"大教育",如建文化活动中心、图书馆、科学馆、体育馆等。早在1919年,晋江县金井镇石圳村华侨就捐建了圳山阅书报社。在海外华侨资助下,该村的民校、篮球队、演剧社盛极一时。1931年,南安华侨创办第一所图书馆——诗山图书馆,内设有藏书库、阅览室、休息室等,藏书包括经史、文学、政治、哲学、科技等方面。这些都有利于乡民文化素质的提升,进而带动城乡整个精神文明风貌的改变。[①] 侨办教育的另一个重要特点是重视职业教育和商业技能的训练。侨办教育的兴起,有效改善了泉州的总体办学环境,对泉州民风的启迪和新思潮的传播等都起到了很好的促进作用。它提高了家乡子弟的文化水平,培养了一大批有专业技能的人才,为泉州社会的发展积聚了丰富的人力资本,也在一定程度上开创了当地崭新的社会风气,对泉州侨乡教育走向现代化起到了积极作用。

　　泉州华侨在兴办教育,维护乡土文化的同时,也力求废除恶习,破除陋俗。民初,围江沾染鸦片与吗啡者甚多,致祸国殃民,家破身羸,更有人沦为鸡鸣狗盗之流。乡侨吴天赞回乡看到此种状况,独立创办"去毒社",劝吸食者入社服药改除。[②] 吴君爱乡爱人之热忱,世所罕有。后脱离苦海之烟民,身体及精神状态判若两人,围江的精神面貌焕然一新。民国十年,围江又创建"协进社",其社员大都是青年归侨,其中蔡炳煌、陈怡所两位最出色。该社不但协助学校的改进,且提倡讲究卫生,以期年年暑天免受疫症之苦。以前乡中各处巷头户尾,堆积垃圾数千担,不久,尽被社员亲自动手,挑出乡外扫除一空。外乡之人,见之赞叹不已,谓从未有村落如此清净。而且该社还在乡中铺设一条小车路,南北连接汽车站,便利了乡里交通。[③] 1915年,为了突破"风水"观念对侨乡建筑的束缚,晋江县金井村华侨发起创设"围江新民村",并订立规则,以睦民安邻。1916年,晋江县归侨黄秀娘营建家族茔域,据说也是为了破除"风水"陋俗。时人论曰:"闽俗重风水,海通以来,泉漳人士多商于南洋,富而归者,营置田宅之外,益致力于造茔,以为报亲之道,宜尔。

　　①福建省教育科学研究所课题组. 福建华侨华人捐资办学史[M]. 福州:福建教育出版社,2007:15.

　　②九十叟. 忆故乡[C]//菲律宾围江同乡总会、宿务围江同乡会. 菲律宾围江同乡总会、宿务围江同乡会五十周年纪念特刊(1924—1974),1974:156.

　　③九十叟. 忆故乡[C]//菲律宾围江同乡总会、宿务围江同乡会. 菲律宾围江同乡总会、宿务围江同乡会五十周年纪念特刊(1924—1974),1974:157.

然往往以风水故,酿私斗,起讼狱,因而辱身荡产,视故国为畏途者有之。……今先生一举,可使其子孙世世祭于斯,厝于斯。无形之中,以敬亲睦族者贻远谋,矫恶俗,其所利岂不大哉!"黄秀烺此举在当时可谓好评如潮。[①] 以前由于乡民文化素质低,泉州侨乡还保留很多铺张浪费、赌博等不良的社会风气。民国时期在家乡的女人们因无事可做,就整天赌钱,而族长、家长对此也持赞成态度,甚至借钱让她们赌。其用意在于:用赌博把女人拴在家里,以免她们到外头去干伤风败俗的事。[②] 不过,民国时期泉州侨乡常有此有趣现象:华侨一生克勤克俭,艰苦创业,以至成为大资本家,却也仍然保持本色。有时候他们也喜欢像地主官绅那样,在婚丧喜庆方面,大肆铺张浪费。如蒋报企、报察于1921年为婚事和做寿大讲排场,报察娶儿媳妇演戏一个月,报企做寿并娶儿媳,特地从上海聘女京班前来演出,两家用钱搞起了竞赛。[③] 这可能是家乡封建社会的习惯势力在作怪。但是首先抵制靡费之风,进行一些移风易俗的改革,却又是华侨倡导的。1934年归国华侨李文炳、蔡友德、许志泽等曾为此倡导改革风俗,发起组织"衙(口)、金(井)、深(沪)风俗改良会",拟定章程、细则,呈报福建省新生活促进会晋江县分会备案。后奉命改为"衙金深新运风俗改良会"。以乡规民约形式,制定改良细则,如规定:婚嫁聘金不得超240元;丧葬一律废除酒筵,只用便饭;殡葬废止演戏、马队、迎阁等。对移风易俗起了很大的作用。[④] 从这些现象中,可以看出传统观念对海外华侨影响之深,同时也表明了南洋的一些文明社会风气对其潜移默化的作用和影响。无论是泉州侨乡的特殊风俗,还是新社会风气的形成和思想观念的转变,我们都可以看出"侨"的因素和与"侨"有关的自然特性在起作用。侨乡民间社会的特殊风俗,表面上看来是奇风异俗,甚至很迷信,但其背后有着深层的文化法则在运作,而且有时它对泉州整个社会文化的演变有着特定的影响。那些海外华侨带来的社会新风气,由海外华侨而带动的移风易俗的变革,更是有利于近代泉州侨乡精神文明的建设与社会风尚的提升。

第二节　华侨家庭结构关系的变异

晚清民国时期出国谋生的华侨群体,大多是单身的青壮年男子,他们的家人一般都留在国内,而他们也期望有朝一日荣归故里。20世纪30年代初,社会学家陈

①郑振满.国际化与地方化:近代闽南侨乡的社会文化变迁[J].近代史研究,2010(2):64-77.
②陈衍德.采访黄必朗谈话记录[R].1991-12-13,厦门(禾山江头).
③庄为玑.泉州旅印(尼)菲侨村的调查研究——树兜乡、亭店乡侨村生活的认识[G]//《泉州华侨史料》编委会.泉州华侨史料:第1辑.晋江地区华侨历史学会印,1984:18.
④郑梦星.晋江侨乡的形成及其民俗[G]//晋江市委员会文史资料委员会.晋江文史资料选辑:第16辑.晋江市委员会文史资料委员会印,1994:33-34.

达在闽粤侨乡开展社会调查,也得出了类似结论。他的调查表明:"华侨于结婚后往往单身南行,新娘留守家中。若携眷同行,往往遭翁姑的反对,以为此种举动可以减少寄款回家,或回家省亲的机会。"①据 20 世纪 30 年代末福建南安等 13 县的侨乡调查资料,在 37744 户华侨家庭中,全家出国的仅占 29%,而侨眷留在原籍的占 71%;在留居原籍的侨眷中,约 66% 为妇孺老弱之辈,其主要经济来源依赖于侨汇。这就形成所谓国内"单边家庭"。有学者指出,侨汇指数的上升,正是此种家庭指数上升的显著标志。② 据统计,1905—1915 年,经由厦门汇入的侨汇总数在 2000 万元法币;到了 1921 年已增至 4400 万元以上;1931 年则增至 7200 万元。南安的华侨汇款一般每年都有 800 万元。③ 这一时期泉州的侨汇情况,也反映这些跨国移民仍然重复着"出外谋生、汇款养家"的传统模式。但是随着社会形势的发展,经济结构的变迁,跨国移民的家庭结构还是发生了显著变化。

一、华侨家庭结构关系的维持与变异

其一,从家庭结构形态来看,大多维持着华侨大家庭的结构模式。晚清民国时期,中国政局变动剧烈,几经更迭,自然经济渐趋解体。随着家庭的自然扩展及其他主客观方面的原因,对于一个普通家庭来说,要较长时期地维持大家庭结构的模式,是相当不易的。而 20 世纪 20—30 年代,在泉州由华侨经济支撑着的大家庭却并不少见。有的几十名家庭成员共财、同祭祀、共餐达几十年。从陈衍德对侨乡侨眷的调查资料中可以看到这种家庭结构模式的普遍性。"我生于 1919 年,是禾山仙岳人。菲律宾宿务侨界巨商叶安顿是我的伯父。叶氏家族与叶安顿同辈的共有十二个亲堂兄弟,叶安顿排行第一,我的父亲排行第八。全面抗战爆发以前,十二个亲堂兄弟(包括各人自己的小家庭)过着同居共食的大家庭生活。大家彼此不分食,做饭烧菜是请厨子来干的,吃饭前敲钟让大家来就餐。大家庭的费用由叶安顿每月从菲律宾寄来。叶安顿寄来的钱分两种,一种是大家庭的理家费,是给管家的;另一种是各个小家庭(包括尚未成家的个人)的开销费用,每个小家庭每月收到二十至三十元(银元,下同)。寄给管家的那一份包括他自己的小家庭所需的费用。另外,如果哪一家有人(男子)结婚,叶安顿就额外多寄五百元给他作结婚费用。我们这个大家庭有自己的土地,雇用了大约十个长工耕种这些土地,但是生活的主要来源是靠侨汇。叶氏家族的大家庭生活一直维持到全面抗战爆发前夕。"④此类由华侨经济支撑着的大家庭,在泉州侨乡比较常见。晋江县菲律宾归侨吴益朴

---

①陈达.南洋华侨与闽粤社会[M].上海:商务印书馆,1938:149.
②王连茂.明清以来闽南海外移民家庭结构浅析:以族谱资料为例[G]//陈志明,张小军,张良鸿.传统与变迁:华南的认同和文化.北京:文津出版社,2000:10.
③李良溪.泉州侨批业史料[G].厦门:厦门大学出版社,1994:28.
④陈衍德.采访叶自泽谈话记录[R].1992 年 1 月 10 日,厦门(禾山仙岳).

(1873—1930)即为一例,其家庭结构是:吴在家乡有原配施氏(1909 年去世),继室蔡氏,妾王氏,在菲律宾有侧室(吕宋人)。四个妻妾共生育六男六女。其中,"番生"子三人,女一人。从族谱有关第二代子女的婚配与葬处的记录可以判断,这些人全部同吴益朴回来,也是一个庞大的联合家庭。① 这种大家庭结构,自然与中国人的传统观念有关,但更与海外华侨的经济实力紧密相关。它似乎成了一种财富的显示,成为实现令人羡慕的天伦之乐的最佳模式。不过也有海外华侨对这种大家庭制度持反对态度。新加坡某锡矿商人,年老回国,曾发表意见说:大家庭是很讨厌的一种社会制度,因为如果有一个人赚钱,家内个人都要分得好处,增加这个人的经济负担,使得他不容易发展。我是受过这种痛苦的人,觉得个人对于家庭的责任太重,妨碍个人的营业及其他各种的活动。②

其二,在家庭成员的关系及其构成上,对番仔、养子态度的变化和"番客婶"地位的提升。"出外谋生、汇款养家"的传统观念,使泉州社会自明清以来一直存在着一种跨国、跨地域的特殊家庭结构形态,"两头家"即为其中之一。很多华侨在家乡已有妻子,但一般不能携眷同往南洋,且又不能时常返回故乡。斟酌情形,有些华侨到南洋后又与当地女子组成另一个家庭,形成所谓"两头家"。造成这种现象的原因,既与华侨"落叶归根"的意识不愿抛弃家乡结发妻子的思想有关,也与侨居国客观环境所迫有关。因为好多华侨到了南洋之后,在大城市里不易寻找工作,而跑到小城市或乡村中做小生意或其他工作,若与当地妇女结婚,则其妻子不只可以帮忙干活,而且因为她在当地的亲朋既多,对于丈夫的工作也有很大的帮助。况且在南洋结婚,手续较为简单,而所费又很便宜。有些华侨随着经济能力的提升,也确实有能力在南洋另娶侧室,以便打理业务。所以华侨多乐于娶当地的妇女。有好多西洋人称:华侨与当地妇女结婚,从其事业的发展方面来看,是"天作之合"。③据陈衍德对侨乡侨眷的采访资料,可以了解到这种"两头家"的普遍性。"我的父亲蔡友泰生于 1900 年,他十九岁时去菲律宾,在我外祖父的店里干活。后来外祖父去世了,他的店也关了门,父亲便受雇于别的店。父亲先后在饼店、肥皂店、百货店干过,这些店有的是亲戚开的,有的是乡亲开的……父亲在菲时每两三个月就来一次信,每两三个月至半年汇一次款回来,每次两三百元人民币……"他强调说,"父亲在菲始终未再娶,因为他是打工的,没有钱,没有能力这样做"。也由此推断,只要条件允许,一些华侨是会在南洋再娶的。④ 但是泉州地区宗族组织早在明清时期就大量出现,这时已经很牢固和完善,家族认定海外族人的异国婚姻,虽然出于经济、生存、传宗接代等方面的考虑,这种婚姻被登记在神圣的家谱或族谱中,表明

---

①王铭铭.想象的异邦:社会与文化人类学散论[M].上海:上海人民出版社,1998:82.

②陈达.南洋华侨与闽粤社会[M].上海:商务印书馆,1938:147.

③陈序经.南洋与中国[M].岭南大学西南社会经济研究所印,1938:45-46.

④陈衍德.闽南侨乡社会经济文化的调查研究·蔡经灿访谈录·以石狮仑峰为个案(田野调查报告)[R].1997-03-15.

了诸"番女"已被接纳为男性家族的成员,但家族所持的态度依旧有不同程度的保留甚至歧视。一般写配"吕宋女""暹罗女""安南女"或写娶"番女""狄女"。在民国时期重修的地方族谱中多有这样的记述。《晋邑圳山李氏族谱》中记载:昭换公次子,回德,生民国二年癸丑(1913年)十一月二十四日。配□氏,吕宋番女;昭岁公之长子……配蔡氏名郁娘;侧室罗沙溜氏,名霾里,吕宋番女。回出公长子……生光绪廿六年庚子(1900年)九月廿五日。配蔡氏讳选娘,下柄女;继室吕宋番女。[①]《丰溪蓝园陈氏族谱》中载:台烟,荣土长子,生同治壬申年(1872)十一月初八日。娶黄氏□娘,又娶狄女;台挺,荣奕长子,生光绪庚寅年(1890)九月廿九日,娶狄女;鼎贮彩,狄女出,台包惜之子,生民国丙辰年(1916)五月初六日。[②] 对于"两头家"的家庭,即使南洋的先娶,也往往视作侧室。如晋江县沙美村有一个叫卢为慈的,出洋到菲律宾即在吕宋娶番女。后来回国,又由父母做主娶了本县前埔女子蔡足娘,按先后有别,蔡氏本应屈居庶位,但在族谱中,蔡氏仍以明媒正娶的资格排在前面,意为正室,而番女只能写在后面,等同侧室。[③] 不过,对于番仔(即番婆所生的儿子),移民家庭一般会平等对待,但会采取一定的措施加以教化。著名学者陈达在调查中常发现这样的现象:混血的男孩,由父亲送回家乡长住,以期得到汉化的教育,以便将来返回南洋时,在父亲店中管理业务。至于混血的女孩,常与母亲同居,母亲往往是南洋土人,大致因气候太冷及语言习惯不同,不到中国来。混血的女孩亦留住南洋,将来在南洋出嫁。混血的男孩在体质上,有时候可以辨识,但亦不甚显著,……(国内)乡下人对于混血儿亦并不歧视,财产可以按习惯分配,婚姻亦不会遇到困难,祠堂内祭祖时,往往视同纯血的后辈,一般的社交亦并无不平等的关系。[④]

由于华侨长期旅居于海外,往往在外娶番婆生有孩子,其家乡的妻子婚后的生育率一般不高,即使有生者,如果是女孩,为了传宗接代,泉州多有抱养螟蛉子(养子)的习俗。在明清时期,开海禁之后,泉州的许多家族从事如贩海通夷等冒险的行当,为了使亲生儿子安享清福,冒险的事便由养子去承担。何乔远《闽书》记载明代沿海各地的情景:"有番舶之饶,行者入海附货,或得篓子弃儿,抚如己出,长使通番,其存亡无所患苦。"这种风尚到民国时期虽存在,但状况大为改观。这一时期华侨家庭的养子,不同于明清时期被驱使冒险出洋贸易,视为赚钱工具的养子。虽然出洋的养子仍然不少,但移民家庭亲生子出洋的同样很多。在家中养子享有同居共产的权利,分家时也能平等分配财产。对一些在南洋发了财的养子,家族对于血统方面会有所避讳,尽量淡化和抹去这种历史痕迹。

从原则上讲,番仔(番婆所生的儿子)和收养子,是与家族强调的纯洁血缘关系

---

①庄为玑,郑玉山.泉州谱牒华侨史料与研究[M](下册).北京:中国华侨出版社,1998:720.

②庄为玑,郑玉山.泉州谱牒华侨史料与研究[M](下册).北京:中国华侨出版社,1998:1003-1005.

③许在全.泉州文史研究:第2集[G].北京:中国社会科学出版社,2006:263.

④陈达.南洋华侨与闽粤社会[M].上海:商务印书馆,1938:5.

相抵触的。但是出于现实功利的考虑、传宗接代和壮大家庭男丁队伍的需要，大多移民家庭对他们表示认可。可见家族所倡导的道德标准和行为规范是有很大柔性的，而且归根到底是为其现实功利服务的。在移民家庭的成员关系中，除了对番仔、养子的态度发生改变外，番客婶的地位亦有不小变化。"番客婶"顾名思义就是海外移民留在家乡的配偶。从前，每提及她们，乡民多表怜悯之情，对其生活还形象地称为"守活寡"。但到民国时期，由于华侨经济地位的上升，她们的生活条件较为优越，穿戴讲究甚至带些洋气，也较少或不参加田间劳作，甚至受到某种程度的羡慕。清末泉州举人陈仲瑾讲过一个有趣的现象：戊戌变法之前，泉州"番客"多方设法巴结地方绅士。如安溪陈姓巨侨，1894 年来泉聘秀才陈张荣（即陈仲瑾之父）任家庭教师，专教其两子，一年之薪水可养活十七口之家；戊戌变法之后至 1917 年之前，"番客"逐渐与绅士平起平坐。如华侨蒋报企之女嫁举人某氏为媳，陪嫁房子一座，进士林翀鹤亦肯娶华侨之女为媳，互相通婚已无观念和地位的障碍；1917 年至中华人民共和国成立前，则是绅士们多方设法将女儿嫁到巨侨家。[①] 并且从前巨侨回家常要先宴请绅士，以求庇护，此时绅士则先请华侨了。番客婶地位的上升、华侨通婚圈的这种变化，不仅与民国时期华侨力量增强，华侨社会地位上升有关，同时也与南亚华侨经济实力的不断增长有着必然的联系。当然也有些贫侨女眷的状况并非如此。有一则关于"番客婶"刘林氏一生的报道是这样的：番客婶姓林，安溪县蓬莱乡人，生于清光绪二十八年（1902 年），16 岁时嫁到一刘氏家中。民国十八年，丈夫在生活难以维持的情况下出洋谋生。虽然寄回的钱款很有限，她还是在家为两个儿子抱养了童养媳，并且在完婚后，儿子亦随父亲到南洋打拼。剩下三个守活寡的女人在家，靠省吃俭用的钱买了十亩地，以收田租维生。但由于家里缺少男丁，不断受到乡里地痞的骚扰，无奈只好到厦门的亲友那里躲避。更不幸的是，后来其丈夫与大儿子在南洋病逝了，她们只能靠小儿子的汇款过着深居简出的节俭生活……[②]这个刘林氏的一生，可以说是民国时期多数不富裕移民家庭的真实写照。毕竟出国华侨多为经济困难家庭，在南洋能成为富商巨贾的也只是少数，所以这种情况在民国时期很是普遍。不过即使在不富裕的移民家庭，番客婶在家庭费用支配权上仍占着主导地位。且子孙繁衍的责任在她们的人生观中是非常重要的。从上述事例可以看出，陈达在《南洋华侨与闽粤社会》中也有提到，即使是贫穷的华侨家庭，侨汇除了必需的生活费以外，必须留一部分，预备儿子娶亲之用。

二、新的生活习俗和信仰

稳定的人口和社会结构是保持社会文化和习俗长期不变的基本条件。近代泉

---

①陈泗东.泉州华侨史料拾零[G]//晋江地区华侨历史学会筹备组.华侨史：第 2 辑.晋江地区华侨历史学会印，1983：45.

②李启宇."番客婶"刘林氏的一生[N].厦门晚报，2008-09-19.

州社会风云际会,泉州侨乡人口的大规模跨国移民和频繁的海外互动打破了社会的稳定局面,泉州侨乡的生活方式虽固守传统,但也受到海外华侨群体的浸染,日益走向多样化和近代化。除衣着、饮食、建筑等物质层面的西化外,泉州侨乡的交通、治安、教育、医疗、体育等社会生活的各个层面都逐步开启走向近代化的进程。

在文化教育等方面,西方先进文明的传入,打开了泉州侨乡的眼界,新的文明之风在泉州侨乡兴起。侨乡提倡新式婚姻,革除陋俗,并大力推广新式教育。华侨纷纷在家乡创办新式学校和图书馆,在提高泉州侨乡人民的文化素质、开启民智方面功不可没。海外华侨为泉州侨乡引进的先进科技和生活方式,不仅丰富和便利了泉州侨乡人们的生活,而且使侨乡生活方式渐趋现代化。

海外华侨频繁跨国流动,在带来大量物质文化的同时,也将南洋新的观念导入泉州侨乡,催生了泉州侨乡社会新的精神文化变化。随着华侨与泉州社会的跨国互动,他们将海外的一些信仰也回传家乡,其中最突出者当属"番王爷"信仰。

清末,石狮永宁郑氏把家中祀奉的一尊神祇带到台湾,经由台湾转往菲律宾,一直供奉于家中。20世纪30年代前后,郑氏自菲律宾告老还乡,该神祇又被带回侨乡祀奉。后其家遭火灾,房屋被毁,但该神祇却安然无损。乡人感其灵应,纷纷虔诚膜拜,后又择址建庙祀之。因该神祇经过一番周折,形象与前已有所不同,且又来自番邦(乡人对南洋各国之俗称),故乡人称之为"番仔爷"或"番王爷",并成为"当境神"(闽南话称地方神为"当境")。兹后"番仔爷"信仰不断分香至邻村。每年农历三月初八"番仔爷"诞辰日,乡人还要演木偶戏庆祝,甚为热闹。番王爷信仰从现象上看是"文化逆流",究其核心则应是文化的跨国移植与重构。文化移植源自"文化认同",文化重构始自迁移中"造神"力量的叠加。共同因素的作用下,番王爷信仰逐渐从家族保护神上升为侨乡地方保护神。这也是泉州侨乡与南洋华社跨国文化互动的重要体现。

除信仰外,泉州原有的生活习俗经由南洋文化移植也有所变化。如海外青年侨客回乡结婚,先在礼拜堂举行新式的结婚仪式后(晋江旅居菲律宾的华侨有许多人是基督教或天主教的信徒),又回到高烧红烛的祖堂跪拜祖先,再行传统的婚礼。在为亡故亲人做"功德"时,其彩扎糊纸的"灵厝"竟也模仿西方人的生活方式,制作西式大洋楼模型,配上持枪守卫的"红头阿三"(即印度门警)、穿洋服的"西崽"等纸俑。但在两边扎造的金银山上,却又装上古典的"二十四孝"故事。[①]此类中西兼容的情况,在泉州侨乡甚为普遍。

近代泉州华侨在坚守乡土文化的同时,也力求破除旧俗,推陈出新。1915年,晋江县金井村华侨发起创设"围江新民村",其目的就是突破"风水"观念对侨乡建筑的束缚。《围江建屋碑记》称:"我国各处风俗殊异,即卑□如吾乡,更为俗尚所拘

---

①郑梦星.晋江侨乡的形成及其民俗[G]//晋江市委员会文史资料委员会.晋江文史资料选辑:第16辑.晋江市委员会文史资料委员会印,1994:31.

囿，无开放之一日。故微论寻常之户，或富屋之家，偶架数椽御风雨，偶筑层楼以栖迟，靡不为旁人触目而生心，任意以阻挠。借口夫高压？迫伤，遏止于附近断脉。是诚惑方士之□说，迷信堪舆，不觉挟全力以争锋，势成敌垒。非薄对于公庭，即械斗于乡里。营一室而未成，已挥金乎累累；筑一楼而未就，遂铲地至平平……同人有鉴及此，怒焉心伤。爰邀乡中人众，团结一社，颜曰'围江新民村'。阖会讨论慎重，再三订立规则，俾资率循。所有充费□资挹注，划为本村教育公益之用，呈准官厅，示遵在案。从此除积弊于往昔，开便利于将来。庶他日者在地人众、归国侨胞，凡有架筑楼台，泯争端于雀角；营建屋宇，得长庆夫鸠安；共井同乡，亲仁笃爱；比户聚居，良好感情也。"[1]1916 年，晋江县归侨黄秀烺营建家族茔域，据说也是为了破除"风水"陋俗。时人论曰："闽俗重风水，恒有亲没数年，而宅兆未卜者。盖惑形家者言，不惮停葬择圹，以希冀不可知之富贵。甚矣！其愚也。海通以来，泉、漳人士多商于南洋，富而归者，营置田宅之外，益致力于造茔，以为报亲之道，宜尔。然往往以风水故，酿私斗，起讼狱，因而辱身荡产，视故国为畏途者有之……今先生一举，可使其子孙世世祭于斯，厝于斯，无形之中，以敬亲睦族者贻远谋，矫恶俗，其所化岂不大哉！"黄秀烺此举，据说是"慕西人族葬之制"，也有的论者比附为"《周官》所记族坟墓者"，在当时可谓好评如潮，被视为"移风易俗"的壮举。[2]

泉州侨乡社会风俗从属于闽南风俗体系，但因为大量海外华侨的存在及社会经济关系的变迁，其风俗又具有自身特点。泉州侨乡的社会风俗兼具了新旧中西的特点，在传承中出现了变异，在吸收中丰富了自身内涵。这种风俗的演变，其作用和影响十分明显。首先，有利于增强海外华侨对家乡的向心力和认同感。其次，有利于泉州侨乡经济的转型。妇女独立意识的增强，崇商精神的宣扬，消费观念的变化，风水迷信的淡化，都有利于工厂劳动力的吸收，商品生产与商品交换的发展。再次，有利于侨乡社会文化层次的丰富与提升。对外来习俗的接纳，不仅丰富了民众的生活方式，而且使其民族性与地域性的社会风俗开始向开放型、多元化的习俗演变。另外，对外来文化的采纳和借鉴，加之内在社会经济的推力，也使传统习俗容易向现代文明习俗转变。

第三节　华侨群体与近代泉州社会物质文化的趋新

泉州华侨在开发南洋地区的同时，并未割舍与家乡的联系，他们一方面将积攒

---

[1]郑振满，[美]丁荷生.福建宗教碑铭汇编·泉州府分册（中）[G].福州：福建人民出版社，2003：473-476.

[2]郑振满，[美]丁荷生.福建宗教碑铭汇编·泉州府分册（中）[G].福州：福建人民出版社，2003：489.

的血汗钱寄回家乡用于照顾亲人的生活,另一方面又积极参与侨乡社会的各项建设,希望可以通过自己的努力改变家乡的社会环境和经济状况。正是由于近代东南亚华侨汇款源源不断地输入,泉州侨乡社会呈现出与众不同的社会风貌,其近代化程度、教育水平、经济发展状况等与同时期内地各地区相比,都处于领先水平。华侨汇款在泉州侨乡社会物质和文化变迁中起着重要的作用。跨国移民亲属的消费则基本上仰赖于跨国移民的汇款。其数额为"1870—1900 年每年 600～700 万元。1901—1920 年每年 1800～2000 万元;1921—1940 年每年 4500～4700 万元;1941—1949 年每年 1300 万元"①。

晚清民国时期,泉州人移民海外数量甚众。同时,海外华侨与泉州社会互动也十分频繁。特别是一些发家致富、"荣归故里"的泉州籍华侨,其成功的榜样效应促进了侨乡非组织、非计划地移植南洋文化、西方文明,从而为泉州侨乡文化的转型提供了契机。

物质文化体系纷繁复杂,但概而言之,主要是与人们日常生活息息相关的各种生产样态和生活方式。它随着社会经济的发展而不断发展变化。民国时期,泉州华侨通过侨汇或其他物质方式直接或间接与侨乡保持着密切的联系。第一次世界大战后,随着东南亚社会经济环境发生重大变化,海外华侨的经济生活条件普遍改善和提高,侨汇不断流入泉州侨乡,进而刺激了泉州侨乡物质文化生活的日益丰富多元。1925 年 9 月上海《申报》载:晋江一县,"计八百余乡,皆聚族而居。大乡者万余人,数见不鲜,小乡亦百人以上,其生活皆借南洋为挹注。各乡红砖白瓦之建筑物,弥望皆是"②。许多中西合璧式的民居,俗称"番仔楼",在泉州侨乡鳞次栉比。而与番仔楼异曲同工的则属"骑楼",其中西同构、多元文化共存的建筑风格体现出浓郁的南洋文化特征。特别是在全面抗战爆发前的 10 年里,侨乡在物质方面的发展尤为突出。诚如学者罗肇前所说:"电话在当时是奢侈品,尚不可能普及至寻常百姓家,省城不过安装千部电话。但闽南是侨乡,侨汇使生活水平大大高于省内平均标准。因此,人口不及福州一半的厦门,电话机的台数倍于福州;……晋江筹设分公司……日本侵华战争如果推迟数年,福建沿海各地将遍布商办市内电话。"③

中国人向来把建造住宅视为人生大事,尤其是海外华侨。他们在人地生疏的海外异邦含辛茹苦地打拼,希望有朝一日能出人头地,家业兴旺。一旦事业有成,就衣锦还乡,不惜巨资修筑豪华住宅,以福荫家口。一方面把它视作光宗耀祖的象征,另一方面也视为财产保值和叶落归根的依归。如同闽南其他侨乡一样,早期泉州人出洋,其动机是谋生而非定居,侨居海外的目的是有朝一日"稇载荣归"④。早

---

① 林金枝.略论近代福建华侨汇款[J].中国社会经济史研究,1988(3):40-47.
② 泉州市华侨志编纂委员会.泉州市华侨志[M].北京:中国社会出版社,1996:282.
③ 罗肇前.福建近代产业史[M].厦门:厦门大学出版社,2002:244.
④ 泉南后卿杨氏家谱[Z].厦门华侨博物院藏复印本.

在咸丰年间，南安后坑杨肇基在菲律宾致富后，就回乡"筑高台营华屋"①。在泉州地方出现了许多中西合璧式的民居，俗称"番仔楼"。位于南安市省新镇的林路厝就是其代表。建厝者是旅居新加坡的林路，又名林文龙，是一位著名的华侨建筑家，祖籍南安省新镇。清光绪三十四年（1908年），他在家乡建筑有中西风格结合的二层大楼"林路厝"，占地约6.5亩，由多座结合西洋形式构筑的宫殿式楼房组成。其主体为皇宫式大厝，楼为西洋式石砖三合土结构，厝前有戏台、水榭、亭阁，共99间，钢筋水泥结构，洋砖细瓦，漆画交辉，富丽堂皇，固其建筑很有特色。② 抗战期间，泉州中学内迁南安时，曾在该大厦办学，容纳700人，故泉州地区经常流传一句话："有林路富，无林路厝。"③意思是说，你可能和林路一样富有，但却不可能有他这样的大厝。受其影响，也由于华侨经济的改善，之后，这种中西合璧建筑在泉州地方比比皆是，成为一道亮丽的风景。在泉州的乡村和城镇，建筑最好和最大的房子经常是海外华侨和侨眷家庭的。

与"番仔楼"异曲同工，同样体现着泉州地方建筑特色的当属骑楼，闽南方言称"五足骑"（此称呼源于马来语kakilima，意指临街骑楼底下的人行道）。其造型一般分为三部分：下部为造型各异的排柱串联的走廊；中部为丰富变幻的窗、扶壁柱，实墙导柱成楼层；顶部为各式山花压顶的屋檐。这种糅合了欧式、南洋和闽南当地风格的建筑群落，绝大部分是20世纪20—30年代华侨回乡投资高潮时建造的。1920年，厦门市政会在规划建设厦门的新城区时，就以骑楼作为街市的主要形式，尤以中山路的骑楼街为代表。后来随华侨回国的增多，也由于此种外廊式建筑可以避风雨、防日晒，特别适合于闽南亚热带气候，于是泉州也相继模仿建造。其中西合璧、多元共存的独特风貌，不但展现了泉州的建筑文化，也体现出泉州对外开放，与南洋文化交流的风格。泉州乡土文化与南洋华侨社会融合浓郁南洋和闽南风情的骑楼反映了泉州的地域特色，也年复一年地延续着泉州的历史和文化记忆。

在金门，王氏十八栋大宅就很出名。该宅位于金沙镇北端山后，是清同治年间旅日侨领、横滨正金银行神户支行富贾王国珍晚年为安顿族人而建的族宅。后其子王敬祥继承父志，厚礼聘请闽南名师精心设计，历时20余年，于清光绪二十六年落成。整个建筑依山临海，占地56.23亩，计闽南风格二进宅16栋，家庙和私塾海珠堂各一栋，配置成三列，故称十八栋大宅。④ 在安溪蓬莱镇上智村白头格，菲律宾华侨胡典成于光绪年间与兄弟建新安宅、联安靠宅、玉楼宅、娱山楼、梅村书房、建新宅，嗣后又建和安宅、德安宅、美安宅及泰安宅，其子又建崇安宅、仁安宅等，共12座数百间。后人评说："有白头格的富，无白头格的厝。"⑤民居包括祠堂，在材

①泉南后卿杨氏家谱[Z].厦门华侨博物院藏复印本.

②陈桂炳.泉州民间风俗[M].北京：中国文联出版社，2001：156.

③福建省南安县人民政府.南安县地名录[M].出版社不详，1981：342.

④厦门市思明区文艺联谊会.闽台民俗风情[M].厦门：鹭江出版社，1989：47-48.

⑤陈克振.安溪华侨志[M].厦门：厦门大学出版社，1994：92.

料、式样、内部装潢上,基本保持了闽南当地的传统,不少建筑还增添了南洋、东洋和西洋国家民居建筑的某些风格,如科林多式的圆形廊柱、绿釉面的瓶式栏杆以及百叶窗等,又保留有传统民居古式大厝的特色,如龙脊凤楼、华丽外饰、砖石结构的门庭垣墙、楼前房后的花圃林木等。一般不注重内部功能的改善,而是力求外观的豪华气派。并在正门的石匾上镌刻上主人的姓氏郡望,如李氏"陇西衍派"、陈氏"颍川衍派",林氏"九牧传芳"。中西合璧的洋楼,从平面布局到外观装潢,已突破传统民居习俗,从而往往成为外地人对侨乡泉州的第一印象。[①]"这又形成了一批独具风格的建筑类型",因此可以说,海外华侨也在经济和文化上影响了民居的发展,并成为促进泉州民居繁荣的一支重要力量。

在近代闽南地方建筑中,泉州侨乡建筑成就突出,风格独特,是海外华侨吸收西方建筑文化,糅合中国闽南地方建筑特色的产物,体现了近代闽南建筑中西合璧的时代性特征,适合气候地理适应性特征和兼容并蓄的文化综合性特征。最能体现以上特征的是泉州地区的沿街骑楼。骑楼是公共建筑,涵盖了泉州侨乡建筑的主要形制。由于受到西方建筑文化的影响,这些建筑普遍舍弃了中国传统木结构的单层建筑,多为采用钢筋混凝土材料的多层建筑,既坚固耐用,又防风防盗。

近代泉州侨乡较早将西式材料运用于民居、祠堂等建筑,体现出近代泉州华侨对异质文化的开放吸收、接纳融通的务实特征。精雕细刻、美观豪华的建筑特色体现出泉州华侨群体雄厚的经济实力,以及对中华传统文化更深的眷念和固守。近代泉州侨乡祠堂和民居不仅在建筑技术、材料等方面西化,而且在建筑细节上也体现了西式特色,比如墙体、立柱、门窗都显现出鲜明的西洋格调。泉州侨乡的普通民居,虽然其平面也是以传统的三间两廊为基础,但房间开有窗户。室内通透开敞,通风采光好,甚至连北墙也不受传统观念的限制而增开窗户。这种为了采光通风的实用功能,敢于冲破传统民居风俗禁忌的做法,反映了泉州华侨群体自觉对传统文化采取批判继承的实用主义态度,诠释了近代泉州侨乡文化挑战传统和保守观念,勇于开拓创新,择善而从的价值取向。海外华侨带回的西化之风在泉州侨乡扎根,使泉州民间文化显示出对多元文化兼容并包、综合创新的主动性和创造性,散发出勃勃生机,对泉州社会变迁和近代化进程起到了潜移默化的作用。

据陈达的社会调查,海外华侨家庭生活费用之中住宅费用占15.94%,就是指房屋的建筑、修理或折旧等费用。在乡村,华侨或非华侨家庭,多自有其住宅,但是一般华侨在外致富之后,往往以返回故里为荣。而炫耀乡里最直接的方法则是建筑较好的住宅,因此,在泉州侨乡,华侨家庭生活费中,住宅费用的开支远在非华侨家庭之上。据林金枝先生调查,南安蓬华镇华美村是著名的侨乡,有"小吕宋"之称,华侨主要侨居菲律宾。全村旅外侨胞12000人,比该村国内人口多两倍,侨汇

---

①陈桂炳.泉州民间风俗[M].北京:中国文联出版社,2001:156.

每年达一二百万元。仅1929年，该村就建筑新屋72座，都是红砖木结构，质量都很好。

在饮食结构上，泉州侨乡社会也深受境外文化影响。海外华侨除通过侨汇改善家乡的物质生活外，还通过带回的物品改变家乡人的饮食习惯。早期番薯从菲律宾传入泉州，起先是为了解决泉州地狭人稠、粮食不敷供应的问题，后来则成为泉州人喜爱的食品。在泉州，番薯除了作为三餐的主食外，泉州人还将其制作成薯粉糊、炸薯片等风味小吃。家乡的亲友出境、出国探亲，所带的礼品中就有番薯粉。华侨回乡也要吃番薯粥、番薯汤。泉州人甚至认为，能在恶劣的自然条件下顽强地生长着的番薯，也哺育了旅居在境外、海外的乡亲们艰苦奋斗、勤俭持家的传统美德与性格，从而使他们克服种种困难，在异国他乡落地生根，迅速成长。随着华侨归国的影响，有些华侨社区的食品，渐呈显著的变化：菜蔬里面喜用辣椒，辣椒油的使用也比较普通。社会地位较高的人家，不但用餐时饮咖啡，在平常时间，亦以咖啡代茶来待客。常常清晨未起床的时候，就听见小孩们叫卖咖啡之声，因有许多人用早餐时，就喝一杯咖啡，再加饼干一类的食品。不但如此，在泉州有许多回国的华侨，往往于用餐时带食水果。泉州人还有嚼槟榔的习惯。这些显著的变化，是受南洋土著习惯的影响，很明显是由海外华侨所引起的。

在衣着服装上，受中外新旧文化交融的影响，近代泉州侨乡社会也出现了一些不中不洋、亦中亦洋的"变异"风格。在衣着方面，泉州地区受海外华侨的影响，开始接受西式的服装，西装、中山装、皮鞋、领带等日渐被接受，并成为一种时尚。除了传统的衣料和服饰款式，还出现了欧美、日本等国的衣料，西装、礼帽也逐渐成为泉州人的日常服饰。女士的服饰也越来越洋化。20世纪30年代，泉州妇女常头挽旧式圆髻插红花，小脚蹬红缎鞋，却身穿西式花连衫裙。一些归侨或侨属男士，穿戴也别具一格。如上着白领西服，下穿香云纱宽大叉式汉装裤，头戴呢帽，足穿圆口黑布鞋。这种中西合璧的男女服饰打扮，乍看起来不伦不类，但后来穿的人多了，反而成为一度流行的时髦服饰。① 帽子部分，已有马来式的绒帽，暹罗式的头巾及欧美式的呢帽等。衣服用料，种类较多，尤以丝绸、布类为主。来源有本地自织、他埠运入及外洋输入三种，像许多印花布及羽布即系外洋运来。② 从中，我们不难想象出华侨、侨眷的增多及其与家乡的频繁跨国互动。

此外，近代泉州社会还出现了许多新奇和新式的"西式"器物。1905年前后在泉州就出现留声机、钢笔。据某乡民回忆说："当时我才5虚岁，听说一个木匣子装上机器，居然能唱起歌来，大家称之为'机器唱'。有一天，我随妈妈到舅母家做客，

---

①郑梦星.晋江侨乡的形成及其民俗[G]//晋江市委员会文史资料委员会.晋江文史资料选辑：第16辑.晋江市委员会文史资料委员会印，1994：30.

②晋江地区华侨历史学会筹备组.晋江侨史：第2辑[G].晋江地区华侨历史学会筹备组编委会印，1983：82.

忽然听到隔壁人家传来了响亮的歌声……那人家正在办喜事,客人很多,因此向某归侨借来留声机以助兴……这台'机器唱',据说是由后城街头一个姓蔡的归侨从小吕宋(菲律宾)带回来的,不过已经不是泉州的第一台留声机了。此后,进口唱机皆属此种商标(即狗标,因其标头印有一犬听唱)。"①20 世纪 20 年代,泉州还有了新式交通工具,自行车、三轮车相继出现,汽车开始成为营运工具。特别是自行车带回闽南后,有人在后轮加两根横杠和一个车轮,做成一个前后两个座位的车斗,便成为闽南侨乡普遍使用的边三轮。这样的车因为速度快,车身较小,灵活方便,很快就取代了过去的人拉黄包车。② 另外,全面抗战爆发前钢笔在泉州就已普及,可是内地抗战期间大部分地区还在使用毛笔。……由于这些当时在内地十分罕见,而泉州华侨很多,他们在中外物质文化的交流互鉴方面发挥着重要的作用。新式交通工具如自行车、三轮车以及汽车开始成为时尚的营运工具。这些带着先进文明标识的物质产品,经海外华侨得以在泉州流传和使用,无疑对促进泉州侨乡社会文明进步起到了示范效应。

近代泉州由于华侨出国人数的增多,海外华侨与泉州地方的频繁互动,泉州侨乡的物质文化发生了显著的变化,而其精神文化在保持原有地域特色的同时,也有了明显的改观和趋新。从这些变化的趋向和特点中,从华侨经济实力的增强与侨眷社会地位提升的同步性中,特别是从跨国移民家庭消费功能与海外华侨经济的同衰共荣中,不难推断出华侨群体在其中所起到的重要作用和影响。持续不断的跨国移民使泉州社会形成了颇具特色的海洋文化景观。海外华侨作为一个特殊的移民群体,对故土有着深切的认同,大批跨国移民在与泉州乡土社会的频繁跨国互动中,不断地把异国的文化带回家乡,对乡土社会的民俗文化的移植、传承和再造产生了特殊的影响。华侨群体是推动近代泉州侨乡社会思想观念进步和"西器东传"以及新文化传播的一支重要力量。

由于受到海外华侨的深刻影响,近代泉州侨乡社会的文化变迁具有明显的国际化取向。海外华侨社会与祖籍地泉州侨乡社会的文化特征具有明显的同构性,因而海外华侨在参与泉州侨乡事务的过程中,大多也是借助于原有的乡族和宗亲组织,使得乡土社会的文化传统得到了固化和持续。换言之,这种以海外华侨和侨眷、水客、本土士绅为中介的国际化进程,为泉州乡土社会文化传统注入了新的动能,使之具有更为鲜明的本土化区域特色。近代泉州侨乡地区在社会思想观念的若干方面发生了较为深刻的变化,跨国移民传统及其社会经济文化的回馈是引起人们观念变化的基本动因;同时社会思想观念的变化是一个渐进的过程,是在对自身和周围环境不断适应和认识基础上的一种深层意识的变化。它既有积极的一

①陈允敦.本世纪初国外传入泉州的新机具[G]//泉州市委员会文史资料研究委员会.泉州文史资料:第 4 辑.泉州市委员会文史资料研究委员会印,1988:105-112.

②陈垂成.泉州习俗[M].福州:福建人民出版社,2004:63.

面，又有消极的一面，有时甚至带有片面性和盲目性。因此我们在强调跨国移民对家乡积极作用的同时，也不应忽视消极方面的影响。泉州社会文化的近代转型有其自身的区域特点：一是从社会文化转型的动力上观察，近代泉州社会文化转型的一个特点是它的外源性；二是从实现社会文化转型的阻力看，近代泉州社会文化转型的另一个特点是它的艰巨性；三是从社会文化转型的实际效果看，具有不彻底性。尽管晚清前，泉州社会文化和思想内部已经孕育了某些新的社会经济和思想因素，这些新的社会经济和思想因素构成了近代泉州社会文化转型的历史逻辑起点。但是，这些新的社会经济和思想因素只为近代泉州社会文化转型提供了可能性，而没有完全成为现实性。这是因为，它们并没有突破"本土化"传统力量的重重环绕，开始其近代的转型和新变。1840 年鸦片战争之前，泉州社会经济仍然是小农经济，文化上是一元的传统儒家文化格局。近代泉州的社会变迁和文化转型是从 1840 年鸦片战争之后开始的，是一种外源性的社会文化转型。外源性是相对于内源性而言的，是说这种社会文化转型不是"由社会自身力量产生的内部创新"，而是由跨国移民在外来因素的刺激和作用影响下发生的从传统向近代的转变。正因为近代泉州社会文化转型是外源性的，"西器东传"和"西学东渐"对近代泉州社会文化转型的启动起过十分重要的作用，所以近代泉州社会文化在变迁与转型的过程中，除了内源性的社会文化转型所碰到和必须解决的"古今"问题外，还有"东西"问题。"东西"与"古今"问题的并存，使近代泉州社会文化转型的任务，比之属于"内源性"的一些地区的社会文化转型来说显然要更复杂和困难。

华侨群体一直展现着与家乡泉州在经济、文化、认同等多方面互动的场景。这种跨越国家和文化疆界的空间生存状况，具有明显跨国的流动性。因而，通过跨国主义的视野思考海外华侨与近代泉州侨乡文化的内在历史逻辑，将为我们深入探讨海外华侨社会发展动态和海外华侨的跨国实践，分析近代泉州侨乡的兴起及其演变的原因提供独特的全球化视角。

第四章　华侨群体与泉州社会教育的近代转型

晚清以降,中国社会政治和经济发生了急剧变化,民族危机空前严重。为了拯救民族危亡,上至官僚重臣,下到地方士绅、海外华侨,无不积极探索和寻求新的出路。与此同时,中国传统教育也显现出与时代发展大潮相脱节的情形,教育改革势在必行。从"壬寅学制"和"癸卯学制"的推行到科举废止,中国近代教育体制和制度逐步确立起来。它使中国的教育教学内容从空疏转向实用,从封建意识转向科学启蒙。在这场轰轰烈烈的教育改革运动中,华侨群体因为其独特的海外资源优势而成为泉州社会的积极推进力量。本章通过梳理华侨群体以各种捐助方式,创新办学形式和内容,积极参与新式教育事业的实践活动,探讨华侨群体与新式教育的关系,在一定程度上揭示了华侨群体在泉州教育近代化进程中的作用。同时,通过对华侨群体在推进新式教育过程中的一些历史局限性进行分析,从中领会近代侨乡社会转型和新旧教育文化转型历程中的冲突及教训。

在近代化进程中,中国社会、经济、文化急骤变迁,华侨群体艰难地完成了由"海外逃民"向时代精英的蜕变和转型。这一"凤凰涅槃"式的转变,既需要爱国爱乡情怀的强大动力和理想追求,更包含和倚仗近代社会提供的转型方式、政府侨务政策的改善和政治场域的宽松。在政府力量的强烈号召和推动下,华侨群体在自由与包容的社会场域中完成了道德的濡化与涵化,文化心理的熏陶与淬砺。他们积极地改造教育、救亡国家,以自己特有的方式实现着泉州社会教育近代化转型。他们在侨乡投资实业的同时,也把建立新式学校当作自己报效家乡、改良侨乡社会风气的行动,这些都是一种爱国和进步的行为,在泉州侨乡社会产生了极其积极而深远的影响,极具历史意义和社会价值。

第一节　华侨群体与近代泉州侨办学校的创办

泉州华侨大多分布于东南亚地区。他们逐步接受包括东南亚本土文化和西方文化在内的各种迥然不同的文化和教育信息,并将现代教育理念运用于泉州侨乡社会的办学实践,逐渐形成校董会领导下的以校长负责制为主的学校管理体系,侨校本身拥有较充分的自主管理权。这些都使得晚清民国时期的侨校蕴含许多新的现代元素,也是这一时期泉州侨办学校蓬勃发展,并取得良好办学效果的重要原因。

1904 年 1 月 13 日,清政府颁布了《奏定学堂章程》(又称癸卯学制),这是近代中国颁布的第一个在全国范围内实施的系统学制。这一学制为新式教育体系的建立提供了制度依据,旧式的官学和书院普遍改为新式学堂,中国开始与近代教育接轨。1905 年,学部的设立意味着近代教育行政管理体系的建立。清末虽保留了封建教育的许多阵地,但已经建立起近代学制和教育行政体制,新的课程、教学和管理制度。民国时期,进入由传统教育向新式学校教育转型的关键阶段,除了宏观教育体制的调整外,在课程、教材、教学方式方法及教育管理等领域,都在不断探索。在引领这种教育转型的力量中,公办新式学校在很长时间里未能成为引导这一潮流的主力,而教会学校作为中国最早的,明显有别于传统教育的新式教育形态,在许多地区起到先导作用。不过,在福建、广东等传统侨乡,侨办学校很快后来居上,成为重要的引领力量。

华侨群体的民族意识和爱国热情被极大地调动起来,在“教育救国”思想的感召下,许多人选择回乡办学,这种热情在南京国民政府成立前后达到了高潮。而无论北洋政府,还是南京政府,对此都持鼓励、支持的态度,这也是侨办教育持续并达到高潮的重要因素。

泉州华侨捐资办学最早可追溯到 1827 年。当时惠安县进士孙兰陔发起募捐,惠安后海村归侨郭用锡父子曾乐捐纹银 2000 两兴建文峰书院,并将这一书院兼做考棚,曾轰动一时。1835 年,道光皇帝敕封郭用锡为修职左郎、运盐司知事职衔,并授以“乐善好施,父子恩荣”的牌匾。

晚清以降,中国“积贫积弱”的现状,使朝野上下和海外华侨普遍认识到“办学堂、开民智”的重要性与紧迫性。1841 年,泉州海外华侨人数为 16 万多人,到 1911 年时达 70 多万人。部分海外华侨精英受国内外各种因素的影响,对在家乡办学的热情异常高涨。此时的泉州侨办侨助学校既有新建的,也有利用旧式学堂改建的。清咸丰年间,南安金淘连坑村的菲律宾华侨杨肇基兴办道南义塾。1909 年,由其孙儿杨仲清改建为道南学校。其间,还有南安官桥旅菲华侨蔡启昌,捐资修建泉州文庙、考棚和南安文庙、书院。1879 年晋江安海由教会创办了一所铸英学堂,学校曾得到华侨资助,系教会主持校政的侨助学校。1891 年,晋江金井设立了毓英学校,毓英学校原名毓英义塾,光绪十七年由菲律宾华侨许声炎创办,先借用金井礼拜堂为教室,后由旅菲华侨捐建校舍。育贤学堂系光绪二十四年永春华侨联合地方人士和基督教会创办,址设于五里街华岩村。学校经费向菲律宾华侨募集,校友遍布菲律宾等地,不少人成为泉州地方领袖和华侨实业界中坚。清末,由旅菲华侨林氏创办的永宁行实义塾,1911 年改建为行实小学。当时,侨办侨助学校都是小学,即所谓初等小学堂和高等小学堂,还没出现更高一级的学校。尽管华侨在海外受到开明思想的影响,但部分人还带有重视本家族荣光的狭隘意识和互相攀比的心理,学校的布局具有明显的地缘和血缘因素影响下的不合理性。① 这是较早华侨与办教育有关的事例,应该指出,这一时期,华侨捐资办学只是零星的个体行为,这些事例在当时并不具有普遍意义,也未对泉州社会变迁产生比较大的影响。

规模更大的新式学校建设是在清末新政时期。1905 年清政府废止了实行 1300 多年的科举制,与此同时,政府也鼓励民间办学。在政府、官吏士绅和华侨的共同参与和推动下,各地新建、改建学堂蔚然成风。泉州侨乡社会也兴起办新式学堂的热潮,新式教育进入快速发展阶段。学校建设的模式大致有三种类型:一是海外华侨独资或集资;二是地方乡绅创办,海外华侨捐助或赞助;三是教会创办,海外华侨捐助。

1901 年开始的清末新政包括振兴实业、废除科举、兴办学校、推行地方自治等,这些都需要巨额的财力支持,教育仅仅是其中一项,地方政府苦于经费极度短缺。这一时期华侨凭借其雄厚的经济实力走上侨乡教育现代化的前台也就成为必然,其积极参与了家乡新式学校的创建。光绪二十七年,永宁旅菲林氏宗亲会林登概、林允桂、林登荣、林朝助等人发起在西门外林氏宗祠创办行实私塾,宣统三年(1911)改名行实学校。光绪三十一年,印尼华侨李庭芬捐千金建丰州学堂。紧接着南安又有侨办诗山燕山学堂、罗东罗英学堂、英都翁山学堂。光绪末,华美旅菲华侨洪志荣倡捐万金助建,协助将诗山书院改为学堂,又在其家乡创办丹心学堂。继而又有南安旅菲华侨李耀垣创办金山学堂、金淘学堂,并捐资赞助泉州培元中学、佩实小学和厦门同文书院、英华书院。泉州旅印尼华侨蒋报企等人,也在新门外树兜村创办明新学校。德化旅马来亚华侨陈政合,两次捐银计 7000 元,助修县文庙和建县学堂。此外,侨办、侨助的小学还有:泉州城区的西隅、育秀、小山;晋江河市的奎峰,暗林的丰山,罗溪的金溪等小学;永宁的永明,青阳的壁立,龙湖的南浔、尊道,深沪的明七,永和的重华,池店的中心;南安的中南、桃源、招贤、锦坂、燕桂、明志、石埠、旭山、莲塘、道南、美林、南金、霞溪、榕桥、西溪、东田、翔云、园美、延平、奎霞;永春的桃场鲁国、社山鲁国、塘溪培英、桃溪前溪、桃星南湖、洋上、福阳、霞林、东里培贤等。1904 年,泉州培元中学建立,该校同样是教会向海外华侨集资建造的,经费常年由华侨负责,校友遍布海内外,是泉州享有盛名的老侨校。1906年永春桃东人郑安邦捐款 1000 大洋,同时向南洋募捐,建立了永春州立中学,1907年,美以美教会在永春创立了崇贤中学,并于 1910 年向马来亚华侨募捐,此后也继续得到海外华侨支持。

到 1912 年中华民国建立时,泉州的新式教育已初具规模,各级各类学校共有 101 所,学堂的激增,既体现地方官吏和士绅的重视,也与华侨捐助和积极参与有很大关系。自从 1905 年废科举兴学校后至 1911 年,仅有官立中学堂 1 所、县立小学 1 所、教会办小学 3 所,而地方人士倡办的学校有城外树兜的明新,青阳的壁立,

---

① 吴翠蓉. 20 世纪上半叶泉州与海外华侨教育的互动[J]. 海交史研究,2005(1):106-117.

安海的养正，河市的奎峰，暗林的丰山，罗溪的金溪，龙湖的南浔，深沪的沪江、明七，永宁的行实等学校以及城内的西隅、陪实、育秀、小山等小学。这些学校有的是华侨创办，有些"虽说是地方人士倡办，但其日常经费、设备费、建筑费都是南洋华侨捐助的"①。地方财力的困窘难以承受以几何级数增长的新式学堂所需的教育经费。而海外华侨的捐助使泉州社会有了相对有力的经费保障与相对可靠的经费来源。侨办侨助学校的组织形式与教育内容相比旧式书院和私塾更富创新和近代教育色彩，对泉州新式学校的发展是一个极大的推动，也对泉州侨乡后来侨办教育的发展产生了深远的影响。

近代泉州侨办学校有了很大的发展，主要表现在大量侨办学校的兴建，以及"侨"字特色更为突出。具体而言，有以下几个特点。

一、侨办学校初步形成教育体系，成为地方国民教育体系的一个重要组成部分

在晚清侨办教育初步发展的基础上，民国泉州侨办教育体系已基本形成，成为侨乡教育的主体。这一时期的侨办教育，已从晚清时期的义塾、私塾、学堂、中学发展到师范、中专、职业学校直至大学。学生读完小学和中学后，可继续升入中专职校或高中等进一步学习，然后到社会上谋生。师范的设立为中小学生的发展提供了较为充裕的师资力量。附设于私立师范学校或小学的幼儿园（当时称为幼稚园）也开始出现。以晋江为例，1924 年王辟尘创办的华侨初级师范学校附设了幼稚园，1925 年安海倪剑堂倡办的进化女校也附设幼稚园。1935 年时，全县有幼儿园5 所（包括菲侨办幼儿园），入园幼儿 120 名，教师 10 名。此外，特殊教育和社会教育也有了一定的发展。1925 年，泉州佛教界与族外僧人发起向华侨募捐开办开元慈儿园，招收孤儿和无依儿童，进行文化及各种劳动职业教育，为社会培养不少人才。在社会教育方面，1919 年，金井石圳的华侨改建村中的唐公宫为"圳山阅书报社"，购置《万有文库》等数千册图书及各种体育卫生用品和器材。② 总而言之，除了幼儿园、小学、中学、师范、中专、高中和职业学校，以及慈儿园、图书社等学校教育外，还包括特殊教育和社会教育，形成了相对完整的地方国民教育体系。

同时，海外华侨还捐资创办了大量学校，成为当地教育的主体。据不完全统计，1912 年至 1949 年 10 月以前，泉州侨办学校总数 269 所，侨助、侨建的公立和教会办学校1291 所。③ 以晋江为例，据统计，在 1925—1927 年晋江的 120 所学校中，

①苏秋涛.解放前华侨在泉州兴学纪略[G]//泉州市鲤城区委员会文史资料委员会.泉州文史资料：1—10 辑汇编.泉州市鲤城区委员会文史资料委员会印，1994：623-627.

②姚作新，侯金林.福建华侨办学纪略[G]//福建省教育史志编写办公室.福建省教育史志资料集：第 9 辑.福建省教育地方编写办公室印，1992：5.

③泉州市华侨志编纂委员会.泉州市华侨志[M].北京：中国社会出版社，1996：238.

私立学校占 63.5％,侨办学校占私立学校的 70％,[1] 到 1930 年,侨办学校所占比重更大。经费方面,民国初期的晋江教育经费采取"自筹包征"制,政府只提供部分费用,其余由校方自筹,办学的经费便主要由华侨和当地人士筹集。1927 年,晋江全县的教育经费为 16.7 万元,政府投资不足 5 万元,余者均由华侨资助或群众集资。[2] 据国民政府统计,1935 年,晋江县教育经费 47 万多元,政府负担的教育经费只有 3 万元,其余都是华侨捐资。[3] 这些情况在重点侨乡尤为突出,如龙湖乡共有 40 所小学,其中有 37 所的新校舍是由华侨捐资兴建的;泉州的凌霄,晋江的南侨,石狮的石光,惠安的惠安、惠南,南安的国光等中学;以及晋江的阳溪、希信、大道、启明,惠安的荷山、屿光等小学,也都大兴土木,新建校舍。[4] 金井在新中国成立前有侨校 62 所,其中完全侨办 13 所,不收学费;基本侨办学校 21 所,除学费外,其他费用均由华侨负担,经费由华侨负担一半的有 3 所;另外 6 所由华侨负担部分经费。[5] 在 1949 年以前,晋江县有 5 所中学和 200 所小学,基本上是由海外华侨捐助而设立的。侨办教育作为地方民办教育的一种重要形式,有力地推动了泉州教育的发展和普及,从而奠定了在泉州地方国民教育体系中的主体地位。可以这么说,晚清民国时期泉州地方国民教育大都建立在侨办教育基础之上。

二、侨办学校注重实业性、商业性和女子教育,教学内容和形式趋时更新

侨办学校的办学理念深受海外华侨的影响,更注重实用性。海外华侨回乡办学,往往将其在海外的生活经验带入办学中来,与其他学校相比,这些学校融入了更多新的现代性元素。表现在开设的课程上除了传统的课程外,还注重开设实用性强的课程。侨办教育的一个重要特点是十分重视实业教育。由于民族工业振兴,教育界大力倡导职业教育,侨办职业技术学校也得到了发展。1915 年,由菲律宾华侨集资建立的南安职业学校,设有编织、织布两部,是已知最早的泉州侨办职业学校。[6] 1918 年,一位归侨在泉州承天巷创办一所华侨女子职业学校,主要课程是学习纺织技术。学校还附备二十多台织布机供学生实习。[7] 1921 年,华侨吴记藿捐资聘请地方绅士吴桂生、伍淑畴主办嘉业职业学校,以培养技术人才,发展纺织工业。1923 年,张时英创办了泉州农业中学,以发展农业教育,学校名为公立,

①福建日报社.八闽纵横:第 2 集[G].1985:102-103.

②吴泰.晋江市志[M].上海:三联书店,1994:1043.

③福建省地方志编纂委员会.福建省志·华侨志[M].福州:福建人民出版社,1993:217.

④泉州市华侨志编纂委员会.泉州市华侨志[M].北京:中国社会出版社,1996:238.

⑤熊卫霞.近代闽粤侨乡社会若干问题研究[D].厦门:厦门大学硕士学位论文,1993:53.

⑥廖赤阳.建国前福建侨办教育简论[J].华侨华人历史研究,1988(2):26.

⑦陈增荣.晋江县的职业技术学校[G]//泉州市委员会文史资料委员会.泉州文史资料:第 5 辑.泉州市委员会文史资料委员会印,1989:63.

大部分建设费和日常经费都由华侨捐助。[①] 1934 年英国长老会首倡创办泉州惠世高级护士学校，也向华侨劝募了不少经费。[②] 此外，1937 年私人集资创办的建国高级商业职业学校，也得到海外华侨资助，菲华还捐资创办了闽南女子职业学校等。

侨办学校还注重学生实用性商业知识的实训。"南洋华侨以生活及经验为依据，对于家乡有时候传达消息，有时候施以经济的援助，因此直接或间接影响于故乡的教育。所以我国华侨地区的教育，或南洋的华侨教育，实际上反映出华侨社会训练青少年的经验和方法。因此华侨社区内的学校，其课程多注重商业的知识和训练。要在可能的范围内给学生们相当的基础，以便他们毕业后，可以在商界服务。"[③]

侨办学校也注重女子教育。泉州最早的女子学校，是 1891 年由英国长老会创办、华侨捐助的培英女中。1912—1937 年间，泉州有毓德女校（1913 年）、竞新女校（1916 年）、泉州华侨女子公学（1917 年）、嘉福女子职业学校（1921 年）、泉州女子初级师范学校（1924 年）、进化女校（1925 年）和泉州启明女校（1932 年）等专门女子学校。其他中小学校也大量招收女生。据陈达先生在 20 世纪 30 年代对侨乡的调查统计，（樟林）侨乡入学女童数占入学女童总数的 20％，而同期的非华侨社区入学女童仅占入学女童总数的 5％。[④] 泉州女童的入学率基本上在 20％以上。

侨办学校多为新式学校，教学内容和教学形式趋时更新。侨办学校大多采用新教材，一般开设体操、唱歌、图画等课程，为学生的素质教育奠定了较好的基础。如 1920 年在英敦创办的育英小学，"教材是当时小学课本，有国文、算术，还教唱歌、美术"，1922 年时，"教材仍是当时课本，除国文、算术，还有地理、修身等课，又上音乐、美术、体操（以木制长枪进行军训）"[⑤]。

创办学校的海外华侨有不少是革命志士，侨办学校有着较浓厚的民族主义意识和爱国主义精神，体现出积极向上的正能量。1919 年五四运动爆发后，养正小学积极响应，印发《告同胞书》，呼吁"愿我爱国好男儿，奋发精神，外御其侮，共任顾亭林匹夫之责，毋忘孟禄保土之义"。1929 年创办的黎明高中，其礼堂圆柱上的对联充分体现了这些精神。其一是"学校何尝是学校，宇宙才是学校；家庭何尝是家庭，学校才是家庭"。另一副是"少爷气，小姐气，书呆气，流氓气，根本要不得；革命

①苏秋涛.解放前华侨在泉州兴学纪略[G]//泉州市鲤城区委员会文史资料委员会.泉州文史资料:1—10 辑汇编.泉州市鲤城区委员会文史资料委员会印,1994:623—627.

②阮传发,杨栋梁.泉州惠世高级护士学校简史[G]//泉州市委员会文史资料委员会.泉州文史资料:第 10 辑.泉州市委员会文史资料委员会印,1982:46.

③陈达.南洋华侨与闽粤社会[M].上海:商务印书馆,1938:221.

④陈达.南洋华侨与闽粤社会[M].上海:商务印书馆,1938:223.

⑤许自熙,许自清.英敦小学简史[G]//晋江县委员会文史资料委员会.晋江文史资料选辑:6—10 辑(修订本).晋江县委员会文史资料委员会印,1999:60-66.

化,劳动化,科学化,艺术化,着手做进来"。横楣是"奋斗就是生活"。① 其反帝反封建的启蒙意识和民主科学思想可见一斑。

20 世纪 30 年代,侨办学校又有了一些新的变化:对教育意义认识更为深刻,培育爱国主义精神的成分更为浓厚。"近年来有一部分的华侨因为各种关系,感觉到教育的较深意义;以为教育不仅是谋生的必备工作,实是生活的本体;学校不应仅注重训练商业,也应注重灌输文化。抱此等观念的人数虽然不多,但在华侨的领袖里面,却亦偶尔遇到。这些人的观点,较为宽广,对于教育的认识较为真切,对于教育的信仰也较为深刻"②。1931 年"九一八事变"后,泉州学联组织抗日宣传队,深入各地宣传反蒋抗日。1937 年"卢沟桥事变"爆发,安海养正小学师生和部分校友,组织"晋江安海养正小学抗日剧团",成员有 120 多人,在 1937—1945 年间演出 20 多个剧目。③ 其他如爱群小学、行实小学、芩江小学、霞美小学等师生,也组织宣传队,走上街头,深入乡村,张贴标语,号召民众抗日救国。④ 青年学生运动与社会上的农工商文化界联系日益频繁,促进了广大民众抗日运动的高涨。

三、华侨精英在创建侨办学校中起着示范和带头作用

民国时期华侨办学,受到政府的激励,一时蔚为壮观。海外华侨借助教会力量办学无必要,况且广大华侨与教会在办学宗旨上有很大差异,公办学校数量又较少,这一时期的侨校多数属于完全侨办性质。在该时期创办的 15 所中学中,侨办侨建的达 13 所,只有泉州农业中学和泉州惠世高级护士学校分别为公办侨助和教会办侨助。此外,海外华侨还对原有的教会和公办学校给予了不少资助。

侨办学校的迅速发展,很大程度上归功于海外侨领和一些富商名侨的示范带头作用。对捐资办学最具影响力的是同安籍华侨陈嘉庚先生。陈氏以兴学为己任,先后创办了师范、中学、农林、水产、商校以至厦门大学,他还在集美学校设立推广部筹拨经费,以补助闽南较好的私立学校,泉州不少私立学校受到补助,"有此影响,闽南各地华侨以在祖国兴学为职志而蔚然成风"⑤。这一时期泉州籍热心办学的华侨主要有李清泉、李光前、刘玉水、李文柄、吴桂生、林景书、陈清机、陈碧峰、桂华山、蒋报企、张时英、郑焕采、尤扬祖、傅维丹等。

①吴世光.黎明高中校史简介[G]//晋江县委员会文史资料委员会.晋江文史资料选辑:第 1 辑.晋江县委员会文史资料委员会印,1982:122

②陈达.南洋华侨与闽粤社会[M].上海:商务印书馆,1938:205-206.

③陈增荣.建国前安海教育史略[G]//晋江县委员会文史资料委员会.晋江文史资料选辑:6—10 辑(修订本).晋江县委员会文史资料委员会印,1999:1-5.

④李天锡.晋江县侨办教育概况[G]//晋江县委员会文史资料委员会.晋江文史资料选辑:第 4 辑.晋江县委员会文史资料委员会印,1983:111.

⑤苏秋涛.解放前华侨在泉州兴学纪略[G]//泉州市鲤城区委员会文史资料委员会.泉州文史资料:1—10 辑汇编.泉州市鲤城区委员会文史资料委员会印,1994:623-627.

由于超众的精英人物的推动，华侨群体在家乡办学，一时蔚然成风。1935 年，当时泉州下属五县晋江、南安、惠安、同安、安溪，由华侨华商创办或参与捐助的小学 732 所，平均每 3340 人有一所小学，他们分别是：晋江人口 669785，小学 222 所，平均每校所拥有的人口 3017；南安是 527167/232/2272；惠安是 395240/132/2994；同安是 281940/83/3397；安溪是 316286/63/5020。1946 年平均 3~4 个乡镇有 1 所中学，每个乡镇有 8~9 所小学，每 141 个人中有 1 个中学生，每 15 个人中有 1 个小学生。①

四、侨办学校与海外华侨教育联为一体，具有外向型和国际化特点

关于侨办学校的性质，有人认为，侨办学校和侨办教育属于华侨教育的组成部分②；也有人认为，海外华侨对祖国、祖籍国教育的贡献问题，并不是地方教育的范围，更不是华文教育的范围③。应该看到，不同时期的侨办教育有着不同的内涵，民国时期的侨办教育，从办学原因、办学主体、学生来源、经济来源、侨乡与海外联系、政府有关政策法律和时代背景等方面，可以把它看作华侨教育的组成部分。

晚清民国是泉州人跨国移民的高峰期，大量华侨出洋，使海外华侨社会人口结构发生重大变化，第一代移民在整个人口中占有较高的比重。这些跨国移民大多以过客的心理到海外谋生，祖籍地依然是他们认同的对象，"祖籍地曾经发生的一切甚至未来可能发生的一切都在他们的兴趣范围之内，亲切感使他们在侨居期间有可能回乡祭祖、旅游观光；归属感使他们慎终追远，落叶归根；使命感使他们汇款回家接济亲人或支援家乡各项建设，最后甚至是功利观也可能使他们利用地缘渠道回乡投资……"④由于现实的情况，广大华侨也需要关心侨乡的教育："有些毕业生不能在南洋本地找到合适的工作，因为学校里注重中文，远不如殖民地政府的学校注重西文。不但如此，职业的机会近年（指 20 世纪 30 年代，引者注）也逐渐减少，因为许多职业渐有人满之患。因此有些华侨，逐渐把儿女送回中国求学：不但中文的准备可以好些，亦可减省经费。他们的目标逐渐转移于中国，要使儿女在国内寻找谋生的机会。因此，有些华侨对家乡的教育，肯热心捐款，热心规划。"⑤

由南洋来求学的华侨子弟和南洋华侨在家乡的子弟，在侨乡受教育者中占有

①李长傅.南洋华侨史［M］.上海：暨南大学南洋文化事业部，1935：461-462.

②廖赤阳.福建侨办教育的回顾与前瞻［G］//华侨大学华侨教育研究所.华侨史研究论文集：第 2 集.华侨大学华侨教育研究所，1988：91.

③王本尊.华侨教育与华文教育若干问题探讨［G］//暨南大学华侨华人研究所.华侨华人研究：第 3 辑.广州：暨南大学出版社，1995：141.

④杨国贞，郑甫红，孙谦.明清中国沿海社会与海外移民［M］.北京：高等教育出版社，1997：129-130.

⑤陈达.南洋华侨与闽粤社会［M］.上海：商务印书馆，1938：48.

很大比例,有关晋江侨乡的具体数据难以查询,距离晋江不远的其他侨乡学校中的侨生比例数可略作参考:甲区(指集美)七校有学生 1373 人(据该校 1933 年的报告),内有华侨学生 588 人,占全校学生总数的 42.8%;乙区(指新安)的 2113 个学生当中,有 789 个学生出自华侨的家庭,计占学生总数的 37.3%;约每 2.68 个学生中,有一个华侨的子弟。[①]

由于华侨群体与泉州侨乡社会的特殊关系,民国政府制定了一系列优惠归国侨民入学的政策。1914 年教育部颁布了《华侨子弟归国就学规程》,规定国内学校从宽录取回国侨生入学。1931 年教育部又颁布《修正华侨子弟归国就学办法》规定对国内就学侨生予以切实之指导,对华侨子弟较多地区,指定人员专司其事,对程度较低的侨生,予以补习机会,贫苦侨生免缴学费。[②] 侨乡教育成为国内华侨教育的一个重要组成部分。在生源、兴办主体、增减目标等方面,泉州的侨办教育和海外华侨教育大体接近,性质趋于一致。这一时期侨办教育的兴办主体——各位华侨的办学经历,在一定程度上也反映了侨乡教育与海外华侨的密切关系。如陈嘉庚、胡文虎等人,既在侨居地办学,又在祖籍国办学。著名菲侨李清泉,对菲律宾和家乡的教育都非常关心。李清泉等人二三十年代发起的闽侨救乡运动,其目的就有"合群众之资本,谋教育之振兴……即被居留地政府苛例虐待之侨胞,亦可籍故乡为归宿地……"[③]由此可见,泉州侨乡侨办教育和海外华侨教育联成一体,出现了互为协同发展的态势。

五、侨办学校地缘、血缘色彩较浓,具有宗族性和地域性特征

华侨群体的认同是以地缘和血缘为基础,这决定了其捐资兴学首先指向其祖籍地村落。侨校招生的对象一开始为本宗族的子弟和同姓的子弟。后来逐渐扩展到异姓子弟及周围村落适龄儿童。这是因为海外华侨回到家乡看到村里破落、教育落后而萌生办学想法。海外华侨办学带有重振乡土、光宗耀祖的因素,因而一开始就带有浓郁的地缘性、家族化和宗族性色彩。随着侨乡村落初等教育的普及,海外华侨的捐资逐渐涉及泉州的中等教育,乃至到泉州市区捐资,逐渐打破以出生村落为主的办学格局。

侨办教育具有开放外向等特点,显示出一定的进步性,但旧的习俗和宗族观念对其仍有较大影响,一定程度地制约了侨办教育的良性发展。其中较为突出的是宗派观念。泉州华侨捐资办学,往往在其本土乡村聚落,也正因此而造成学校布局不合理、区域间发展不平衡的状况。重点侨乡学校饱和,而其他一些地方则校数不足。"闽南乡村宗派观念特别浓厚,有大小姓与强弱房之分",其结果是兴建学校缺

①陈达.南洋华侨与闽粤社会[M].上海:商务印书馆,1938:230-231.
②熊卫霞.近代闽粤侨乡社会若干问题研究[D].厦门:厦门大学,1993:51-58.
③施雪芹.菲律宾闽侨与救乡运动[D].厦门:厦门大学,1994:22.

乏规划合作,浪费严重,收效不佳。如新门外亭店乡菲侨居多,该乡原有强弱房之分,强房于民初创办紫兰小学,弱房也不示弱,独自创办紫亭小学。亭店乡全乡人口不上两千人,地属平原,住宅栉比,学龄儿童最多不超过 300 人,单设一校即可容纳,因强弱房关系不和设立两校,浪费人力才力。再如石狮龟湖村,人口仅千余人,学龄儿童不上两百,因大小姓矛盾,一村创办震华和鹏南两所小学,两校相距仅百步之遥。因宗派原因的影响,"学生也互相歧视,分疆划界,甚至敌对行动,有此种情况的,实不只二三校而已"。另外尚有不少地方豪绅借兴学为名,投机取巧,把持校产,欺骗华侨,营私舞弊,校董会分成派系,争权夺利,侨校在名誉物质上受到很大损失。① 晋江前后港之间大小宗族的斗争,导致其出现三所侨办小学鼎足而立的情况。类似的现象在不同时期、不同地方均有不同程度存在。强烈的宗亲观念和乡土意识无疑是华侨爱国主义产生的天然元素,是泉州侨办教育发展的重要推动力量。但另一方面,这一观念就全局和长远而言,又给泉州侨办教育带来了不少负面问题。以族姓村落为中心,以同乡会、宗亲会、校友会为纽带,浓厚的传统宗族观念等客观上对泉州侨办教育发展也产生了一些消极和负面影响。

第二节　华侨群体与近代泉州侨办学校管理模式的创新

晚清民国时期,尤其是 20 世纪 20—30 年代,侨办教育步入高潮,在泉州地区主要侨乡,侨办教育成为当地教育的重要组成部分,并作为新式教育的先导,推动了泉州侨乡教育的发展。侨办学校构成了晚清民国时期教育的重要组成部分,在泉州侨乡地方教育史上,具有十分重要的地位。这与学校创办人的支持、学校本身的组织管理、学校与华侨群体的互动有着极大关系。侨办学校办学中还创新现代化组织与管理模式和理念,从而达到了良好的办学效果。

一、侨办学校的管理模式

侨办学校经费主要由华侨个人或团体捐助,因而学校的管理首先取决于捐款人,捐款人与学校的关系对学校管理模式有很大影响。捐款人与学校的关系,大致可分为三种情况。

一是华侨或华侨社团倡导捐助学校创办经费。负责学校常年经费开支或捐助建筑费,由捐助人或捐助团体选出代表任学校董事长,集合其他华侨及在家乡的侨眷组成校董会。校董会决定学校重大事项,制定学校的办学宗旨、目的等,日常校务则由所聘请的校长管理,实行校董会领导下的校长负责制。由于大部分华侨在

---

①苏秋涛.解放前华侨在泉州兴学纪略[G]//泉州市鲤城区委员会文史资料委员会.泉州文史资料:1—10 辑汇编.泉州市鲤城区委员会文史资料委员会印,1994:623-627.

家乡办学,但人并未返回家乡,仍在侨居地生活,因而规模较大的侨办学校主要采取这种管理模式,李光前创办的南安国光中学等,都属于这种类型。

二是华侨倡导捐助学校创办经费或提供经费。其规模较小的,往往不设校董会,而由华侨本人回国负责学校具体事务,或由海外华侨专门派人回国办学,实行"校长制",由校长决定学校一切事务。华侨返回家乡后,自己独资或捐助学校大部分资金。他们热心家乡教育,对教育也有一定的理解,对学校的管理也更能体现华侨办学的特色。

三是由家乡有威望的人士倡办学校,并向海外华侨募捐。这种学校一般以倡办者为校董会负责人或校长,负责学校所有事务。其规模小者类似私塾,不存在特殊的管理模式。规模稍大者,多设有校董会,且一般设有两个校董会:一个在办学地,一个在南洋华侨集中的地方。由于南洋泉州华侨多为小商贩或工人,经济能力有限,所以他们往往会在南洋设立专门的校董会,负责学校资金筹集,对学校的具体事务并不插手。这些学校除经费上受华侨影响较大外,管理上很少受华侨影响,反而因为由地方人士掌管,更容易受本地习俗的影响。侨校具体的管理方法各不相同,但就其基本模式而言,不外乎两种:校董会领导下的校长负责制与校长制。选取何种管理模式主要由学校规模决定:办学规模小的学校,工作人员仅校长一人或其他少数几人,主要实行校长制;规模较大的学校主要实行校董会领导下的校长负责制。民国时期私立学校一般都设有校董会,尤其是1933年教育部下令"(私立学校)校董会未经呈准立案前,所设立之学校照章不得开办"①。具备一定规模的侨办学校大都设有校董会。

二、校董会的职能分工与规范

一般而言,校董会负责学校经费的筹集、管理、使用,聘用校长及重大事件的处理等;校董会选聘校长,由校长负责学校日常事务,校长之下一般设有教务、训育、体育、事务等课,负责管理学校教务、舍务、后勤等各项工作,对学校进行分工管理。校长之下的设置基本与公立学校相似,但以校董会为最高机构。在与政府的关系上,侨办学校与国内公立学校相比,明显拥有更多的自主性。公立学校校长由教育主管机构任命,往往是掌权人变动,校长也跟着变。公立学校校长由政府指派,因而还经常出现政府人员干预校务的情况,特别是地方官员。

与华侨在南洋地区的侨校相比,泉州地区的侨办学校的校长在管理校务上往往拥有更多的自主权。校董会与校长的职权分配一直是私立学校较难处理的矛盾,即使在较为开放的南洋地区,侨校也是"屡屡出现校董凌驾于校长之上,以外行人指挥内行人,校长不但屈隶于校董之下,教员更是进退于校董淫威之下的情

---

① 福建省档案馆.福建华侨档案史料(下)[M].北京:档案出版社,1991:1512.

况",①"……掌握侨校实权的董事,他们对于教育大多是门外汉,但他们却要垄断一切,如延聘教师问题,校长也无权过问了……"。② 相对而言,泉州地区的侨办学校较少出现这种现象,学校的校董会与校长一般能够遵循基本的职责划分,分工比较明确。一方面,学校的创办人或者资金的主要提供者远居南洋,不可能经常穿越两地对学校具体事务进行管理;另一方面,许多华侨既是商人、实业家,又是具有办学经验的人,他们在侨居地办学的同时,也在家乡小学,有一定的办学经验,懂得如何放权。除了实业家、教育家李光前等外,有办学经验的华侨不乏其人。如南安丰州镇顶堡村黄怡瓶,童年丧父失学,成年以后深为文盲所苦,事业有成后,从中年开始特别鼓励侨胞兴办教育事业,一面在玛琅办玛华小学、玛华中学,亲自兼任董事会主席,总理其事;一面对印尼各埠侨办中学捐输经费③。他于 20 世纪 30 年代回家乡独资创办"明志小学",为方便教师食宿,专门在自家房子盖起护厝楼供教师吃住,并负责全部经费。尤扬祖,永春达埔镇蓬莱村人,早年出国谋生,长期在印尼经商。稍有资产后,于 20 世纪 20 年代起就热心兴办教育和地方公益事业,1925 年在侨居地万鸦佬创办中华学校,被推为董事长,不惜重金到江浙延聘校长。他在办学中注重人才的聘用,1929 年在永春家乡独资创办五保小学,也正是秉着这种传统,使学校成为当时达埔规模比较大的一所小学,促进乡村文化教育的发展。④

侨办学校在与地方政府关系上,也拥有极大自主性,而且能保证其办学的特色。拥有较大自主权并不意味着侨办学校就能很好地运行,学校管理也经历一个逐步成熟和规范的过程。起初校董会并不稳定。校董一般由三种人组成:一是学校发起者及创办者,包括当地人士及海外华侨;一是学校的校长及教职员;一是当地有威望的文化界或政界人士。许多侨办中小学校创办者本身并没有太多办学经验,再加上政府没有专门的规定,因而在创办初期,校董人数、结构都经常变更。许多学校往往是在出现经济困难时,才临时募捐,捐款数额较大的人便成为校董。这种做法虽然保证了学校的运行,但也说明校董会的不稳定性,不利于学校长久发展。⑤

此外,校董会带有浓厚的家族化和地域性。在泉州社会,侨办学校董事会基本由本地的海内外宗亲组成,他们好似一个家庭的家长监督管理着大家庭的事务。如惠安县中和小学,1915 年由旅菲华侨陈道南回乡倡议创办,陈以其新建楼房为

---

①舒新城.近代中国教育史料:第 2 册[M].上海:中华书局,1928:183-201.

②谢怀清.英属马来亚华侨教育概观[J].南洋研究,1932(2):22.

③平凡的一生,卓越的贡献——记黄怡瓶先生[G]//晋江地区华侨历史学会筹备组.华侨史:第 2 辑.晋江地区华侨历史学会筹备组印,1983:166.

④李世山.尤扬祖捐资兴学二三事[G]//永春县委员会文史资料委员会.永春文史资料:第 12 辑.永春县委员会文史资料委员会印,1992:19.

⑤蔡惠茹.侨办教育的现代性因素探析[J].漳州师范学院学报(哲学社会科学版),2009(2):4-7.

校舍,自任校董及名誉校长,后由其侄陈性依接任校董及名誉校长,陈长毅为副校董。① 这并不是泉州特有的现象,其他侨乡也是如此。校董会家族化构成一方面便于学校的管理,但另一方面也容易产生任人唯亲等弊端。

　　海外华侨视办学为自己的事业,积极管理学校,抵制了许多地方不良习俗的影响,同时政府也有意识地对私立学校进行引导。1933 年 10 月 19 日教育部公布的《修正私立学校规程》第十二条专门对私立学校校董会做出规定:校董名额不得超过 15 人;第十四条则对校董会的构成有所规定:校董会至少须有四分之一的校董,以曾经研究教育或办理教育者充任;现任主管教育行政机关及其直接上级教育行政机关人员,不得兼任校董……。② 这样一来,校董会结构日趋合理化,家族化和地域性色彩有所淡化。晋江县南侨初中校董会于 1946 年申请立案时,共有董事 15人,其中 5 人为商界,7 人为学界,1 人为党界,2 人为华侨,其中除施性利、施伯箴、施缉亭、施硕谋 5 人同为衙口乡人外,其他 10 名董事分居晋江各地。③ 创办于1916 年的晋江县泉中中学于抗战胜利后迁回泉州,重新向省教育厅呈报的 15 名校董中,12 人来自晋江,2 人来自南安,还有 1 人来自同安。④ 从中可见,经过引导与规范,到了 20 世纪 40 年代,侨办学校校董会内部结构日益规范且多元化。

三、经费筹集与管理模式

　　经费筹集与管理方式是学校治理和运作的重要环节之一。侨办学校经费一般以村为单位,海内外宗亲华侨组织校董会,国外董事负责募集资金,汇交国内董事会安排给学校,此类学校占晋江全县中小学的 90%以上。⑤ 1927 年创办的南安第一所中学——南安南星中学校长吕梓材先生认为,南星中学办在侨区,必须取得华侨经济支持方能巩固,因而当年冬天就往菲律宾募捐。1928 年,筹集建校资金两万元,并成立"旅菲南星中学校董会",名誉董事长为吴记藿,董事长为吕珠生,董事柯孝爻、蔡长椎、苏必辉、柯贻以、高埒圆、高铭炮、陈照火、陈照聘、王载伟、王宣化、王新秀等。⑥ 1946 年创办的晋江南侨初中,"遂于菲岛及本县分别筹组董事会,菲岛以施性水为董事长,国内以施性利为董事长……"。⑦ 南安县大锦田村人傅维丹年轻时到过印尼、新加坡等地,主张及早在家乡办学,他广泛联系海外华侨,先在泗

①张省民.惠安县华侨志[M].惠安县侨务办公室,惠安县归国华侨联合会印,1990:105.

②中国第二历史档案馆.中华民国史档案资料汇编:第 5 辑.第一编教育(一)[G].1991:42.

③福建省档案馆.福建华侨档案史料(下)[M].北京:档案出版社,1991:1416-1418.

④福建省档案馆.福建华侨档案史料(下)[M].北京:档案出版社,1991:1420-1421.

⑤郑梦星.晋江县教育古今谈[G]//晋江县委员会文史资料委员会.晋江文史资料选辑:第13 辑.晋江县委员会文史资料委员会印,1991:140.

⑥吕泽源.记南安名贤吕梓材先生[G]//南安县委员会文史资料研究委员会.南安文史资料:第 11 辑.南安县委员会文史资料研究委员会印,1990:84.

⑦福建省档案馆.福建华侨档案史料(下)[G].北京:档案出版社,1991:1419.

水组建校董事会，发动乡侨月薪认捐百分之十五到二十，经过一年多努力，筹得一千多银元，乃派代表回乡筹办建校事宜。请家乡的族长、房长组织在乡设校董会，聘西隅师范校长傅文火为名誉董事长，以指导建校和主持开学事宜。①

1908年，南安金淘后坑旅外侨胞倡议创立新式学堂，经当地乡贤筹办，南安金淘道南小学正式建立，翌年2月21日正式开学。始办初级小学，后又创办高级小学，为南安最早的完整小学之一②。南洋各埠校董积极筹款，接济母校经费。1918年，南安兵祸，学校师生星散，校务一度停顿。海外华侨杨序真以大学教授身份出任第三届校长，亲赴菲岛为办学募捐。南洋各埠乡亲杨仲清、杨序彩、杨伯钟等慷慨捐输，奔赴鼎助，乡人内外一心，终使学校复兴。1922年学生人数达200多人，此后学校越办越好，在抗战时仍未停办，且有所发展。1948年，菲律宾道南学校董事长杨仲清为道南校长，杨鸿生办理往菲手续，赴菲各埠募得巨资，并充实健全"旅菲道南校董会"，使办校资金来源日趋稳定。

侨光中学的兴办更显示了南安后坑海外华侨强烈的"家乡情结"与对教育事业的一往情深。侨光中学前身是抗战期间泉州中学内迁时在金淘设立的分校。抗战胜利后，泉中金淘分校拟回迁泉州。金淘乡贤乃集议创办中学，并认为"创校为主端赖华侨"，向海外华侨寻求支持。在热心桑梓教育事业的侨胞组织、赞助下，以"侨光"为校名，于1918年创立侨光中学。当年年底，侨光中学驻菲董事会亦同时诞生，由后坑籍著名侨领杨仲清任董事长，承担在海外募款办学的主要责任。金淘当时是南安县较为偏僻的村镇，其集镇规模、人口数量、经济繁华程度远低于当时南安县集镇如诗山街、洪濑街等，但却敢于率先创办中学，可见金淘后坑籍华侨的气魄与胆识。杨仲清在1947年倡议建立第一座校舍，又于次年独自捐建二座校舍。③ 侨光中学始建为初级中学，师生仅200多人。驻菲董事会负责筹措资金，充实图书、教学设备，国内董事会则负责学校管理与规划。在海内外董事会和全体师生的努力下，学校发展迅速。1949年春开始招收高中生，学生达400多人，成为当时南安县两所完全中学之一。

侨办学校经费主要由海外华侨负责，因而在华侨经济景况好的时候，学校的经费充裕。但华侨经济出现困难，往往就无力确保学校经费到位。据1935年晋江县政府统计，全县年教育经费共4714万元，县政府只提供300万元，其余4414万元由华侨捐助，约占93.6%。太平洋战争爆发后，由于侨汇断绝，泉州侨乡的大多数

---

①沈玉水.热心家乡教育事业的泉州华侨[G]//泉州市华侨历史委员会.华侨历史：第3辑.泉州市华侨历史委员会印，1985：400.

②南安县道南学校等.道南八十年[G]//南安县委员会文史资料委员会.南安文史资料：第11辑.南安县委员会文史资料委员会印，1990：17.

③侨光中学五十周年校庆纪念特刊编委会.侨光中学建校50周年纪念特刊[G].[出版社不详]，1996：33-79.

学校都停办了。① 为学校长远发展着想，购置校产、设立学校基金会是最佳选择。民国初期，许多较有远见的华侨，就已经开始为学校购置一定的校产或设立基金会。泉州树兜乡旅印华侨蒋报企曾建立"明新茶园"及"明新钱庄"，经营盈利为明新学校经费做长远之计；1918 年又建立学校基金会，存银行取息，作为学校经费……办学事务由泗水基金会指派在乡人士主持，学校从此有雄厚的经济基础，大有发展前途。② 泉州西山小学、新华小学等也是如此。

侨办学校经费由校董会统一负责管理，一般由出资者选取其中信得过的人操办，或者由负责筹集经费的个人或机构将经费存入银行，再按时取出供学校使用。大多侨校信任校董会的管理，学校办学也因此得以持续扩大。学校经费一般不经过政府，不存在相关部门挪用经费的现象。然而，不得不承认侨校经费的管理很少有严明的程序，在操作上也存在许多漏洞，所托之人不仅会导致学校经营不善，甚至还会导致学校关闭。这是华侨捐资办学时常遇到的难题，但侨办学校的现代性元素显而易见。其拥有良好的师资力量及办学设施条件，形成了以校董会、校长、各校务管理部门为主的现代教育管理架构，能做到人尽其职，物尽其用。其将先进的办学理念贯彻于办学实践中，实行以校董会领导下的校长负责制为主的管理体制，在资金筹集和管理等具体事务上积累了一定的经验。这也说明了其办学管理模式的创新性和先进性。

第三节　华侨群体捐资兴学的社会效应

在近代泉州侨乡社会的转型中，教育事业扮演着重要的角色。海外华侨是推动侨乡社会教育发展和进步的重要力量。华侨群体捐资办学具有良好的社会影响。为动员社会力量办学起到了良好的示范作用，极大地丰富了泉州侨乡地方办学的内涵。华侨通过新式教育实践，充当了教育现代化的先导，对社会变迁产生了积极作用和影响。另外，华侨捐资办学，可以形成一种特有的侨乡文化，促进向心力和认同感的产生。华侨捐资办学促进了华侨之间的团结互助，为泉州侨乡社会的发展营造了良好的外部氛围，也是华侨在侨乡社会凸显其历史地位和爱国爱乡情怀的集中体现，在近代中国教育史上具有重要的历史地位和深远的历史影响，应当给予充分的肯定。

---

①林金枝,李国梁,蔡仁龙.华侨华人与中国革命和建设[M].福州:福建人民出版社,1993: 552-563.

②明新校董.明新学校七十年[G]//泉州市委员会文史资料研究委员会.泉州文史资料:第16 辑.泉州市委员会文史资料研究委员会印,1984:19-20.

一、华侨捐资兴学，涌现出一批在全国颇具影响力的典范，具有标杆意义

华侨实业家李光前受岳父陈嘉庚的影响，1939 年初独资在家乡南安芙蓉创办了国专小学，后又相继设立山美、榕溪、董山、金陶四个分校。1943 年，他创办国光中学，有教工 27 人，学生 160 多人。黄奕住是一位爱国企业家，长期以来除积极参加华侨社团活动外，还积极兴办侨乡教育事业。1920 年，在南安县楼下乡创办了斗南小学。1923 年，创建斗南初级师范学校，为小学培养师资。除在家乡南安办学外，他还捐资在厦门等地办学。1912 年，在鼓浪屿创办了"慈勤女子中学"，每年提供所需经费的三分之一，这所学校直至全面抗战爆发后才被迫停办。陈嘉庚创办厦门大学时，他捐赠 10 万元，还独资捐建了厦门同文学院的教学楼"奕住楼"。1927 年，捐赠厦门大学图书设备费 3 万元。他们以完美的道德形象和奉献精神，为泉州侨乡赢得了声誉。

二、华侨捐资兴学，创新教育实践，发挥了示范和导向作用

民国时期，华侨所办中小学校规模不一，但多为新式学校，且取得了良好的办学效果。不少学校比大部分公立学校及地方人士创办的学校更出色，办学成果为社会所认可。著名学者陈达于 20 世纪 30 年代中期在泉州进行了一次调查。他在著名的厦门集美学校所在地查问 224 户家庭，发现无论贫富老幼，多送弟入学；学龄儿童的 90% 在学校就读。民国时期，养正小学与明新学堂的创办，开晋江县兴办新学之先河，并推动各地新式学堂的兴办。受其引领，华侨纷纷回乡兴学，当地的乡绅也参与到办学运动中来，掀起了捐资办学的高潮。华侨兴建的学校不仅建筑结构牢固，且重视教学设备的现代化。普遍建有包含物理、化学、生物实验室在内的科技楼以及音乐、美术、语音、电脑多媒体等专门教室，建有图书门类较健全的图书馆和体育馆。部分中小学教室及宿舍存在的危房，也得到改造或新建。这一切，调动了教师的教学积极性和学生的学习热情，使学校的教学质量得到提高。

民国时期，泉州侨办中小学校凭借较充足的资金，聘请优秀教职员，购买配套的办学设施，做到人尽其职，物尽其用，优化了教育组织。学校通常设立校董会，与校长职权划分明确，分工合理，保证学校的正常运行。与其他类型学校相比，这些中小学校的管理具有明显的现代性。公立学校校长由教育主管部门任命，人事变化无常，且校务常受干预。侨办中小学校人事不由政府决定，只有当校长"违背教育法令或怠废职务及有不名誉行为者"，"县行政长官得停止其业务"。学校拥有用人权，校务管理上有较大的独立性。与私立学校相比，侨校管理较少受地方恶习影响，几无党争，而呈现出相对的公正性。经费筹集、教育宗旨和目的的确定及其他大事均由校董会负责，校长专门负责学校日常事务。在实际管理过程中，一般遵循基本的职责划分，具有一定的原则性。与非侨办私立学校相比，学校管理不乏弹

性。创办人或者资金的主要供给者远居南洋,且多为生意人,不可能经常穿越两地对学校具体事务进行管理。许多办学者具有一定的办学经验,懂得如何放权。民国时期回泉州办学的华侨中,许多人既是商人、实业家,又具有办学经验,在侨居地办学的同时也在家乡办学。这有利于把在南洋的办学经验引入,改善家乡教育状况。侨校大多是新式学堂,采用新学制,设立了体操、唱歌、图画等新课程,这对于泉州民风的启迪和新思潮的传播都起到了很好的促进作用。

三、华侨捐资兴学,有助于形成特有的侨乡文化,促进认同感的生成

在泉州侨乡,许多华侨从捐资办学校发展到捐资办"大教育",如建文化活动中心、图书馆、科学馆、体育馆、影剧院、老年之家和公园等其他社会福利事业。早在1919年,晋江县金井镇石圳村华侨就捐建了圳山阅书报社。在华侨资助下,该村的民校、篮球队、演剧社盛极一时。金井石圳华侨曾改建村里的唐公馆,并购置《万有文库》等数千册书刊及各种体育、卫生器材用品。1931年,华侨创办南安第一所图书馆——诗山图书馆,内设有藏书库、阅览室、会客室、休息室等,藏书包括经史、文学、政治、哲学、报刊等方面。① 近代侨办社会教育事业往往是以侨办学校为中心推广开展的。南安华岩小学除了正常教学外,还设立民众代笔处,为村民义务写家信、婚书礼帖、联文、契据等;办民众夜校,招收文盲、半文盲男女青年入学;启导妇女树立读书风气,免除女生学杂费;设立各村大众墙报,摘录时事新闻;增授简易簿记、尺牍、珠算及各种应用文体写作;发动旅外乡亲捐建篮、排球场,鼓励村民参加球类运动。海外华侨捐资兴学,促进了人们受教育程度的提高以及城乡社会文明的显著进步。人们举止行为得体,重视讲究和保护环境卫生,植树绿化工作成绩斐然,卫生面貌有很大改观。吸引捐资兴学的过程,是一个以多渠道方式与海外侨亲联系、沟通感情的过程,只有建立感情,才能调动他们关心家乡的热情。这些举措,有助于旅居海外的泉州华侨对家乡产生向心力,对家乡的文化产生归属感和认同感。

四、华侨捐资办学有利于促进海外华侨之间的团结互助,推动泉州教育的近代转型

民国时期,不少侨办学校的教学目的在于训练学生的谋生技能,以为其将来下南洋做准备。当时,南洋的华侨社会以商业为中心,社区内的学校课程多注重商业知识的传授和商业技能训练。泉州的各侨校都在可能范围内给学生们提供相当的学业基础,以便其在毕业后前往南洋,逐渐胜任在当地商界的服务工作。尽管众多

---

① 福建省教育科学研究所课题组. 福建华侨华人捐资办学史[M]. 福州:福建教育出版社,2007:15.

华侨已加入所在国的国籍，但仍有许多人用同乡会等名义集资捐建泉州侨乡的教育事业。在东南亚各国，许多华侨社团、会馆、同乡会等联合起来，共同捐资发展家乡教育，以此为纽带进一步密切了与祖国的联系，增进了同家乡以及同族、同宗、同乡的情谊，也促进了华侨之间的团结合作。五四运动以后，受新文化思潮影响，南洋各地出现了不少平民学校。印尼在 20 世纪 20 年代中期办有以教育海外华侨为主的平民学校百余所。这些学校附设有夜校和识字班，有的还开办了初中或师范班，招收贫民子女和工人、店员等入学接受教育。侨办教育的兴起与发展急需大量中文教员，侨办教育机构往往从泉州家乡聘请教员前往任教。泉州的侨校与南洋各地的华文学校保持着密切的联系。

海外华侨通过新式教育实践，充当了教育现代化的先导，对近代泉州社会转型产生了积极影响。海外华侨捐资办学是政府之外社会办学力量的主体，在泉州侨乡教育走向现代化的进程中，起到了巨大的促进作用。他们把海外先进文化通过捐资办学的形式引进家乡，开泉州侨乡之社会风气，是中国教育面向世界的一个重要组成部分。同时海外华侨捐赠教育的另一层意义在于，它为当地的教育提供值得模仿、追随的办学模式，起到了一种激励的作用。从捐赠教学设施、师生的生活设施到设立教育基金，从配置常规的教学设备到引进电化教学仪器，从捐资办学到创业办学，这些都直接给社会一定启示，激励全社会都来关注教育。另外，华侨捐赠对城市与农村而言所起的作用也有所不同。城市是本地区的重点中小学、甚至大学的集中地，资金较充足，也是社会各界关注的焦点，获得信息的途径较多，海外华侨的资金和设备的捐赠对城市起到的是"锦上添花"作用。而农村原本各方面都是比较落后的，海外华侨捐赠的教学楼、校舍、教学设备等，使得无论是从事教育工作的还是受教育的以及广大民众都能直接接触到先进的知识，开阔了视野，所起的连锁反应和社会效应不可低估。

尽管海外华侨群体对家乡的投资曾一度中断，但其对教育事业的捐助，却始终保持了可观的连续性。可以这么说，华侨群体在扮演推动泉州侨乡社会经济现代化进程主角的同时，又担当着侨乡现代性的教育的开拓者和推进力量的重要角色。华侨群体在现代文化传播中的中介作用，首先表现在现代性的学校建设这一公益事业方面。中西反差的强烈显示，使海外华侨普遍认识到教育发展的重要性。同时这也是呼应当时一些爱国人士"教育救国"这一理念具体行动的体现。泉州借助海外华侨众多、侨汇资源丰富以及海外华侨对家乡教育事业关心支持等有利条件，大力发展教育事业，在教育普及平民化、教育公平化、学校设置层次合理化、教育理念现代化等方面成效显著，使当时的泉州教育为全省所瞩目，从而有力地推动了泉州社会的近代化进程。

晚清民国时期，尤其是 20 世纪 20—30 年代，海外华侨教育步入高潮，国内的侨办教育也随之发展，在泉州地区的主要侨乡，侨办教育成为当地教育的重要组成部分，并作为新式教育的先导，推动侨乡教育的发展，缩小了侨乡社会城乡之间的教育差距。在教育不发达的泉州,侨办学校成为平衡城乡基础教育的重要力量。侨办学校构成了晚清民国时期教育的重要组成部分,在泉州侨乡地方教育史上,具有十分重要的作用。这与学校创办人的支持、学校本身的组织管理、学校与华侨群体的互动有着极大关系。侨办学校办学中所蕴含的现代化组织与管理理念,使学校在当时政治经济环境下能有效利用有利条件,克服不利条件,寻找新的发展空间,从而达到了良好的办学效果。

晚清民国时期,新式教育逐渐在泉州地区展开,但由于各级地方政府财力所限,基础教育投入不及广大乡村。而旅居海外的泉州华侨群体返乡兴学之举则在一定程度上弥补了其不足,为乡村的适龄儿童提供了受教育的场所,并以其兴办新学的教育实践,在长期处于落后状态的泉州乡村地区发挥了重要的教育示范和导向作用,推动了新式教育在乡村的发展,从而富有成效地充当了泉州教育现代化的先导,有力地推动了泉州地方教育的近代转型。

第五章 华侨群体与泉州社会慈善公益的近代转型

晚清以降,泉州社会经历了激烈的社会变迁,慈善公益事业也随之嬗变。泉州慈善事业的发展进步在近代社会转型中颇具典型意义。近代泉州社会经济的繁荣与泉州华侨群体和商帮的崛起,使泉州一地积累了巨额的社会财富,急剧的近代化进程又产生了大量的社会弱势群体。同时,域外文化的导入与清末自治运动开始的社会变革又深刻地影响泉州慈善事业的走向。而泉州地区悠久的慈善事业传统与务实的道德理念,则是清末民初泉州社会慈善事业得以兴盛的思想渊源。新旧并存的泉州华侨慈善公益团体呈现多样化、数量多等特征。晚清民国时期华侨群体民间慈善机构在泉州地方社会救济救助方面起到了极其重要的作用,政府和海外华侨慈善团体基本是和谐关系,泉州社会华侨群体慈善救济虽有成功之处,但也存在种种弊端和不足。本章结合社会变迁这个大环境,力图对晚清民国时期泉州地区华侨群体慈善事业的发展演进、时代特征做一个探讨,进而揭示出华侨群体与近代泉州慈善事业的转型和社会变迁的相互关系。同时还分析了晚清民国泉州地方社会华侨群体慈善捐赠行为特征及社会效应。借以了解近代泉州华侨慈善公益的状况及其存在的一些问题,从一个侧面揭示泉州侨乡社会慈善公益近代转型的特点。

第一节 近代泉州华侨群体慈善捐赠概况

19世纪中叶以后,泉州侨乡社会的变迁除了表现在近代产业与交通运输上之外,侨乡的慈善公益事业的创新发展和进步,也是泉州近代化中不可忽视的一大特点,同时它也是泉州侨乡社会转型的一个重要特征。晚清以来,海外华侨作为一个极具实力和活力以及全球化视野的海外移民群体进入了泉州社会舞台,他们参与了整个泉州近代化的历史进程,特别是在慈善公益事业方面,他们的作用和影响尤其更为明显。

近代泉州侨乡社会慈善公益事业的发达,集中体现在民间慈善事业的勃兴。华侨通过兴建慈善机构、设置慈善粮仓、实施应急救济等手段来推动慈善事业的发展。民间则通过成立慈善组织、实施族内济助、自发捐资行善、实施应急救济等手段和方式来促进慈善事业的进步。泉州侨乡地区的慈善事业具有机构设置早、规模大、设施先进、济助对象多、慈善活动制度化等特点。这除了政府重视、经济发达、古代慈善思想的影响以及社会各界人士的积极参与之外,海外华侨的捐赠也是泉州侨乡社会慈善事业创新进步和迅速发展的重要原因。

捐赠是海外华侨在侨乡社会的一个永恒和具有重要价值的跨国实践行为。海外华侨素有关心桑梓、造福社会和改良乡村社会的历史传统。慷慨捐资,是指华侨出钱财物资兴办教育、文化和慈善事业,如修桥、铺路、救灾抚危、济困,解决一些社会问题,支援和资助国内的革命运动等,这是海外华侨最乐意奉献的义举工程和在乡土社会深受普遍赞誉的事业。现代性的公益福利事业是侨乡社会现代化的一个重要表征。海外华侨除了苦心经营和投资侨乡社会兴办实业和教育事业外,还在侨乡社会的慈善公益事业的发展进程中,具有不可忽视的历史地位与社会影响。

海外华侨在泉州侨乡社会最乐意奉献的义举工程是出钱财物资兴办教育、文化和慈善事业,如修桥、铺路、救灾抚危、济困以及解决一些诸如械斗的社会慈善公益事业问题。早在明朝后期,泉州地区就有华侨捐款、捐物兴办家乡慈善公益事业的事例。南安梅山《丰溪陈氏族谱》记载,该村旅菲华侨在万历年间集资从家乡兴建码头至丰溪间的丰溪水渠。南安莲坑旅菲华侨杨肇基,在家乡"捐厚资以修县署,建学校,造路桥,修庙宇"。晚清时期,南安籍华商戴淑焕"延宿儒修族谱糜费三千余金,茸仙溪岩,捐修桥路,岁秒掷金钱施舍贫寡,悉出实心",其弟"叔明负乡邻之望,倡修始祖祠,捐修罗溪祠口路,造厦门炮台捐六百金,凡诸义举莫不踊跃从事"[1]。南安官桥籍华商蔡启昌"商于吕宋,积金甚裕,量宏好善,捐修文庙考棚,筑造寺院、桥路,恤孤怜贫,施茶舍药,倡设拯婴堂,靡不踊跃乐输"[2]。其子蔡子深,"承父志,家资拓张数十倍,捐修文庙贡院、城垣炮台,数以千万计。晋南斗案层叠,如内外股许、吴、蔡,石狮吴、黄,青阳庄、张、文,斗店及攀鳞、朴山诸乡,前浦、金坑苏、王,安海黄、陈,三十都大什姓,三十一都陈、郑,鹏洋林、吴,各处械斗,皆捐银赔补。至于修筑寺观桥路,如浮桥、飞瓦、觉海、灵源、龙山、天心、一片各寺,安平、曾庄、墟顶、社庄、后溪仔各桥,安海泉州官桥,岭兜各大路,捐银皆计千计万。其余如修锦溪大小潘山等处义冢,亦捐千余金。比年鼠疫盛行,死亡枕藉,施棺木,设医局,舍药材,充书院膏伙,助丰州学校经费,恤孺、寡,敬节孝,一切义举莫不捐资赞成"[3]。因家贫辍学迁渡新加坡遭飓风却大难不死的雷骏声经商成功以后,"积资甚厚,携眷归,建广厦奠堂寝以祀先人,构书斋延名师以课儿侄。青山岭北大路崎

①福建省南安县志编纂委员会.南安县志·华侨:卷 12[M].南昌:江西人民出版社,1993:329.

②刘安居,陈芳荣.南安华侨志[M].北京:中国华侨出版社,1998:92.

③福建省南安县志编纂委员会.南安县志·华侨:卷 12[M].南昌:江西人民出版社,1993:329.

岖,捐资独建,又捐筑芦溪桥,安溪水灾,饥者、溺者数千,船粟往哺"。① "遵母命"的孝子黄奕住"乃独立创办楼霞乡斗南小学及救济医院,以安置儿童就学,贫病之就医"。"他如新加坡中学校、北京岭南大学、厦门英华书院、教育会女子学校、义务学校,均热心捐助。""近复在鼓浪屿办慈勤女子中学,继承先志,规模之大,冠绝一时。"②华商李耀垣,祖籍南安,"力行公益慈善事业,如修筑山腰至后垵、风山至洙渊各路二十余里。邑之澳汀桥、泉之顺洲桥,开元慈儿、养老两院,花桥善举公所之施药、平粜、度岁以及各地赈济救荒,多以千计,少以百计,未曾稍吝。尤热心教育,若创办本乡金山学校、若泉之培元学校,佩实小学,若厦之同文、英华两书院,若南之金陶学校,无不踊跃,乐输巨款。其最为难得者,莫如泉州府学文庙多年失修,染柱蛀损,倾欹在二尺以外。岁在丙寅,当道请吴绅桂先生为募修,耀垣与绅桂交厚,闻之慨然独任鸠工庀材,越年告竣,计费银七千。其两庑以驻军阻碍,略为补粗罅漏而已,复储三千元,备终来续修之用"。③ 柯祖仕"置祀田为祖祠祭费,设义塾供人来学。每值故乡荒年,购米平粜,迭糜巨金。其余如捐修庙宇、舍药施茶、刊刷善书及筑桥造路,诸善举悉彰彰在人耳目,其尤著者则在于赈贫困恤孤寡,岁以为常。终君身如一日,故至今尤称道不衰"④。黄志信在光绪"丁酉(1897年)修造灌口前场路,长五六里。己亥(1899年),灌饥,米斗千文,汇洋五千元,在灌设平粜局。辛丑(1901年)捐金七千,重修风山庙"⑤。1935年,安溪发生特大洪水,灾情特别严重,华侨捐资赠物赈济家乡灾民达20930元,大米3万公斤,衣服23063件,缅甸华侨陈良粮除捐汇泉州救济总会施赈外,又汇款1万元赈济安溪家乡灾民。⑥ 从中可以看出,海外华侨素有关心桑梓、造福社会和改良乡村社会的历史传统。

清末民初,海外华侨的慈善事业从造路桥、修庙宇、赈济等方面转移到捐建学校、医疗卫生与救济慈善机构建设等公益事业方面。在医疗卫生与救济机构建设方面,育婴堂、养老院等西式的慈善机构建立,海外华侨的参与也起到了重要的推动作用。最早的慈善事业机构是花桥善举公所,南安开明商绅黄搏扶、黄谋烈乃是发起人,并屡屡向海内外劝募经费,筹办各项慈善项目,1930年《庚午年征信录》

---

①福建省南安县志编纂委员会.南安县志·华侨:卷12[M].南昌:江西人民出版社,1993:329.

②福建省南安县志编纂委员会.南安县志·华侨:卷12[M].南昌:江西人民出版社,1993:329.

③福建省南安县志编纂委员会.南安县志·华侨:卷12[M].南昌:江西人民出版社,1993:330.

④福建省南安县志编纂委员会.南安县志·华侨:卷12[M].南昌:江西人民出版社,1993:330.

⑤福建省南安县志编纂委员会.南安县志·华侨:卷12[M].南昌:江西人民出版社,1993:330.

⑥陈克振.安溪华侨志[M].厦门:厦门大学出版社,1994:136.

载:"这一年吴记藿等为该所向旅菲商侨募款十九起共六千零一十四银元,其中吴本人捐了五百银元。"又记载:"这一年除菲律宾外,还有新加坡南安会馆以南邑商侨募得三起共一千八百银元。"又如旅菲侨商吴记藿于1919年在拨巨款认购泉安汽车公司股份时,就从投资股份中拨出三万五千银元作慈善基金,其中捐助开元慈儿院、温陵妇人养老院、花桥善举公所各一万银元,泉州温陵男人养老院五千银元,充实这些慈善机构固定基金①。华侨叶兴螺,捐资十五万银元,兴办金淘敬老院,主要收养孤寡老人。又如叶启元,鉴于当时西医诊费及西药价格较高,为减轻患者的经济负担,于民国十三年于泉州城内南岳后街创办公立西医院,只出挂号费,不出诊费与药费,后又与苏天赐等在鼓浪屿创办同仁院。开元慈儿院创办后,南邑商绅王振邦多次将所开设医馆诊金献给该院,可见华侨在"花桥善举公所"的创办及创办后的运作中,都给予很大的财力和社会支持。可以看出,在泉州地方社会的慈善事业特别是创办医馆、救济、养老院等慈善机构的过程中,华侨群体起到了十分重要的推助作用。

泉州育婴堂的建设,开始于19世纪40年代,比西方传教士创办的教会育婴堂稍迟。安海养生堂自1844年创办到1949年间,收养女婴共计达21504人。1911年以后,以地方宗教团体与海外华侨结合组建的育婴堂,也得到了很大的发展。泉州开元慈儿院创办于1925年,由开元寺和尚出行南洋捐款,得到东南亚海外华侨的广泛支持。此外,1912年建立的两家养老院,也在此后的一段时间里获得了海外华侨资金的赞助。海外华侨建设地方性慈善机构,包含有结合地方乡绅力量把旧有的地方寺庙组织改建成现代性的慈善机构的目的。例如,光绪四年,泉州传染病流行,地方乡绅在原供奉保生大帝(医神)的花桥慈济宫创办"花桥善举公所",义务门诊、赠送药物、施棺、度岁等。东南亚泉州籍海外华侨在"花桥善举公所"的创办及创办后的运作中,都给予财力支持。这个慈善机构在20世纪上半叶一直十分活跃,对泉州城区的民众有着深刻的影响。"花桥善举公所"是近代泉州最著名的慈善机构。该公所前身为泉郡施药局,是由花桥慈济宫主办的慈善机构,在改为善举公所后增设了"度岁"、"恤嫠"等救济项目,民国时期又增设"养济"、"平粜"、"施棺"等项目,抗战时期专门设立"筹赈会",曾连续施赈15次,惠及众多战时难民。公所的首任董事长为进士黄搏扶,次任董事长为举人陈仲瑾,他们都是清末民初泉州的著名士绅,但公所的主要经费来源及董事皆为南洋华侨。1925年的《泉州分给度岁覆实录》记载,当年所收捐款1221315元中,菲律宾各埠共捐534215元,印度尼西亚各埠共捐2264元,安南各埠共捐1367元,新加坡捐200元,南洋救乡会捐300元,海外华侨捐款约占总数80%。此外,公所下属施棺局的经费,历来都由新加坡董事会提供;抗战时筹赈会赈济华侨难民的经费,主要是由港菲平粜会提供。② 中华人民共和国成立后,这一慈善机构仍继续存在,但先后改名为爱国赠药

---

① 泉州市华侨志编纂委员会. 泉州市华侨志[M]. 北京:中国社会出版社,1996:262-263.
② 花桥善举公所·乙丑年全州分给度岁覆实录[A]. 花桥赠药处义诊所董事会藏.

处和泉州市赠药处，其救济范围及规模都大为缩小。泉州花桥善举公所作为华侨资助的民办慈善机构，集中反映了海外华侨参与泉州侨乡公共事务的传统与特色。

近代泉州的慈善机构与救济事业，也大都由海外华侨创办或捐资赞助。据记载，清道光二十四年（1844年）创办的晋江县安海养生堂（后改称育婴堂），是近代泉州华侨资助创立的最早慈善机构。安海养生堂的创始人倪子范是贡生，同时也是侨属。他从南洋募集捐款，然后在安海镇内购置36间店铺和住宅为堂产，以所得租金作为育婴堂经费。受其影响，晋江陈埭、东石和南安岑兜、内厝等地都设立了由华侨资助的育婴堂，收养弃婴。① 光绪三十一年（1905年），晋江流域发生了罕见的大水灾，受灾范围波及晋江、南安、安溪三县。灾后设立的筹赈局，从一开始就以华侨为主要筹款对象。《泉郡赈灾征信录》记载，当时议定的救灾方案宣称："拟函达中外各商埠筹集捐款也⋯⋯此番灾区之广，灾黎之多，官款民捐既属杯水车薪，惟有函达中外各商埠筹集捐款，庶几众擎易举，相与有成。各埠商贾，每不忘所自，身虽远出，素重乡情，忠信旅涉波涛，礼义生于富足。"为了广泛募集华侨捐款，筹赈局还专门在海外报纸刊登广告。在《征信录》中有如下记载："一、开垤、怡报广告五天，去银二十二元四角；二、开垤、怡、香江上报费，去银五元八角。"海外华侨果然不负众望，先后共捐款3万余元，约占筹赈局募款总数的80%。在此次赈灾活动中，委任蔡资深、黄猷炳等华侨富商为"办理绅董"，在海外各商埠也委任了一批"劝捐绅董"。此外，在事后发布的《泉郡赈灾征信录》中，还表彰了一批海外华侨社团和慈善机构，如槟榔屿平枲局、吕宋闽帮公所、怡朗闽帮公所、安南闽帮公所、大吡呖闽帮公所、小吡呖闽帮公所、新加坡天福宫、实吻平枲局等。② 这些事迹说明，在晚清泉州地方社会的慈善公益事业中，海外华侨已经走上前台，开始担当重任，扮演了极为重要的角色。

第二节　华侨群体与近代泉州社会慈善组织的嬗变

在晚清民国泉州社会的慈善公益事业历史演进中，华侨群体是泉州地方社会慈善公益近代转型的主体力量。这里主要从救济资金来源、管理体制等方面论述华侨群体与近代泉州社会慈善组织的嬗变。力图对晚清民国时期泉州地区慈善事业的发展演进、时代特征做一探讨，进而揭示出华侨群体与近代泉州慈善事业转型和社会变迁的相互关系。

---

①泉州市华侨志编纂委员会. 泉州市华侨志[M]. 北京：中国社会出版社，1996：261-262.
②泉郡赈灾征信录：卷1[A]. 厦门图书馆藏.

清代承袭了明代的财政制度,大幅度削减了地方财政预算,[①]地方公共事业越来越依赖于乡族自筹资金或绅商的捐输。其结果是激发了民间主导善会善堂等慈善事业的能力。善会善堂从明末开始有很大的发展,它们由本地的精英士绅"民捐民办",推动了地方的自治化和精英对地方公共事务的掌控。从19世纪中期开始,泉州逐渐形成侨乡社会,许多华侨凭借海外积累的财富完成了自身的绅士化与精英化的蜕变。与那些在别的地区,尤其是江南地区由传统精英或近代精英主导的旧式的善会善堂或新式的近代慈善组织不同,近代泉州的慈善组织,在财力上的最重要支撑力量来自海外,组织人员上也严重依赖海外,即使是科举出身的传统精英也与海外华侨有千丝万缕的联系。

在晚清以前,与其他各州县一样,泉州也有一些政府设立的慈善救济机构,如清代承袭明制设立的养济院和清雍正二年(1724年)各地均奉雍正帝诏令设立的善堂,[②]但是民办的善会善堂却极其少见。

道光廿四年(1844年),兼有华侨眷属身份的贡生倪子范在南洋地区发起募捐,用筹集的经费在泉州府晋江县境内的安海镇创办了安海养生堂,这是在海外筹款最早的泉州民间慈善机构。清光绪四年(1878年),在泉州城中供奉保生大帝的花桥慈济宫内成立了"泉郡施药局"。到光绪二十年(1894年),以进士黄搏扶为董事长的董事会成立,正式发动成立"花桥善举公所",将原有的施药局纳入其下,称为"花桥施药局",由善举公所统一办理各项慈善事业。善举公所的慈善活动以施药、施诊为主,遇必要时公所加办"度岁"为临时救济,即于年关之时施给贫民粮米银钱,此外还有养生嗣(抚养孤儿)、敬节(按月施赠贞节寡妇)、烧字纸(雇人拣拾字纸,投入亭焚烧)等举措,民国时期又成立了下属的平粜委员会。善举公所初期的董事成员主要是有功名的地方名流,如进士出身的黄搏扶、黄谋烈、吴桂生、曾振仲,举人出身的陈仲瑾等人以及一些宗教界人士。但是随着海外华侨地位的提高,董事会成员中华侨和侨眷人数不断增加。科举出身的名流许多也有了南渡的经验,如进士吴桂生在辛亥革命之前就曾经南渡菲岛游历;民国时期加入董事会、后任第三任董事长的叶青眼在反对袁世凯的二次革命失败后也转赴菲律宾执教。辛亥革命后,这些绅士若受邀到南洋旅行,到处都能受到同宗华侨的欢迎,即所谓"打蕃客的秋风"。[③] 1903年在石狮成立"石狮慈善堂",也是由旅菲归侨蔡碬贵、蔡由群、黄城、吴文章等发起组织的。[④] 显然,清末泉州地区民间慈善组织,不论人员构成或经费来源都离不开海外华侨的支持,海外华侨已经成为地方精英的新生力量,

①郑振满.清代福建地方财政与政府职能的演变——《福建省例》研究[J].清史研究,2002(2):23-26.

②光绪.礼部·风散·收养幼孤·大清会典事例:卷406[M].

③陈泗东.泉州华侨史料拾零[M]//幸园笔耕录.厦门:鹭江出版社,2003:41.

④王显增.石狮慈善堂[G]//石狮文史资料委员会.石狮文史资料:第5辑.石狮文史资料委员会印,1986:12.

积极参与地方慈善公益事务。清光绪三十一年(1905 年)，泉州地区发生了一次罕见的大水。灾后组织了泉郡水灾筹赈局，这个筹赈局基本上也是依托花桥善举公所的组织在运作。筹赈局由泉州知府、晋江县知县、南安县知县及安溪县知县担任名义上的总理赈务，实际运营操作则由有功名在身的黄扶、林骚、吴增、林鹤、宋应祥、曾遒、黄孙、吴铭、施炙、张靖等，以及蔡资深、黄猷炳等海外华侨作为办理绅董承担。除了办理绅董外，在泉州本地及岷埠、怡朗安南、大小吡呖、泗水等埠，都有数名不等的劝捐绅董，成员都是商人和海外华侨。

《泉郡赈灾征信录》记录，本地绅商共捐银三千五百一十二元，而上海泉漳会馆捐银二千零五十四元八角，二十五家商号共捐银二千零五十九元，已经将近本地捐款的三分之二。小吕宋华侨蔡资深独捐五千元；小吕宋所有商号加个人共九十条，捐银达一万九千四百九十六元，数量远远超过了本地捐款。不仅如此，除了有蔡资深等人直接参与筹赈局事务外，海外华侨在捐款的同时也对筹赈局事务进行遥控，如槟榔屿捐款时指明要补办平粜五千元，并提出购办棉衣。梁元生在上海的慈善机构讨论中指出，"善堂组织和慈善事业为商人提供了一个管理公务甚至厕身市政的机会，以及与地方官员士绅共议联治的场所"[1]。在 1905 年泉州水灾筹赈局的领导阶层中，除了科举出身的传统精英外，挺身而出的商人主要为归侨、海外华侨和旅居宁波、上海的商人。这说明，晚清时期的泉州华侨和在外地的泉州商人，在地方事务中已经占据了举足轻重的地位，参与公共事务的并不仅仅限于居住在家乡的归侨，在外乡的人们也通过各种渠道积极参与，包括旅居上海、宁波等地的泉州商人。事实上，虽然 19 世纪的欧洲国家已经确立了民族—国家的体系，[2]并把这个体系向世界扩散，晚清到民国的中国也确实在向一个近代民族—国家转变，然而对于长期以来生活在国家权力控制度低下，本身属于地方、乡族更甚于属于国家的基层民众来说，去独立前的南洋各埠谋生与去上海、宁波之间并无本质的区别，身在外乡的从事国内贸易的那批泉州商人与海外华侨一样，都积极参与家乡的公共事务，不过进入近代，海外华侨的力量更加明显。[3]

民国建立后，政府陆续颁布了一些关于慈善救济的近代法令法规，设立了专职于此事的国家机构，慈善公益事业被纳入近代国家的制度范畴，开始受到近代国家强化了的公权力的管理引导，慈善机构需要向政府进行登记立案和报告审查。民国时期泉州建立的民间慈善机构，如泉州妇人养老院、开元慈儿院等，与清代的善

①梁元生.慈惠与市政：清末上海的"堂"[J].史林，2000(2)：32.

②[英]安东尼·吉登斯(Anthony Giddens).全球国家体系中的民族—国家[M].上海：生活·读书·新知三联书店，1997.

③蒋楠.从慈善事业看近代华侨精英与侨乡公共事务——以泉州花桥善举公所为例[J].华侨华人历史研究，2008(1)：60.

会善堂有很大不同,这些慈善机构模仿的是西方慈善组织架构。① 相比晚清,民国政府的行政组织能力和监控能力都有很大提高,对民间慈善组织也能提供适当的经济援助。民间的慈善公益事业,也可以在支付利息的前提下,向国民政府申请借用一定的救济准备金,如泉州花桥善举公所的平粜委员会,就曾经向省赈济委员会商借救济准备金为平粜资本。但是这并不意味着国家有能力担负起整个慈善救济事业。民国时期泉州城内建立的慈善组织,官办的有 1930 年解散的感化院、平民救济院,起初开办费及经常费均由县政府比照赈捐数目向市上店铺征收,还有试图让妓女从良的公立“济良所”等。② 其他民办及一些新成立的社会团体所办的慈善机构几乎都需要向海外华侨寻求资助。因此泉州地方的慈善公共事务仍大多数借助于海外华侨,海外华侨甚至能够做到国内力量难以完成的事情,如民国建立的泉州慈善机构中,原为官办的平民救济院甚至需要在南洋筹集经费才能维持支撑下去。民国泉州民办慈善组织的运转基本上依赖着海外华侨的支持。1919 年晋江县中医公会筹办的“公立中医院”,患者就诊只需要交挂号费一角,该院的经费部分来自县政府在屠宰税项下拨充。后来中医院的董事会向南洋华侨筹集了一笔资金作为资本,开设人力车公司,以出租人力车的收入作为医院经费。太平洋战争爆发后,因为侨汇中断,医院经费陷入困境,终于停办。1924 年创办的开元慈儿院为佛教界所创办,其在马六甲、缅甸、新加坡各有一个海外董事会,槟榔屿则成立一个赞助委员会,与国内的董事会组成海内外联合董事会。1929 年成立的泉州妇人养老院,其主要经费来源有三:一为旅菲华侨吴记霍捐助的泉安汽车公司股份一万元逐年收入的股息;一为南洋各埠华侨汇来的捐助及各在地董事的补助;一为市内院产所生利息,该院直至 1961 年之前都一直有海外侨胞汇款资助。1934 年设立的温陵养老院则是由旅沪富商伍泽民捐出二千元为开办费,延请叶青眼为院长,吴增为董事长,又请菲律宾归侨丁子湿为监院。此外,由英国长老公会设立的泉州惠世医院,1917 年、1932 年两度向南洋募捐以扩大医院。1942—1945 年前后,闽南鼠疫严重,惠世医院担负着拯救病患的重责,当时亦是由花桥善举公所向旅沪泉州商人组织紧急求助,为惠世医院筹得鼠疫疫苗。③ 随着民国建立和近代通信手段的发展,“实业救国”中华侨投资的国内实业股份和海外董事会成为这一时期华侨主导家乡公共事务的特色手段。国共内战时期物价狂涨,币值直泻,用一般的捐款办法无异于白白浪费捐款,所以此时开元慈儿院的经费主要是来自由马六甲董事会保

①蒋楠.从慈善事业看近代华侨精英与侨乡公共事务——以泉州花桥善举公所为例[J].华侨华人历史研究,2008(1):60.

②泉州市文史资料委员会.泉州民办慈善事业简介[G]//泉州市委员会文史资料研究委员会.泉州文史资料:第 1 辑.泉州市委员会文史资料研究委员会印,1981:86.

③蒋楠.从慈善事业看近代华侨精英与侨乡公共事务——以泉州花桥善举公所为例[J].华侨华人历史研究,2008(1):61.

管的橡胶园收入和由新加坡董事会、菲律宾董事会保管的基金存款。① 从清代承袭下来的花桥善举公所在民国时期继续作为泉州最重要的慈善组织而活跃着。泉州城乡及附近的晋江县是传统的缺粮地区，抗日战争期间，"米荒"尤其严重。民国中第一次遇奸商哄抬米价时，适逢前清举人陈仲瑾身在香港，即劝募国币二十余万元，作为平粜经费，善举公所开始从事平粜。抗战期间，华侨社团港菲平粜会亦曾通过平粜委员会赈济华侨难民。除平粜、度岁、施药施诊外，善举公所也有施棺局，帮助贫家办理丧事，为流丐、浮尸、客死之异乡人提供收埋。花桥善举公所的董事之一陈仲瑾发起建立的西隅学校，也有一个旅菲董事会。得益于通信手段的进步和近代商业的发展，与海外华侨社团的合作、海外董事会的管理运作以及海外基金收益，是泉州慈善公益事业运转的一大特色与支柱。在花桥善举公所历年征信录中，募款经手人，除了南洋各地的海外华侨或者各商号、个人直接捐款外，还经常通过南洋各地的华侨社团组织。这些社团组织，民国以前以传统的公所会馆为主，民国后随着国内近代化的推进，也创建了许多近代华侨社团组织。早在明清时期，海外华侨在侨居地建立会馆和公所已相当普遍。在寻找中国社会公共领域的行动中，会馆、公所往往被当作市民社会中公共领域的活动基础之一，是参与地方慈善公益公共事务的一种组织方式。这些社团一般都开展"寄柩"、"义冢"等慈善公益活动，为在外地的同乡提供帮助；在故乡有困难时也会积极地提供帮助。上海泉漳会馆在泉州历次救灾活动中，就发挥了很大作用。会馆与公所并不仅限于国内，在侨居地华侨和在国内其他地方的同乡一样，建立了许多会馆、公所。大约 16 世纪以后，海外华侨社会中已有与本土会馆、公所等组织相似的社团。在晚清政府正式承认华侨合法身份以前，海外华侨得不到来自国内的保护，而且由于环境的压力，比在国内更需要互相扶助。因此，海外华侨社团组织在形成之初，就已经有自治的传统。除了会馆、公所外，一些华侨社区也同国内一样，出现在地华侨乡设有职能专门化的善会善堂，如新加坡天福宫实叨平粜局和菲律宾花桥善举公所。与此同时，国内的上海泉漳会馆和宁波泉郡会馆以及成立于 1897 年的花桥善举公所，也都积极参与了此次赈灾活动。在现存的《花桥善举公所征信录》上出现的海外华侨会馆、公所，则有新加坡晋江会馆、菲律宾花桥善举公所等。创立于清光绪三年（1877 年）的菲律宾花桥善举公所，此前已经开始从事当地华侨社会的善举事业，只是无公所之名，善举公所的主持人就是当地的华侨甲必丹。1893 年花桥善举公所向当地官方立案，名为菲律宾中华总会善举公所，在花桥善举公所的征信录上则一直以花桥善举公所的名字出现，菲律宾花桥善举公所在当地也主办了医院和华侨义山。应该指出，以前的海外华侨社会，并不是游离于本土社会之外，而是始终与本土社会保持紧密联系。这些利用传统资源组建起来的会馆、公所、善堂，也同国内的同类社团一样，受到近代民族国家逐渐成形的影响，在对泉州地方慈善公益

---

①民国晋江赈济会档案.开元慈儿院卷［A］.晋江档案馆藏.

公共事务的参与方面更加积极。此外,海外华侨社会也同国内一样,发展出近代的社团组织。比起公所、会馆这些传统组织,在《花桥善举公所征信录》中占据更多版面的,是华侨汇兑信局同业工会、岷埠中华医学会、岷埠怡朗中华总商会、万仁罗计省华侨联合会等近代华侨社团组织。海内外的泉州人对家乡慈善公益公共事务的参与是互为一体的。① 民国时期,"由于辛亥革命的胜利受益于华侨的支持,因此此后建立的政权给予华侨一种政治上的特权地位,使他们能够在不同的情况下代表民间社会向政府机构做出批评性的评议"。② 辛亥革命后民国政府给予了海外华侨较高的政治地位。在近代民族国家建立过程中强化的民族主义情感,使华侨参与故乡公共事务的积极性更为提高,不再只是单纯地修桥补路或捐款助学以光宗耀祖,提高自己宗族、家族在乡里的地位,而是全面参与国内或者故乡的公共事务与政治事务,成为公益事业和慈善事业的领导阶层。海外华侨通过革命行动和公共事业的建设营造出来的公共空间,对侨乡社会产生了直接影响。晚清以后,由于政治制度的现代化和民族主义的影响,国内外社团都有明显的政治化倾向。以菲律宾华侨李清泉为首成立的南洋闽侨救乡会发起的闽侨救乡运动即是一例,而且他们渐渐也不再局限于家乡的公共事务。1925 年上海发生五卅惨案,印尼泗水的晋江公会"愤懑填胸……派代表四处联络幸得三十七团体之同情,成立外交后援会,即日筹款,分组募捐以救济罢业工人……"③。泉州的海外华侨社团在民国时期甚至把眼光投向了全国。花桥善举公所在新加坡的募款经手人是晋江会馆的蔡多华,蔡氏同时也是民初成立于北京的孔教会之新加坡分会的发起人之一。1928年,花桥善举公所在菲律宾的募款经手人吴记藿、吴福奇等遵循孙中山先生"航空救国"的遗训,在菲律宾组建了"航空委员会"。④

海外华侨是近代泉州社会地方精英的一个重要组成部分,是地方公共事务中颇有话语权的一股新生力量,他们与旧式精英之间并无利益冲突。在泉州,出身科举的士绅与海外华侨有极其密切的关系,有的本身就是海外华侨或归侨侨眷,有的在科举废除后接受海外华侨邀请出洋旅行或任教。在晚清民国泉州的慈善事业中,海外华侨社团与国内地方慈善组织、传统士绅阶层与新兴华侨精英阶层实现了有机的对接和整合。民国建立以后,海外华侨地位和影响力迅速提升,成为国家与泉州侨乡基层社会之间的桥梁,为地方慈善公益进而代表泉州侨乡社会与国家和政府展开互动对话。

① 蒋楠. 从慈善事业看近代华侨精英与侨乡公共事务——以泉州花桥善举公所为例[J]. 华侨华人历史研究,2008(1):62.

② 泗水晋江公会筹款救济罢工征信录[A]. 福建省图书馆藏.

③ [日]夫马进. 中国善会善堂研究[M]. 北京:商务印书馆,2005:643.

④ 蒋楠. 从慈善事业看近代华侨精英与侨乡公共事务——以泉州花桥善举公所为例[J]. 华侨华人历史研究,2008(1):62.

第三节　华侨群体慈善捐赠的动因及特点

一、华侨群体慈善捐赠行为的动因

华侨群体慈善捐赠行为的动因多种多样,从行为发生学的角度看,引起和维持慈善捐赠行为的根本要素和先决条件主要包括主观的内在基础和客观的外在基础。强烈的地缘认同,满足社会地位补偿和功利主义的心理需求,以及实现自我人生价值的思想境界是华侨群体捐赠的内在动力,地缘认同文化底蕴的支撑,以及侨务政策的激励、自身经济实力的增强等是华侨群体慈善捐赠的外在动因。

(一)社会地位补偿和功利主义的心理需求

在长期的跨国移民实践互动中,海外华侨与泉州侨乡社会逐渐形成了基于道义基础的社会地位补位关系。海外华侨捐赠履行道义责任的动机很大程度来自祖籍地能够给予一定的社会地位补偿,让其能够提升自己的社会声望和获取地方政治资源。海外华侨基于慈善责任的捐赠行动都是积极、纯粹的奉献,是一种完全的利他主义。但是并非所有捐赠者都出于道义传统的驱动,也不是所有捐赠者都不求回报,有的海外华侨捐赠动机是互惠主义,是利己基础上的利他,这些人的捐赠动机其实是受到了西方功利主义公益伦理思想的影响。功利主义代表人物英国思想家边沁认为:“功利原则指的是当我们对任何一种行为予赞成或不赞成的时候,我们是看该行为是增多还是减少当事者的幸福。”[1]另一功利主义思想家穆勒则认为,“功用主义所认为行为上是非标准的幸福并不是行为者一己的幸福,乃是一切与这行为有关的人的幸福”[2]。在西方功利主义思想的影响下,海外华侨捐赠时往往会存在着程度不同的对收益回报的期望,既有对物质回报的希冀,也有对非物质精神收获的企盼。慈善捐赠的动机主要来自捐款数额给捐款者带来极大的满足感和成就感。这种满足感和成就感包含有“教徒捐奉那样的内心得益”,但更取决于从捐赠中获得预期的社会声誉享受和荣誉感。他们捐赠慈善公益事业,是为他们在外漂泊的岁月找到一种心灵的归属,为他们“光宗耀祖”、扬名立身找到了一个机会。应当看到海外华侨捐赠地方慈善公益事业也是“社会地位补偿”的一种心理需求,是功利主义的一种实现,并且有助于提高他们的社会影响力和事业的更大成功,捐赠者物质的付出必然伴随着社会声望的提高和功利主义心理满足作为回报和补偿。

①周辅成.西方伦理学名著选辑:下卷[M].北京:商务印书馆,1987:211.
②约翰·穆勒.功用主义[M].北京:商务印书馆,1957:18-33.

（二）实现人生理想信念的价值追求

海外华侨慈善捐赠实现的内在因素，是出于一种需求与欲望。在经济动机之外还有非经济动因，这种动机主要是因为经济不仅是满足个人自然物质的需求，而且是自我实现的工具。著名心理学家马斯洛的需求阶梯理论认为，每个人都有五个层次的需要：生理的需要、安全的需要、社交或情感的需要、归属尊重的需要和自我实现的需要。海外华侨在满足生活富足之余，当然会把追求尊重和实现自我人生价值作为自己的最高目标。人生价值的衡量不依赖于个体，而是社会大众。因此，赢得地方社会的认同和赞许是实现由个体的人转变为社会的人，最终实现自身人生价值的重要途径。海外华侨长期生活在国外，由于文化和传统的差异，在海外备受异族歧视，心灵压抑，具有强烈的表露自己和希望受人尊重的愿望。他们尽管生活富裕，但由于文化的差异，在海外很难融入当地的主流社会，他们自然会把追求社会名望和尊重的人生价值行为转向自己的故乡，捐赠慈善公益事业是一项伟大而崇高的事业，海外华侨在侨乡社会捐赠可以流芳百世，受人尊崇，提升社会地位，海外华侨在人生价值实现的心理驱使下，自然将捐赠投向慈善公益事业上来，海外华侨捐赠行为既不是基于自身经济利益的考量，也不是因为获取精神上的慰藉和满足，而是因为他们跨国实践和践行慈善责任，实现自己人生价值的理想和信念的价值追求。

（三）文化认同和地缘认同的力量

海外华侨慈善思想的文化渊源首先应该是中华传统慈善文化和中华缘文化。海外华侨的捐赠动机与中华民族漫长历史的文化积淀密切关联。海外华侨虽然身在异乡，但他们生在中国，长期以来受到了中华慈善文化的熏陶，儒家的仁爱思想、利他思想对他们从事公益事业产生了深远的影响。他们在父辈的言传身教下，中华慈善文化已经深深地在他们的心中扎根。此外，海外华侨之所以桑梓情深与中华文化中的缘文化有密切的关系。由于文化认同和地缘认同的存在，海外华侨对祖籍地的捐赠呈现出持续性、家族性以及子继父业世代相传等特点，这些特点蕴含着他们对家乡那种浓浓的根的情结和对血脉家族的留恋和认同。在他们对家乡的捐赠中，文化认同和地缘认同是他们与祖籍地保持跨国互动的一根坚韧纽带。

海外华侨在政府侨务政策的激励，以及西方宗教慈善文化理念和公民社会行为准则的影响下，把回馈社会奉献社会当作一个普通公民应尽的责任和义务，因此许多海外华侨尽管自己的生活并不宽裕，但他们还是尽自己所能捐钱赠物、帮助家乡，把奉献社会作为自己人生价值观加以实践。可以说，海外华侨的慈善文化包含了中华传统文化、西方基督教慈善文化与西方公民社会文化，并形成独树一格的侨乡慈善文化。正是对中西文化的传承与融合，才使得他们始终保持着对祖籍地的持久的捐赠热情，才使得他们拥有一种强大的造福桑梓的动力源泉。

二、华侨群体慈善公益捐赠的特点

海外华侨群体对近代泉州地方社会慈善公益事业的捐赠具有项目的持续性、捐赠的家族性和子继父业、世代相传、制度化和民间化的取向等诸多特点。这些在一定程度上反映了海外华侨群体强烈的"乡土"情结和对宗族、血缘的多重认同，也反映了地方政府和华侨群体慈善团体相互配合的和谐关系。

（一）慈善捐赠项目的持续性

在早期第一代华侨的慈善捐赠带动下，一般还有第二、第三代华侨追随和继承祖辈开创的慈善公益事业。这种家庭继承捐助项目的情况在近代泉州侨乡社会比较多见。南安后坑村较早往跨国移民海外的是杨条有、杨条晋、杨世远和杨光宜等四大房。这四房中只有杨条有移民菲律宾，他先赴菲律宾的怡朗，后再移民印尼，其余二家均移民印尼。杨条有家族经肇基、孝行、仲清和应琳等几代人的经营，已崛起成为菲律宾颇具实力的财团之一。后坑华侨致富后热心家乡教育和慈善公益事业。从 1860 年，海外华侨捐办道南义塾始，一直对道南学校予以支持。道南义塾的创办者是菲律宾华侨杨肇基，他在马尼拉事业有成后，热心家乡慈善公益事业，捐资修建县署，创建道南学堂，修路造桥等。1908 年，随着国内新式学校的兴起，其孙杨仲清参与将道南义塾改建为道南学校，其办学经费主要由海外华侨提供，1948 年创立的菲律宾道南学校校董会，更成为学校的主要筹款机构。后来海外华侨为道南学校捐资捐物，并对学校的组织机构、办学宗旨等出谋划策。[①] 后坑道南学校从建校一直受到海外华侨的大力支持，捐赠几乎从未间断，具有持续性和稳定性特点。这种现象在近代泉州地区非常普遍。

（二）慈善捐赠范围的地缘性

华侨群体慈善捐赠地缘血缘色彩极强，具有较强宗族性。泉州社会大都是单姓村或以单姓为主，如南安后坑村是杨氏宗族最多。在捐助家乡教育事业方面，杨氏宗族主要通过宗族关系，联络世界各地宗亲，共同为家乡教育事业尽力。道南学校初创，其主要倡建人和海外捐资者多数是杨氏族人。学校的历届校长及海外董事会主持人也大都是杨氏族人。1918 年因战乱停办，也是由南洋各地杨氏宗亲杨仲清、杨序彩、杨伯钟、杨悌恬、杨世养、杨德从、杨德抱、杨世俊、杨助力、杨孝椿等宗族人捐助。道南学校就由海内外的杨氏族人联手创办并一直经营。侨光中学的创办与经营亦与后坑杨氏分不开，而海内外杨氏族人对侨光中学的支持也从未间

①谢美华.论海外华人的乡缘纽带——以福建省南安县后坑村籍海外乡亲的捐赠为例[J].八桂侨刊,2002(1):48.

断。① 在泉州地区,对家乡的认同与对宗族的认同密不可分。相比之下,宗亲的纽带更强于乡土纽带,抑或对家乡的思念常表现为对宗亲血脉的留恋。海外杨氏宗亲对故乡教育的支持,也是其宗族后人的眷顾。泉州地区的侨助学校一般都成立管理学校的董事会,主持制定办学宗旨,聘请校长,决定学校大权,负责与国外董事会或同乡会联络等事宜。在道南学校和侨光中学的倡建与发展过程中,海外董事会和同乡会在资金的筹措方面起了巨大作用。旅菲道南学校董事会、侨光中学驻菲董事会、旅港南安侨光中学校友会、后坑同乡会等,都经常出面向各埠乡亲、族人劝募。通过校董会、校友会和同乡会网络,学校与海外华侨群体建立了广泛的联系。

(三)慈善捐赠行为的传承性

海外华侨在慈善捐赠上还具有子承祖业、世代相沿相传的特点。华侨后代即使有心继承父辈遗志,也需自身具有相应的经济实力。如子孙后辈财力允许,大多不会漠视祖辈在乡土捐助的事业。在近代泉州海外华侨对家乡的捐助事业中,不乏子孙后代以父母、祖上名义捐赠的事例,这种方式虽有光宗耀祖之意,更多的是继承先辈遗志,完成他们的夙愿。南安后坑杨肇基一脉数代相沿,始终关心家乡教育,尤其是道南学校。杨肇基在海外致富后,1860 年创立道南义塾,其子杨孝行留居国内,为太学生。家道中落后,杨孝行子杨仲清随三兄前往菲律宾,初任店员,后又开设烟叶、碾米、酿造等加工厂。1931 年创办中华保险公司,后来又改名为马来亚保险公司。他与其祖父一样一直关心家乡慈善和教育事业,为道南学校创办人之一,任旅菲道南学校董事会董事长,侨光中学驻菲董事长,多次为道南学校、侨光中学事宜奔走于中菲之间。② 又如,1844 年,晋江安海华侨兼侨眷倪子范创立的安海养生堂,1891 年,其儿子倪孙廉接任第三届董事长,深得侨胞信任,纷纷以个人或社团名义,捐献经费或赠送乳品、布料、药品及其他幼婴用品。③ 南安华侨戴希朱父子于光绪年间(1875 年)募集巨资修建诗山书院。④

三、华侨群体慈善捐赠行为的社会效应

华侨群体对泉州慈善事业的报效,从其内在主观需求来说,既满足了他们光耀门庭、践履孝行的伦理需求,又丰富、升华了他们的人生价值。海外华侨在泉州侨

①谢美华.论海外华人的乡缘纽带——以福建省南安县后坑村籍海外乡新的捐赠为例[J].八桂侨刊,2002(1):48.

②谢美华.论海外华人的乡缘纽带——以福建省南安县后坑村籍海外乡新的捐赠为例[J].八桂侨刊,2002(1):49.

③泉州市华侨志编纂委员会.泉州市华侨志[M].北京:中国社会出版社,1996:261-262.

④福建省教育科学研究所课题组.福建华侨华人捐资办学史[M].福州:福建教育出版社,2007:12.

乡社会的捐赠,举办慈善公益事业,主要是为了提高社会声望,获取政府授予商贾官衔、赐予匾额等。或由海外华侨入绅,或追求名誉,通过捐赠财富种种义举行为,最终得到公众认可,提高世族的社会声望等。从客观实际效果来看,近代泉州华侨的善举行为,为侨乡社会救济保障提供了数量可观的资金,占侨乡社会救济经费相当份额。这在很大程度上缓解了当时政府社会救济投入的不足,对推广慈善事业普及意义重大。其次,他们对于泉州侨乡社会的现代性公益慈善事业的直接参与,不仅在观念上使慈善公益事业的内涵更为丰富和更具现代色彩,而且还克服种种困难努力付诸实际行动,使慈善公益事业具备了新的功能与作用,从而为泉州侨乡社会慈善的近代转型做出了历史性的贡献。

华侨群体慈善捐赠对泉州地方社会进步和经济发展具有重要意义。它直接改善了泉州地方基础建设,诸如道路、水利灌溉、桥梁建设、医院建设、寺庙和祠堂修缮建筑等,这些实际上是发展运输和改良社会风气等进行的投资。同时,应该指出的是华侨群体对于近代泉州侨乡社会的现代性公益事业的直接参与,具有浓厚的地方乡族主义色彩,带有鲜明的"光宗耀祖",维护家族与地方社会对外形象的"公共面子"的目的。与其说这是他们在家乡投入一种资本,还不如说是其自身价值适当得以展示的一种表征。换言之,华侨群体对宗族和泉州地方社会事务的直接兴趣是获取社会声望,这也符合他们自身的最大利益。不过,应该看到海外华侨的投资和捐助公益事业在近代侨乡社会也有超出利润的成分。就正统的传统观念而言,早期华侨的形象是与"海外异端"联系在一起的,是属于游荡在中华帝国之外的"逃民"和"海外罪民",他们的正面形象在得到官方认可的同时,也希望在民间社会一致赞许的公共事业方面能够体面地得到家族和地方社区的认同。① 因而他们的正面形象得到官方认可,也与他们在公共事业方面"炫耀性的善举"有很大的关联。

海外华侨和泉州社会各个利益相关主体都被卷入到一个道义传统、社会地位补偿与文化馈赠的角力场中。在这个角力场里,海外华侨不断地主动或被动地加入跨国实践中。一方面,他们从中获得了相应的社会地位补偿,修复了由于跨国迁移导致的社会评价体系中经济收入与社会声望的断裂,不同程度地实现了社会地位在跨国空间范围内的认可;另一方面,这种基于传统道义关系发展出来的跨国实践尤其是文化馈赠也反映海外华侨的意图,即有意识地重建比国家政府体制更为悠久的民间制度安排。② 慈善作为一种自我保险形式可以成为市场保险和政府的资源转移的替代。③ 跨国移民的捐赠或者说乡村社区福利实践,在一定程度上可

① 蔡苏龙.侨乡社会转型与华侨华人的推动:以泉州为中心的历史考察[M].天津:天津古籍出版社,2006:243-244.

② 宋平.中国新移民与跨国小社会实践[G]//罗勇,徐杰舜.族群迁徙与文化认同:人类学高级论坛2011卷.哈尔滨:黑龙江出版社,2011:205.

③ 加里·S.贝克尔.人类行为的经济分析[M].王业宇,陈琪译.上海:三联书店,1995:321-322.

以弥补地方政府缺位所导致的村落公共产品与福利项目的缺失,客观上也促进了泉州侨乡的集体性社会目标的顺利实现。

在近代泉州社会的转型中,慈善公益事业扮演着重要的角色,华侨群体是推动泉州社会慈善公益事业发展和进步的重要力量。近代泉州华侨群体的慈善活动几乎不曾间断过。财富的累积,社会地位的提升及中外慈善文化的熏陶促使泉州社会慈善事业的发展。但受泉州地方宗族和传统文化观念等因素的影响,近代泉州社会慈善公益事业推进并不十分顺利,各个侨区发展参差不齐。

华侨群体捐赠慈善公益事业,为动员泉州社会力量举办慈善公益事业起到了良好的示范作用,极大地丰富了慈善公益事业的内涵、特色以及模式的实践创新。华侨群体通过新式慈善事业实践和捐赠慈善公益事业,充当了捐赠慈善公益事业的先导,对近代泉州社会转型产生了积极的作用和影响。华侨捐赠慈善公益事业,可以形成一种特有的侨乡文化,促进向心力和认同感的产生。华侨群体捐赠慈善公益事业促进了华侨之间的团结互助,为泉州社会的发展营造了良好的外部氛围。这也是华侨群体在近代泉州社会凸显其历史地位和"爱国爱乡"情怀的集中体现,在近代中国慈善事业发展进步史上具有重要的历史地位和深远的历史影响。华侨群体是近代泉州侨乡现代性的慈善公益事业极其重要的开拓者和推进力量。尽管并不完美,但应当给予充分的肯定。

华侨群体与近代泉州侨乡社会之间的走廊生态圈,血缘、地缘色彩浓厚,而且基本上是对泉州侨乡社会的单向经济资助。事实上,在泉州与海外华侨群体之间,社会与文化跨国领域密切互动,善堂和民间慈善则是它的社会组织、文化和情感纽带的一个基础。通过对泉州华侨善堂的历史发展阶段和近代泉州侨乡社会公益慈善现象进行考察可以得出结论:海外华侨通过捐建公共场地场馆,扶持慈善社团组织,设立华侨专项慈善基金,倡导与弘扬现代慈善理念,活跃与丰富侨乡文化娱乐生活,传承与传播公益慈善文化,从物质、制度及思想层面逐步渗透,有力地推动泉州地区慈善事业现代化进程。政府自上而下的引导、民间自下而上的动员与互惠期望共同构成了其发展进步的动力机制。归纳起来,它有五个主要功能:有助于扩大慈善文化的社会影响;有利于华侨群体积极融入地方社会;有助于凝聚地方社会力量和扩大了社会网络资源;有利于引领社会变革,追求进步;也有利于泉州侨乡社会与海外文化保持良好互动关系,推动域外慈善文化与侨乡文化的交流互鉴和推陈出新。

第六章　华侨精英与近代泉州
地方乡族特征

　　乡族(宗族)历来是人类学、历史学、社会学等讨论的课题。学术界曾经为此集中讨论过维系宗族的因素和基础。英国人类学家弗里德曼认为,族产所形成的经济吸引力是维持宗族成员归属感的关键。许多学者曾围绕他所提出的宗族范式(the lineage paradigm)进行讨论,尤其是由族产引发的对宗族内部出现的经济和社会地位分化的争论。社会学家费孝通认为,宗族能够维系地主士绅的社会地位,但自耕农则不需要宗族。弗里德曼不同意这种说法,他认为,在宗族的框架下,富人会捐献族产、兴办公共福利而使族人从中得到益处从而缓和阶级冲突。弗里德曼及其后续的研究者对宗族的讨论还局限于相对封闭的中国传统社会。宗族内部由于人员、信息、货币、观念、价值的跨界流动形成了多重网络,在这种跨国网络的支撑下宗族已经演变成具有跨越地域与国界的开放、多边和流动的组织形态。因此,将泉州地方宗族形态放置在全球化、跨国主义以及逐步融入世界格局变动的背景下来加以考察和研究,更有助于揭示近代泉州地方乡族特征与华侨群体的跨国实践行为历史的逻辑关系。

第一节　华侨精英的崛起与泉州地方权力的变动

一、华侨精英的崛起与泉州地方权力的变动

　　值得注意的是泉州侨乡的形成与早期华侨的善举及其在侨乡社会形象的蜕变有很大的关系,这是一个互动的过程。泉州侨乡的形成是海外移民社会的外观形象改变的结果,早期华侨身份和形象的蜕变主要是通过对家族的侨汇、资助家乡和对家乡的一些善举行为来实现的。我们知道,在1860年以前海外移民都是禁止的,属于非法行为,海外华侨被视为"弃民"或"逃民",20世纪以前"华侨"这个概念是不存在的,只是到1908年在清末的宪政中华侨才被认可为一种国家政策和策略的对象,特别在清末的民主革命和辛亥革命中由于海外华侨各方面的鼎力相助和支持,因而民国创建之后海外华侨的地位及在中国社会以及侨乡社会中的形象,才出现了根本性的改变。应该说海外华侨在侨乡社会经济、文化变迁中所起的革命

性作用,远比他们在政治革命中所起的作用在侨乡民众的心目中更直观。

在辛亥革命、北伐战争、抗日战争中,海外华侨通过秘密社团与暴动运动等方式,促使建立民族国家政权的理念、反抗外来侵略的理想得到广泛传播。在泉州近现代史上一系列的社会变革的历史事实中可以看出,1911 年至 1945 年间,泉州政权频繁变动,首先是北伐以前的军阀统治,其次是北伐期间形成的临时政权,再次是促成"闽变"地方独立政权的十九路军政权,接着是抗日战争期间的国民党一党独裁专政。在这一系列的政权变动中,华侨始终站在他们眼中"革命"的这一方[①]。他们因为对革命的理解不同,所以也分化成不同的派别,有的倾向于维护宪政的一体性,有的则倾向于支持代表地方正义的力量,更有不少在抗日战争期间特地从海外回家,成为共产党的成员,积极参与对日游击战。此外,闽南地区的"新民主主义革命",也得到海外归来的华侨的积极参与以及留居海外华侨的财力和精神支持。

不过,海外华侨通过直接参与不同政党来参与不同形式的革命,恐怕只是他们在 20 世纪上半叶发挥作用的一个次要部分。从更广阔的视野看,当时的华侨在侨乡社会的权力和话语格局中已经开拓了一片相对独立的政治空间,因而可以说是侨乡地区一股颇有影响的政治力量。这股力量集中表现在能以独立的特殊身份提出自己的政治见解以及能对社会公益事业的诸多层面发生影响。尽管他们的影响是有限的,但华侨所持的立场,是以"大众公正"形象崭露在侨乡社会的政治视域内。"闽变"期间海外华侨代表团与十九路军会晤,其所提出的政治改革纲领就是一个典型的表现。与此同时,在与各种临时性政权交往的过程中,华侨这一群体也已经与地方社会构成既联合又超越的关系,他们通过对地方公益的投资和捐助,在地方社会接触了一批士绅势力,这使他们潜有的"乡族主义"情结有发挥的机会,同时获取了民间社会的政治资源。

从下述事例可以清楚看出晚清民初泉州地方士绅与海外华侨的关系和地位的变动。陈仲瑾(1879—1963 年),泉州人,光绪壬寅举人。1912 年至 1914 年侨居新加坡、马来亚、惹班、望引,及印尼之泗水诸地。1920 年侨居菲律宾,1938 年至1939 年居我国香港,1941 年至 1946 年再侨居菲律宾。根据他的经历,他曾经说:"南安南厅村菲侨林路,营造巨屋,人称'有林路的富,无林路的厝'。对泉州当时的翰林陈启仁、进士黄谋烈,非常奉承,多方设法与他们结亲。安溪陈姓巨侨,1894年来泉聘秀才陈张荣(即陈仲瑾之父)到安溪任家庭塾师,专教其两子,一年之薪水可养活十七口之家。其时绅士尚耻与华侨论婚嫁。戊戌变法之后至民国十六年(1927 年)前,泉州华侨逐渐与绅士平起平坐。我于 1912 年全家去印尼,路费是黄仲训送的,途经新加坡,船上被人欺辱,陈嘉庚欲代出面交涉,我婉谢了。侨居数年

①张家瑜,王连茂.辛亥革命在泉州[G]//泉州市委员会文史资料研究委员会.泉州文史资料:第 5 辑.泉州市委员会文史资料研究委员会印,1982:36.

的费用,全由陈乌生、蒋报企等承担,其时华侨多与绅士论婚嫁,女儿嫁到绅士家需多陪嫁妆奁,而绅士之女尚不大肯嫁给华侨,如蒋报企之女嫁举人某为媳,陪嫁房子一座。进士林翀鹤亦肯娶华侨之女为媳了。又绅士纷纷出洋旅游,到处有同宗华侨送程仪,谓之'打番客的秋风'。数月归来,余款一般可建一座二进三间张的中型房屋。此时绅士能够建屋一般是华侨赠送的款项。又记得 1910 年到菲为西隅学校募捐,不肯接受程仪,请把要送的钱转捐给学校,由菲教育会会长陈迎来出面宴客,陈光纯首捐大银二千元,一席捐得大银一万多元。又如晋江张林村某年杀军阀孔昭同的军队十多人,几被围剿废乡,孔勒索人命钱数万元,张林村无力付给,由我出面向当时华侨黄仲训、黄奕住所组织'华侨救乡会'要求帮助,得到救乡会补助二万元,付给孔昭同。在这期间,穷教员很多娶到华侨之女为妻。民国十六年以后至中华人民共和国成立前,为绅士日渐减少,新兴的绅士则是民军和国民党的军阀、党棍、地头蛇。陈国辉在泉敛款,被华侨告发而枪毙,由华侨力量请十九路军入闽,华侨地位大增。此时绅士谋娶华侨之女为媳或多方设法把女儿嫁到巨侨家,事例甚多。从前巨侨回乡常要先宴请绅士,以求庇护。现则绅士先请华侨,以揩其油。1938 年我到香港以及来到菲为救济和募捐,其情况与初次至菲不同,要多方说好话,托人拉关系,有钱人架子大,不能平起平坐了。"[1]戊戌变法前绅士尚耻与华侨论婚嫁。之后至民国十六年(1927 年)前,泉州华侨逐渐与绅士平起平坐。民国十六年(1927 年)华侨的地位逐渐超过了地方士绅。

形成一定地方势力以后,海外华侨这一群体对于家乡不仅有经济上的参与,而且还广泛地与当地社会团体结合起来,形成脱离于社会统治阶层之外的帮会。这些帮会主要包括商帮和船帮,前者主要为商人的结社组织,后者主要为专门从事海上商品运输和商业贸易的团体。显然,在一定程度上,清末泉州帮会与其他地区的帮会一样具有较高的独立性和民族意识。泉州商帮的影响不局限于商业贸易,还富有在外国帝国主义势力范围内开拓自己的势力范围的雄心,泉州商业帮会的活动场所,往往以当地的地方性信仰天后的庙宇为象征,这些庙宇到清末已经广泛分布于中国沿海地区,与帝国主义的势力范围正好对立。

相比之下,移居海外的华侨比居住在中国境内的人们,更早也更容易接触和接受西方的文化。诚如萨林斯所言,在原有文化符号体系较为软弱的地带,对西方文化的接受向来比较积极主动。泉州海外侨胞的居住地,就是在文化符号体系方面比中国软弱的地方,在这些地方华侨直接目睹西方文化的力量,从而比祖籍地的人们更早地意识到西方文化的"合理性"。

不过,过分强调这些因素,也许就会忽视另一极为重要的因素——"炫耀性善举",这是在传统的中国社会中公认的扬名的手段。"炫耀性善举"是指为了造福社

---

①陈泗东.泉州华侨史料拾零[G]//晋江地区华侨历史学会筹备组.华侨史:第 2 辑.晋江地区华侨历史学会筹备组印,1983:44-46.

会而以支付或投资的形式为地方或宗族的项目提供资金,支配他们行动的爱国爱乡的情怀在其有效地发挥作用之际传播着对社会的责任感。结果,很多在海外的华侨极其努力地积累资金,从而造福于宗族和地方社会,这些捐款是他们积蓄的一种出路,同时也给捐赠者以社会地位和社会声望。这样华侨也在民间社会中获取了政治资源,反过来这对他们进一步积累财富也非常有利。

每个家庭和家族在其成长过程中,都会出现一批受到崇拜的精英人物。所谓精英人物,在近代中国社会主要是由这样三种人构成:拥有科举功名的人,拥有一定经济实力的人,热衷于家族、家乡事务并有所作为与贡献的人。而在侨乡社会,海外华侨却是拥有相当经济实力的人。因而他们是侨乡社会令人崇拜的精英人物。不管哪种精英,他们均致力于家族事务的改善和强化,如重建祖庙、扩大系谱等。这些行为不全是利他主义,也包含着因赢得家族中的声望而自豪,包含着对其父祖履行义务的示范作用,期望能有助于子孙继续仿效。因此,他们与家族的关系乃是互相依存的关系。而周锡瑞(Joseph Esherick)则倾向于将这种地方精英看成一群把婚配、象征、经济资源动员起来建立自己的地位的人,特别确定他们作为理性政治行为者的层面。总之,所有家族精英人物的塑成,均与关心家族事务、维护家族共同利益有关。

晚清以降,泉州家族组织发生了一些不同寻常的变化,最引人注目的变化,也许是各个家族新出现的精英群成分结构的变化。在这个新精英群中东南亚的华侨不仅占比例最大,而且成了最受家族倚重的人物。从族谱以及有关这些新精英人物的传记中,我们能够看到这类新精英的表现:一是,他们通过诸如捆载而归、营建大厦、广置田园、分产兄弟、培养子侄等各种跨国实践活动用以光宗耀祖、大振门庭声威,赢得了宗族和家族其他成员的羡慕和敬崇,从而也将自己塑造成符合地方社会传统道德标准的高大形象。二是,他们依然遵循着敬宗尊族、关心并倾力支持家族公共事业的旧模式,来建立自己在家族中的威望和地位。这些行为仍然集中表现在出资扩修祠堂、扩大祀业规模、重修族谱和祖坟等。三是,他们对家族公共事业的贡献和介入范围,从总体上看,远远超出了旧式的精英人物。他们不仅注意修桥造路、舍药施棺、扶贫济亲、修补村防设施、兴修水利等慈善公益事业,而且对兴办新型的地方教育、公共卫生、医疗设施等非常感兴趣,并不惜投入巨额资金和倾注心血。他们已经不再将自己局限于宗族、家庭或家族的狭隘范围内,而是在更多更广阔的政治、经济生活场域中崛起并充分发挥强有力的作用和影响。除了支援地方革命事业外,他们还在近代工业、运输业、金融业以及城市基础设施建设与改造等方面,扮演着越来越重要的角色。四是,这些新的精英人物与地方旧式精英的最大区别在于他们是由新旧中西两种文化塑成的。[①] 他们既是旧的中国传统文化的保存者和继承者,但又继续顽固地维护着传统家族制度的旧有一套,继续同宗族

---

①王连茂.明清以来闽南海外移民家庭结构浅析:以族谱资料为例[G]//陈志明,张小军,张展鸿.传统与变迁——华南的认同和文化.北京:文津出版社,2000:20.

和家族保持着相互依存的关系。同时他们又是新的现代性的文化传递者,把长期生活在国外的大量新事物带回家乡。① 这些新事物包括各种新的价值观念、新的生活方式、新的生产与生活用具以及新的建筑形式,从而有力地推进了泉州社会文化和慈善公益的近代化进程。

在泉州侨乡的地方族谱中,记录了大量海外华侨捐助慈善公益事业的事迹,其中大多与乡族事务有关。例如,1941 年续修的《永春鹏翔郑氏族谱》记载,十七世金亲,"为人老成持重,里有纷争,善为排解。侨居马来亚,经营实业,关怀桑梓,鼓吹教育、文化及公益、慈善等事业不遗余力,历任族校驻洋校董会主席。民国乙丑举募族校基金与丁丑重修谱牒,均赖君之策划,以底于成。现任家族会顾问"。十八世开炉,"为人慷慨,重公益,为族校在洋雪兰莪港口校产付托人。民国丁丑重修谱牒,捐资策划,颇为努力,膺家族会副主席"。十八世开杉,"同盟会会员,竭诚党国,热心教育,历任侨校总理及鹏翔小学校董,家族总会执监委员,对族谱重修甚见努力"。十九世有柞,"侨寓南洋槟城,历任钟灵学校协理,光华日报董事,永春会馆副会长、荣阳堂总理"。十九世成份,"鉴族校图书仪器缺少,慨捐多金为助。荣膺福建省政府咨议,国民革命军第五路军顾问,竭诚效忠党国。岁丁丑重修族谱,捐款四千元,并向族侨劝募,不遗余力,在侨界颇负声望。现任英属霹雳怡保福建公会会长、家族总会主席及鹏校董事长,充基金达一万元"。二十世应珏,"曾任总统府顾问、国民政府华侨委员会顾问及家族总会执委、鹏翔小学校董,捐助族谱经费六百元"。二十世天送,"国立杭州艺术专科学校毕业……岁丁丑旅居马亚,族侨建议重修谱志,赖君之力尤多。其关心桑梓,慷慨捐输,率能克承先志。现任驻洋鹏翔小学校董及家族总会主席"。二十二世维忠,"泉州私立培元中学旧制毕业,曾任鹏翔族校校长,历任家族总会驻洋通讯处执委兼文书"。② 如上所述,鹏翔郑氏在海内外都设有家族组织、家族学校及教育基金,而主要家族精英几乎都在海外。由于海外华侨热衷于地方乡族事务,这就为泉州侨乡社会公共事务的传承提供了有力的保证,也集中反映了泉州侨乡社会公共事务的地方特色与传承机制。

在近代泉州侨乡社会公共事务的参与和传承过程中,水客、侨眷与地方士绅联合行动也发挥了极为重要的作用。《永春鹏翔郑氏族谱》记载,十八世开炉"配林氏,热心桑梓,捐助谱牒经费一千元";十八世兆弄"配林氏,诰赠安人,贤淑慈善为怀,年近期颐,寿辰捐助族校国币一千元";十九世廷丙"配苏氏,热心谱务,捐款二千元"。③ 又如,《郑母贞辉林安人墓志铭》记述:"太君虽不知书,而深明大义,居恒

①王连茂.明清以来闽南海外移民家庭结构浅析:以族谱资料为例[G]//陈志明,张小军,张展鸿.传统与变迁——华南的认同和文化.北京:文津出版社,2000:22.

②庄为玑,郑山玉.泉州谱牒华侨史料与研究(上册)[M].北京:中国华侨出版社,1998:115-194.

③庄为玑,郑山玉.泉州谱牒华侨史料与研究(上册)[M].北京:中国华侨出版社,1998:120-162.

劝诸子致意于社会国家慈善公益。如在大羽自办高小国民学校,十年中费以万计;岛居两次捐筑商民学舍五千金,间或输捐中外各校者为数颇多。至若捐助留产医院、孤儿院、贫儿教养院,以及社团一切义举,或以千计,或以数百计……他如营祠庙、修筑桥路、民国廿六年九秩寿辰多量施赈白米,以至最近购机购债,救灾救国,均慨出巨资为群侨倡。"①由于当时侨乡妇女大多主持家政,因而其在乡族事务中的影响力也不可忽视。

水客,主要经营侨批业,但由于常年往返海内外,在地方乡族事务中常常处于特殊的地位。例如,石狮市永宁《金埭黄氏家谱》记载,十五世当赤,"往来坻邦,受人委托,以信相孚。坻族人每岁所捐祭费,君历年为先带来,以赴费用,祀典得以无旷。祖事有不敷者,君亦时与鸠捐。其尊祖敬宗之心,有出于情不能已者。后日维持祖宗之事,亦于君寄其任焉"②。永春县《桃源前溪周氏族谱》记载,十九世华(字联坠),"少年营商于南洋,比壮以欲兼顾家庭,改执邮传叶,年可往回三四次,获利比在洋尤丰……丙辰、己未间,乡中修谱,华收回捐款,视为应尽之义务,不取工资。仁房河婶孀居无子,华怜其苦节,向南洋叔侄代陈状况,为募金买一子,以为之嗣,乡里称之"③。另永春县《儒林宋氏族谱》的《宋世勋先生事略》记载:"先生营商南洋多年,交游甚广,信义昭著,乃改执邮传之业,累资巨万。修祠宇,置祀业,遣子出洋留学,在乡兴办学校。倡修义龙坝长百余丈,因溪流湍急,五次始成,为街尾乡之屏障。儒林宋氏自元季由莆分支入永,仅于清初与莆田合修族谱一次,迄今又阅二百余年,先生倡议重修,亲赴南洋募捐,并董其事。其他如修桥造路,恤孤寡施穷等一切公益之事,亦无不慷慨捐资,毫无难色。"④这些水客在海内外都有广泛的社会网络,对侨乡社会乡族事务的传承作用也是不可替代的。

晚清民国时期,泉州社会的传统士绅也大多前往海外谋生发展,或是专职负责地方事务,成为海外华侨的委托代理人。永春《桃源前溪周氏族谱》记载,附贡生双喜,"少年入泮,具有干济才,迫于家计,往南洋谋生数年。自壮岁回归,族中事得其调济,虽纠纷无不了解,公由是以担当族事自任……与李牧树敏、王知事震丰最相得,尝举为禁烟局坐办,处理有方,成绩颇著。岁丙辰,族中有修谱之议,公集各房长商酌,举公代往南洋募捐,一方面在祠开局,分任各房读书人采辑历代昭穆、生卒,而公总董其事,虽未完备,而世次已昭然无缺"。州廪生永梭,"癸卯赴乡闱,留省从名儒谢叔元游。嗣以家计困难,改营商业。民国丙辰,乡中提议修谱,公举赴南洋募捐,事毕遂在洋营业。丙寅回梓,佐举人郑翘松纂修县志,并被举为永春华

①庄为玑,郑山玉.泉州谱牒华侨史料与研究(上册)[M].北京:中国华侨出版社,1998:200-201.

②庄为玑,郑山玉.泉州谱牒华侨史料与研究(下册)[M].北京:中国华侨出版社,1998:610.

③庄为玑,郑山玉.泉州谱牒华侨史料与研究(上册)[M].北京:中国华侨出版社,1998:208.

④庄为玑,郑山玉.泉州谱牒华侨史料与研究(上册)[M].北京:中国华侨出版社,1998:222.

侨联合会正会长。丁卯、戊辰,任家族修谱主纂"①。在海外华侨的支持下,这些地方士绅在乡族事务中仍有相当大的影响力,这也有助于泉州侨乡社会公共事务的传承和流转。

海外华侨不仅自己为社会慈善公益事业捐赠了可观的资金,他们还利用自己的特殊地位和影响向社会其他群体劝募,这在各种公益事业中都可以看出,他们将自己的积累导向社会福利项目。由于华侨所拥有和能动员的经济力和社会资本的优势,他们以一定的经济资源的付出代价从而获取了地方社会的政治资源,成为侨乡社会的社区精英。

树兜乡位于泉州市西郊大约 4 公里处。蒋氏在这里聚族而居,几乎是蒋氏单姓聚落区,极少有外姓。从 19 世纪中期开始,该族大批成员前往印尼泗水谋生,主要经营咖啡业和其他土特产。族人联手开设的十余家带"合"字号的商行,在当地具有一定程度的垄断性。19 世纪末到 20 世纪初是泗水蒋氏经营业大发展的黄金时期。发了财的族人纷纷回乡盖起各式房屋,既有传统的五开间、三开间房屋,也有从海外引进过来的西式洋楼,掀起了一场空前的建筑热,有所谓"无日不听见打石声"的说法。以蒋报企、蒋报察、蒋备庭为首的一批财力雄厚的人物,还在乡村和城内开办学校、医院、农场和钱庄。树兜乡成了这时期闽南最富裕的侨乡之一。而且,由于辛亥革命之前,印尼泗水的蒋氏族人积极支持陶成章领导的"光复会",后来又有一批激进青年回国参加厦门、泉州、永春等地的光复斗争,从而使这个家族在政治上具有一定的影响。②

1911 年,蒋报企第一次回乡,立即主持修建了规模宏大的"蒋氏家庙",并在祠堂两厢开办"明新高初两等小学堂"。在后来的家族事务中,这批新的家族精英发挥了越来越大的作用。他们不仅支付了 1917 年举行的空前大型的家族祭天活动所有巨额开支,而且积极主张建立家族武装,以抵御地方军阀和土匪民军的无穷骚扰。从 1917 年最先创设的"冬防大社",到后来的乡团和树兜民团,其庞大的经费开支,无不由这些家族精英带头承担。在这个极端动荡的时代,随着树兜乡被绑架、派乌单、派饭担、烧房子、毁庄稼等恶性事件的接连发生,保卫家乡成了这个家族最一致的口号,家族出现了一种从未有过的凝聚力。③

显然,这种凝聚力的核心,已经不是在乡的族长和由各房房长组成的领导集团,而是经常避居在厦门鼓浪屿别墅的几个精英人物,以及远在泗水的族亲。当时,几乎每一个重大的决策和行动,在乡的族长都要亲自跑到鼓浪屿面见这些精

---

①庄为玑,郑山玉.泉州谱牒华侨史料与研究(上册)[M].北京:中国华侨出版社,1998:211-212.

②王连茂.明清以来闽南海外移民家庭结构浅析:以族谱资料为例[G]//陈志明,张小军,张展鸿.传统与变迁——华南的认同和文化.北京:文津出版社,2000:20-21.

③王连茂.明清以来闽南海外移民家庭结构浅析:以族谱资料为例[G]//陈志明,张小军,张展鸿.传统与变迁——华南的认同和文化.北京:文津出版社,2000:21.

英,取得同意和支持才能决定。1930 年发生的树兜民团与地方军队武装冲突的事件,使我们对这个家族的组织结构关系有了比较透彻的了解。①

1930 年 5 月,由土匪改编、以凶残著名的高为国部队驻防泉州后,很快就传来消息,高匪派给树兜的"乌单"(即派款)是 50 斤"红鲐"(即中国银行发行的红色钞标,每张面值 10 元)。经称重计算,这 50 斤"红鲐"要 80 万元左右。高匪声势逼人,蒋氏家族如泰山压顶。家族领导集团立即开会研究,准备联络各地民团与高匪抗争。但如果失败,势必招致灭顶之灾。于是,家族领导集团急电泗水族亲,报告此事并做请示。20 世纪 20 年代,旅居泗水的蒋氏族亲已经组织了一个以"蒋乡侨"为名的宗亲会,此时即召开紧急会议,最后同意武装对抗的方案,马上电告家族主事人,所有军事费用统由海外负责接济,但需以保卫乡里为宗旨,不许节外生枝。

6 月 15 日晚,树兜民团进攻泉州城得手,高匪部不敌,撤至东郊 10 里外。民团不敢恋战,当夜撤回乡里。高匪部返占泉州城,立即在城区进行惨无人道的大屠杀,却始终不敢越雷池一步,向树兜兴师问罪。此事虽以民团胜利而告终,但海外的"蒋乡侨"还是认为主动出击,有违最初确定的原则,为恐再生事端,决定不再支付民团费用。结果,打了胜仗的树兜民团便无形解散了。② 以上树兜的事例,使我们发现一个重要而有趣的现象:晚清以来,在一些发达的侨乡家族,其家族组织结构已经发生了一些新的变化。这些变化除了来自海外的家族精英带进了新的事物,从而在精神与物质方面产生影响外;还应该注意到,海外宗亲会的普遍建立,以及在更多的领域对家族公共事业所做出的贡献,已经使家族组织同海外精英及宗亲会产生更大的依存关系。也许可以说,在乡家族领导人的权威有日渐削弱的趋势。树兜乡的例子甚至引起我们这样的思考,具有决定权的家族长老会,并非在本乡,而是在海外。③

二、华侨精英与泉州地方"救乡运动"

20 世纪初的闽南侨乡社会,处于军阀混战、兵匪交扰之中,社会动荡加剧,民生不安。1918 年漳州北军溃败至安海镇,大肆抢劫达三日之久,造成百姓财产损失达 62 万元,并有 13 名居民惨遭杀害。④ 1920 年,军在安海抢劫百姓 2000 余家,

① 王连茂.明清以来闽南海外移民家庭结构浅析:以族谱资料为例[G]//陈志明,张小军,张展鸿.传统与变迁——华南的认同和文化.北京:文津出版社,2000:21-22.

② 蒋报捷.树兜乡自卫小史——创办冬防大队、乡团、民团的始末[G]//政协泉州市鲤城区委员会文史资料委员会.泉州文史资料:1-10 总辑.政协泉州市鲤城区委员会文史资料委员会印,1994:238-254.

③ 王连茂.明清以来闽南海民移民家庭结构浅析:以族谱资料为例[G]//陈志明,张小军,张展鸿.传统与变迁——华南的认同和文化.北京:文津出版社,2000:22.

④ 洪少禄.军阀统治之安海[G]//政协福建省晋江县委员会政协文史资料工作组.晋江文史资料:第 2 辑.政协福建省晋江县委员会文史资料工作组印,1983:63.

造成损失 157 万元，并有好几位居民被杀害。① 周荫人督闽三年，劣迹斑斑。其中最恶劣的为烟苗捐和赌捐。周荫人诱迫农民栽种鸦片，继而征收烟苗捐，当时的闽南地区，罂粟遍地，烟馆林立。② 菲律宾华侨对周荫人的做法非常愤慨。致函泉州驻军首领孔昭同，请其禁止部下勒令乡民栽种烟草，以及勒取捐款。③ 1926 年菲律宾华侨又以电报直接致泉州镇守孔昭同，呼吁禁绝烟苗。在各种苛捐杂税的重压下，闽南侨乡不少人卖妻典子，弃家远逃；甚至有人将田契、房契贴于墙上，举家逃亡。④

除了大大小小的军阀割据福建外，还有集兵匪于一身的所谓"民军"。他们割据一方，鱼肉乡里。如泉州的高义、南安的陈国辉、安溪的杨烈汉、永春的陈国华等。这些"土皇帝"明夺暗抢、杀人越货、敲诈勒索、为所欲为，侨乡人民深受其害。特别是归侨侨眷更成为土匪绑架勒索的重点对象。仅 1926 年 2 月，永春县的湖洋、达埔、西向等侨乡就发生绑架案 50 多起。⑤ 一些华侨富商的眷属，不得不避居于鼓浪屿。

在众多大大小小的土匪中，最令海外华侨深恶痛绝的是陈国辉。陈国辉是 20 世纪初在闽南显赫的风云人物，人称"闽南王"，他凶悍残暴，割据闽南长达 18 年，1930 年，陈国辉部 1000 多人进攻永春吾峰村，杀害乡民 33 人，烧毁房屋 43 座，牲畜财物被抢不计其数，乡民被掳达数百人。⑥ 1930 年 7 月，陈国辉血洗永春湖洋。湖洋人民损失达千余万元，有 10 个乡民被杀害，被掳而后勒索者达百余人，被卖到他乡的少女孩童更是不计其数。海外华侨对陈匪切齿痛恨，与之"不共戴天"。⑦除焚杀掳掠外，陈国辉年立苛捐杂税达 26 种之多，弄得地方凋敝，民不聊生，广大农村遭受全面的摧残，陷入破产的境地。⑧

1920 年 10 月 17 日，由菲律宾华侨发起在鼓浪屿召开了"华侨座谈会"，商讨救

---

①洪少禄.军阀统治之安海[G]//晋江县政协文史资料编辑室.晋江文史资料：第 2 辑.政协福建省晋江县委员会文史资料工作组印，1983：63.

②杨廷英.周荫人事略[G]//政协福建省委员会文史资料研究委员会.福建文史资料：第 9 辑.政协福建省委员会文史资料研究委员会印，1985：45.

③黄晓沧.菲律宾岷尼拉中华商会 30 周年纪念刊[G].1987：65.

④潘守正，张宗果，叶承谦，等.李厚基在福建[G]//政协福建省委员会文史资料研究委员会.福建文史资料：第 9 辑.政协福建省委员会文史资料研究委员会印，1985：1-23.

⑤永春 1911—1949 年大事记[G]//政协福建省永春县委员会文史资料研究委员会.永春文史资料：第 1 辑.政协福建省永春县委员会文史资料研究委员会印，1982：86.

⑥永春 1911—1949 年大事记[G]//政协福建省永春县委员会文史资料研究委员会.永春文史资料：第 1 辑.永春县委员会文史资料研究委员会印，1982：86.

⑦永春 1911—1949 年大事记[G]//政协福建省永春县委员会文史资料研究委员会.永春文史资料：第 1 辑.永春县委员会文史资料研究委员会印，1982：87.

⑧福建民军头目——陈国辉[G]//政协福建省南安县委员会文史资料工作组南安文史资料：第 7 辑.政协福建省南安县委员会文史资料工作组印，1986：38.

乡事谊。参加会议的有泉州籍华侨李清泉、吴纪霍等,会议还推举李清泉为主席。之后,闽侨救乡运动的浪潮开始遍及东南亚各地。他们制定救乡宗旨,创办了《救乡周刊》、《新闻日报》、《南洋闽侨救乡会刊》等刊物。1926 年 3 月 15 至 20 日在鼓浪屿召开南洋闽侨救乡会临时大会,会议讨论通过了黄奕住提出的筹办漳厦铁路龙岩段的提案,大会还成立了以黄奕住、李清泉等组成的筹办铁路委员会。

海外华侨对陈国辉匪部鱼肉侨乡人民的罪行早就深恶痛绝。闽侨救乡会从成立之日起,就致力于清剿侨乡匪患的斗争。救乡会一成立,李清泉就致电北京政府和福建当局,呼请剿灭陈国辉匪部。北京政府据李清泉等人的联名控告,下令将陈国辉撤职查办。1926 年 2 月 13 日,驻泉州的孔昭同部对陈国辉发起进攻。这场战斗,陈国辉损失过半,但还余 1000 人马,退缩在安溪山林中,仍为闽南之患。[①] 闽侨救乡会发誓要将陈国辉完全清除。1927 年元旦,何应钦的北伐军打到福建,李清泉写信给他,请他南下清乡。但当时何正忙于北伐,无暇对付土匪。南京政府成立后,李清泉立即致电蒋介石,请他剿灭闽南土匪。可是不久军阀混战又开始了。上行下效,退守深山的陈国辉、高为国又出来大肆活动。1931 年,李清泉等向南京政府监察院控告陈国辉和高为国,但忙于争权夺利的国民党中央政府却一时难于铲除一个区区的陈国辉。1932 年 12 月,华侨通过十九路军的力量清了陈国辉匪患。华侨救乡运动的直接成果是铲除了"闽南王"陈国辉。

在民国初年的历次政治变动中,海外华侨为了保境安民,大力支持泉州地方的"救乡运动"和武装自卫力量,导致基层地方权力的相对下移。例如,泉州城郊的《树兜乡自卫小史》记载:"民国六年四月间,乡中就盛传永春方面有民军要开来,攻打泉州北军,乡中富裕侨户如蒋报企、蒋报察、蒋开远、蒋报笼等的眷属,相率迁居鼓浪屿,认为是'万国租界地',南北军不敢侵犯……因讨论决定创办冬防大社,有钱出钱,有力出力,由各房长出面向侨户筹募经费,常月捐每月募得一百多元。由蒋报团、蒋报才招集社丁,办理社务。"这种"冬防大社"主要是在本村组织巡逻与警戒,防范盗贼及土匪。1920 年,当地乡民与民军发生武装冲突,围歼了民军"汪连部"。为了抵御民军的报复,开始组建"联乡保卫团"。"打汪连的消息传到厦门鼓浪屿,我乡合泰号蒋报察之侄以守,立即来泉州明新钱庄找蒋报企,协商正式成立乡团。当时报察财力与报企不相上下,彼此同意共同负责,各付五千元,合共一万元,作为乡团临时经费。以守又到城里找乡人蒋以麟,同回树兜筹办乡团事务。按地形组织,深坑一区,大下尾与都下一区,杏埔、田后、长福一区,延陵与下三乡傅一区,树兜至浮桥街一区,共组成五个区……各区各自选举负责人成立,总名定为'晋南联乡保卫团'。"这一"乡团"地跨晋江、南安二县,实际上具有军事联盟的性质。由于这一联盟由树兜华侨发起组织,"总团部"设于树兜明新学校,"经费全部由树

---

①潘守正,张宗果,叶承谦,等.李厚基在福建[G]//政协福建省委员会文史资料研究委员会.福建文史资料:第 9 辑.政协福建省委员会文史资料研究委员会印,1985:45.

兜乡负责"。1923 年，"乡团停办"，树兜乡"仍办冬防大社"。1926 年 7 月，土匪进村绑票未遂，"乡人将冬防大社击退土匪，夺回蒋子俊兄弟事，函告旅泗同乡。泗水乡侨认为家乡情景如此，为保卫里安全计，必须长期办民团，方得无虑"。于是，"海外又再发动募捐，作为长期经费，乡中得此消息，自卫之心更强"。此后不久，北伐军入闽，发动乡村组织农民协会，树兜即以"社丁签名"为会员，而又改称"冬防大社"为"农民自卫军"。1927 年后，"农民自卫军"改称"晋南民团"。1930 年，晋南民团围攻泉州驻军高为国部，"泗水乡侨怕再生事端，对民团经费不再支持，树兜民团也就无形解散了"①。《树兜乡自卫小史》的作者蒋报捷，原是泉州著名侨乡树兜村明新学校的教员，后应邀担任晋南联乡保卫团的"财政"和晋南民团的"董事"兼"外交"。这里主要是他对亲身经历的追述，经后人整理而成。这一口述史资料，记述了晚清民国时期泉州社会的变动，从中不难看出海外华侨与侨眷在地方公共事务中施加的影响力和管控力。

在晚清民国泉州社会特殊的历史语境中，由于传统地方士绅阶层的衰落，新式的知识精英离乡弃土，海外华侨群体开始走上了泉州社会的政治中心和前台，形成了新型的社会权力阶层。从太平天国时期的闽南地区小刀会起义，到辛亥革命、护法运动、福建事变等，泉州华侨群体扮演了极为重要的角色。民国初年的政治变动和社会动乱，促成了泉州社会的自治化，导致了基层社会控制权的相对下移。② 近代泉州华侨群体提出的各种"救乡"方案，实际上都是为了推进地方自治运动。在近代泉州社会的现代化进程与各项地方公共事务中，海外华侨群体具有举足轻重的作用和影响力。由于海外华侨社会与侨乡社会具有高度的同质性，华侨群体参与侨乡地方事务大多借助于原有的乡族组织，这就使得泉州乡土社会文化传统进一步强化，并得以不断的传承与更新。

第二节　海外华侨与近代泉州社会政治变革

海外华侨与近代泉州社会转型和跨国实践活动，不仅集中于诸如侨汇投资、兴学、慈善公益事业等社会、经济、文化方面，还体现在泉州地方政治关系和政治生活中所扮演的重要角色，以及一些重大政治事件中的贡献上，如辛亥革命、北伐战争、抗日战争和解放战争等。这里拟对海外华侨与近代泉州地方的政治变革做一探讨，以期深入理解海外华侨与近代泉州地方社会政治的跨国互动关系。

---

①蒋报捷.树兜乡自卫小史——创办冬防大队、乡团、民团的始末[G]//政协泉州市鲤城区委员会文史资料委员会.泉州文史资料：1—10 辑汇编.政协泉州市鲤城区委员会文史资料委员会印，1994：238-254.

②郑振满.国际化与地方化：近代闽南侨乡的社会文化变迁[J].近代史研究，2010(2)：62-75.

一、直接参与地方政权组织

民国建立后，海外华侨参与政权曾一度引发争论，最终经临时参议院表决通过，华侨参与政权得以从法理上获得认可①。临时参议院表决过后不久，泉州地方政权中便也出现了海外华侨的身影。1913 年，安溪籍菲律宾华侨胡诸清被委任为安溪县知事。此后，陆续有海外华侨在泉州地方政权中担任各种职务。1916 年，鲤城籍印尼华侨陈仲瑾出任晋江县乡约局局长，其于 1936 年又任晋江县财务委员会委员长；1920 年，南安籍缅甸华侨陈世哲出任永春县长；1922 年，鲤城籍菲律宾华侨叶青眼出任泉州市政局长；1924 年，安溪籍缅甸华侨陈铮出任安溪县长；1923 年，晋江籍日本华侨陈清机出任晋江县长，1926 年改任安海市区区长。

从时间上看，民国时期泉籍华侨参政大多集中于北洋军阀统治期间，在国民党统治时期，除个别之外，泉州地方政权中几乎见不到海外华侨的身影。从人选上看，参与地方政权的泉籍华侨大致可分为两类。一类为在地方具备相当资历和声望之人，另一类为掌握一定军事武装之人。属于第一类人选的有胡诸清、陈仲瑾、叶青眼、陈清机等。胡诸清为晚清副举人，曾入京供职，签户部郎中，加三品衔，其父胡典成为早年旅居菲律宾名侨。胡于 1908 年前往菲律宾小吕宋继承父业经商。1912 年其在菲被推选为福建省临时省议会议员，随后即被委任为安溪县知事②。陈仲瑾同为晚清举人，1906 年在泉州发起创办西隅学校，自任校长，后加入同盟会，任总务股长。1912 年陈赴印尼，主办报社，开设商余夜校。1914 年回国，1916 年担任乡约局局长。1920 年陈再度出国，数年后回国。1927 年北伐军入泉后，其应商界恳请出任商会会长，连任长达 9 年，直至 1936 年出掌晋江县财务委员会③。

叶青眼为晚清廪生，1909 年加入同盟会，1915 年被孙中山委任为中华革命党福建支部长，在福建发动反袁斗争。起义失败后，远赴菲律宾任教。1922 年，叶回到家乡，出任泉州市政局长④。陈清机，年轻时东渡日本，当过店员、经理，后自营商业。1905 年在东京加入同盟会，1911 年回国从事革命活动，出任安海商会副总理。曾领导安海群众反对滥收捐税，被衙门通缉，遂重渡日本避难。1919 年陈偕日本华侨总商会会长王敬祥回国，创办闽南民办汽车路股份有限公司，1922 年 6 月建成泉安公路。1923 年陈清机出任晋江县长⑤。上述四人中，三人曾获得科举功名，三人为同盟会会员。虽然科举制度已于 1905 年废除，然而取得功名之人依

---

①张坚.民族主义视野下的民初华侨回国参政[J].华侨华人历史研究,2004(1):46-53.

②陈克振.安溪华侨志[M].厦门:厦门大学出版社,1994:165.

③泉州市华侨志编纂委员会.泉州华侨志[M].北京:中国社会科学出版社,1996:415-416.

④泉州市华侨志编纂委员会.泉州华侨志[M].北京:中国社会科学出版社,1996:420.

⑤陈德贤.爱国华侨陈清机事略[G]//政协福建省晋江市委员会文史资料委员会.晋江文史资料选辑:6—10辑(修订本).政协福建省晋江市委员会文史资料委员会印,1999:370-373.

然被看作地方名流,在较长的时间里都享有相当的声望和影响。而同盟会作为辛亥革命的推动者,身为其中的一员在民国建立后自然也就拥有了一定的资历。加之这四人或多或少都曾在地方上活动过,如组织革命,发展实业,兴办教育等,与地方上保持了较为密切的联系,因而就具备了被委任为地方主政者的条件。

属于第二类人选的有陈世哲和陈铮。陈世哲,侨居缅甸,曾参加辛亥革命光复泉州、厦门和二次讨袁起义。1919年陈和宋渊源奉孙中山命令入闽统一收编闽南民军,后成为闽南靖国军领导层一员。1920年随靖国军入永春,被委任为永春县长①。陈铮,出生于缅甸,1907年随父回乡,1909年受聘担任本乡塾师。1918年陈卖业置枪械,组成一营民军。后队伍不断壮大,拥有人枪千余,踞有安溪湖头至县城一带。1924年陈自兼安溪县长。陈世哲和陈铮两人都是凭借军队武装夺取地方政权进而成为主政者,军队是两人能够参与把持地方政权的关键因素。如果不是得到枪杆子的协助,只是凭借自身的社会声望和资历,陈世哲或许还有可能主政地方,而陈铮的机会则显然是不大。

直接参与地方政权的泉籍海外华侨都具备了相当程度的条件,无论从资历声望上,还是控制武装上,这些对大多数海外华侨而言都不是能够轻易达到的。此外,海外华侨回国参政后就无法兼顾侨居地的基业,这使得一些具备参政条件的海外华侨由于无法割舍下基业而放弃回国参政。所以这一时期出现在泉州地方政权中的海外华侨人数才会显得如此之少。海外华侨在泉州地方参政大都抱有造福桑梓的目的,在职期间尽职尽责为地方办过不少实事。虽然他们参政时间都不长,但无疑在泉州侨乡社会政治变革和发展历程中留下了浓重的印迹。

二、主动倡议和代言地方事务

就泉州地方事务而言,海外华侨曾多次以华侨公会、旅外会馆或个人的名义向中央政府或地方政府发电发函呼吁和代言。海外华侨所代言的事务涉及诸如清剿土匪、严禁毒品、变更政策、查处案件、维护侨益等诸方面,其中清剿土匪的代言占据代言行为的大部分,这与泉州匪患多年未平息息相关。如在北洋军阀时期,匪首陈清奇横行晋江一带之时,晋江籍旅菲侨领李清泉就曾以菲律宾中华总商会的名义致电闽督孙传芳,要求对其进行严惩②。国民党统治时期,围绕着被收编的土匪高为国部为祸晋江、惠安两县之事,两地华侨曾先后多次电呈国民政府,请求派兵进剿。1930年1月2日印尼泗水晋江公会在发给南京国民党中央党部和国民政府的电报中称:"据福建晋南联乡民团总局电云:高匪为国带队临乡派款,新西北涂东

①傅维翰.参加闽南靖国军经历记[G]//政协泉州市鲤城区委员会文史资料委员会.泉州文史资料:1—10辑汇编.政协泉州市鲤城区委员会文史资料委员会印,1994;228;永春县志编纂委员会.永春县志[G].北京:语文出版社,1990;575.

②李锐.侨魂——李清泉传[M].海口:海南出版社,1999;93.

五门外惨受残杀,五天焚抢廿余乡,被毙六十四人,失踪数百人,驻泉海军陆队坐视不救等情。立即通告晋南侨泗同乡,群情激愤。事在万急,深恐全邑糜烂,特电恳请迅电闽省政府调兵进剿,彻底查办,以安阊闾而慰侨望,并乞电复。"①1930年1月7日和1月22日,新加坡晋江会馆以高为国部在晋南残杀焚抢为由,两次致电国民政府主席蒋介石,请其令调他部军队严行征剿,以苏民命②。而旅菲惠侨联合会也在1月10日发给国民政府主席蒋介石暨各院长、各部长的电报中,请求将包庇高为国的林寿国撤职,并另派军队痛剿高部③。除了以会馆的名义呼吁外,一些侨领如菲律宾中华总商会会长陈迎来、槟榔屿惠侨联合会主席刘玉水等也以个人名义请求严剿高部④。

上述是有关清剿土匪的代言,其他事务的代言列举如下。严禁毒品:侨领李清泉曾两次致电泉州驻军首脑,请求禁约部下,不得勒令乡民栽种罂粟⑤。变更政策:新加坡金门会馆曾电呈福建省府请求免征金门县壮丁⑥。查处案件:旅菲晋江公会曾致电福建省府请求切实查办晋江县塘东联保主任蔡实义被杀一事⑦。维护侨益:旅菲仑峰同乡会曾致电福建省府请求制止晋江县改换青石线石狮车站站址以保护侨眷田园⑧。

倡议代言是海外华侨为了泉州地方或集体的某项利益而试图影响地方决策的一种手段和策略。虽然倡议代言的效果并不理想,影响也相当有限,无法从根本上解决问题。然而通过这种形式,海外华侨可以说在某种程度上参与到地方政治的变革之中。而这种参与,使得海外华侨与泉州地方跨国互动变得更加紧密,海外华侨在泉州地方社会的声望也获得了一定程度的提升和认可。

三、主导推行地方自治

晚清民国时期,地方自治曾经在全国许多地区的村庄实行过,这其中包括了闽

---

①泗水晋江公会为高为国滥杀无辜请迅令省府调兵进剿电[G]//泉州市档案馆.民国时期泉州地区档案资料选编.泉州:华侨大学出版社,1995:277.

②新加坡晋江会馆为高为国部在晋南残杀焚抢请令派军队征剿电[G]//泉州市档案馆.民国时期泉州地区档案资料选编.泉州:华侨大学出版社,1995:278.

③旅菲惠侨联合会请将林寿国撤职并派队痛剿高为国等匪呈[G]//泉州市档案馆.民国时期泉州地区档案资料选编.泉州:华侨大学出版社,1995:319.

④旅菲陈迎来等请明令剿办高为国并勿令陈国辉部移驻泉州呈,刘玉水等请令朱绍良部将高为国匪徒予以扑灭呈[G]//泉州市档案馆.民国时期泉州地区档案资料选编.泉州:华侨大学出版社,1995:279-324.

⑤李锐.侨魂——李清泉传[M].海口:海南出版社,1999:90.

⑥福建省档案馆馆藏档案[A].435001-1-6-3275.

⑦福建省档案馆馆藏档案[A].435001-1-6-1555.

⑧福建省档案馆馆藏档案[A].435001-1-2-262.

南侨乡的村落①。而在泉州，海外华侨同样也积极参与到地方乡村自治运动之中。印尼华侨蒋剑一曾在树兜村组织实施过乡村自治。树兜村位于泉州新门外，离城约十里之遥，是个聚族而居的大村落。清朝末年，树兜村村民纷纷前往南洋爪哇等地谋生，许多人赚钱后回乡盖起一座座红砖大厝，该村遂成为远近闻名的侨村。民国初期，在海外华侨的资助下，树兜村曾组织过自卫乡团②。1931年，蒋剑一回到家乡探亲时，有感于过去乡团只是消极防守，偏重军事，未能动员民众从政治上团结一致，成为一个能自治自保的乡村，同时他认为乡村中的封建陋习也必须改良，树立新风尚，使其成为名副其实的新侨村。就与蒋铁光、蒋以起、蒋报捷等村事主持者协商，并联络归侨和在乡知识青年进行一番筹划，于当年秋天成立"树兜村自治公所"。自治公所分设理事会、监事会和息讼会等机构，理事会设立武装部、生产部和消费合作社等组织，提出"打倒帝国主义，打倒土豪劣绅，建设新农村"等口号。其后组织召开村民大会，会上通过了《树兜村自治公所组织章程》《树兜村村民公约》《自治公所工作要点》等规章，蒋剑一和蒋铁光被公推为正副村长。③

从上描述中可以看出，海外华侨在树兜村的自治运动中起到了关键性的作用，不仅亲自参与自治运动组织，而且还起到了领导的角色，展现了树兜村海外华侨与家乡的跨国互动关系。通过树兜村的个案，可以清楚地看到晚清民初泉籍海外华侨在地方乡村基层政治运作中所起到的关键作用。这种作用和影响体现了海外华侨在泉州地方乡村事务中的独特地位，这一地位与以往乡村士绅在村中的地位在某种意义上有些类似，因此可以说海外华侨在一定程度上扮演着地方士绅的角色。海外华侨是乡村自治的推动者，他们在南洋地区所获得的深刻的经验，使他们思想行为逐渐顾及社会的整体利益，使他们由自私观念转变到为大众谋幸福的社会观念，这些也反映了海外华侨思维的广阔和开放的姿态。

四、积极投身于地方革命运动

晚清民国时期，海外华侨参与过国内历次民族民主革命运动，有关这方面的记录不少。中共泉州地方组织建立于1926年末至1927年初，1927年1月在泉州明伦堂成立了中共泉州特别支部，负责指导泉属各县党组织的工作。随着第一次国共合作的破裂，中共泉州地方组织迅速开展了反对国民党统治的斗争④。在这一革命斗争中，涌现出海外华侨参与其中。

①王圣诵.近代乡村自治研究[D].北京:中国政法大学,2005.

②蒋报捷.树兜乡自卫小史——创办冬防大队、乡团、民团的始末[G]//政协泉州市鲤城区委员会文史资料委员会.泉州文史资料:1—10辑汇编.政协泉州市鲤城区委员会文史资料委员会印,1994:238.

③骆曦.民国时期华侨与地方政治关系探析——以泉州为例[J].广州社会主义学院学报,2011(2):68-72.

④刘西水.中共泉州地方史[M].北京:中央文献出版社,1997:60-81.

蓝飞鹤，惠安籍新马华侨，出生于惠安县涂寨乡新亭村，1925 年前往新加坡，1927 年回国，1928 年冬经人介绍认识了共产党员陈平山，他从陈那里阅读了许多马列主义著作，比较系统接受了马列主义思想。同年，在党组织的授意下，蓝飞鹤前往惠安东岭创办民团，为党争取、掌握了一部分枪杆子。1929 年初经陈平山介绍，蓝飞鹤正式加入中共，随后前往泉州，以当小学教员为掩护，从事党的工作。1930 年 6 月，蓝飞鹤担任泉州特委组织部长，负责领导泉州的工人运动，兼管惠安方面工作。其后，他曾发动组织泉州的人力车夫、泥匠、木匠、搬运工人，在市区最热闹的"南十字街"举行一次工人集会示威。7 月，蓝被派回惠安负责武装暴动的准备工作。其间，他以农会为群众基础，以党员为骨干，发动了一千多名农民群众参加抗捐斗争。9 月，惠安暴动举事，蓝飞鹤担任第二团团长。暴动失败后，蓝被捕牺牲①。

李南金，永春籍越南华侨，出生于永春县达埔乡岩峰村，20 岁时前往安南，1928 年回国到上海中华艺术大学文科班学习，1929 年加入中共。1930 年 7 月，李南金大学毕业，被派回永春开展革命工作，担任县委宣传部长。他巧妙利用与国民党建设局长的同学关系，打入建设局当职员，取得合法身份。是年 9 月，李被任命为永春县委书记，随即转移到达埔达新小学任教，开展活动。不到半年时间，他在达埔先后建立了儿童团、农协会、互济会、妇女会等组织。1930 年底，安南永特区建立，李南金兼任特区书记。他在组织农民协会，进行"五抗"斗争的基础上，拉起一支有四十多人的游击队，在安溪、南安、永春三县边界开展游击斗争。1932 年李南金外出开会时遭遇伏击牺牲②。从蓝飞鹤和李南金参加革命的轨迹来看，两人皆为回国后受到外界的影响而加入中共，然后被委派回家乡开展革命活动。这一革命轨迹同样存在于许多在家乡进行革命斗争的泉籍华侨身上，如曾任中共安溪县执委的安溪籍新加坡华侨刘由，曾任中共泉州中心县委委员的晋江籍菲律宾华侨许运伙，曾任中共闽南特委书记的南安籍马来亚华侨李刚，曾任中共安南永特区委员的安溪籍马来亚华侨郭节等，都是沿着同样的轨迹走上革命的道路③。与此不同的是，还有另外一些泉籍华侨是在侨居地加入共产党后再被委派回乡开展革命活动。如曾任中共德化县委书记的德化籍马来亚华侨颜湖，1927 年 1 月在马来

①中共泉州市委党史工作委员会，泉州市人民政府民政局.浩劫催磨志不灰——蓝飞鹤烈士传略[G]//泉州英烈：第 1 辑.中共泉州市委党史工作委员会，泉州市人民政府民政局印，1985：57-66.

②中共泉州市委党史工作委员会，泉州市人民政府民政局.安南永革命根据地的创始人——李南金烈士传略[G]//泉州英烈：第 1 辑.中共泉州市委党史工作委员会，泉州市人民政府民政局印，1985：103-107.

③刘西水.中共泉州党史人物[M].北京：中央文献出版社，2001：15-67.

亚加入共产党组织，12月被派回国到家乡德化县进行革命活动①。解放战争时期，曾有大批在菲律宾、新加坡、马来亚、印尼当地入党的泉籍华侨被派回泉州参加地下斗争和游击队。如曾任中共晋江县工委书记的晋江籍菲律宾华侨庄秋心，曾任中共南安县工委书记的南安籍华侨傅维葵，曾任中共永德大工委委员的德化籍马来亚华侨徐志荣等②。

这些成为共产党员的海外华侨大都从小在泉州地方上长大，在侨居地时间不长，因而熟悉家乡的情况，对家乡人民所遭受的苦难体会颇深，而且还拥有一定的社会关系网络，所以才会被派回家乡开展地下斗争，他们出于对家乡人民的热爱和推翻国民党反动统治的强烈愿望，冒着生命危险毅然决然地投入革命斗争之中。他们发动示威游行，创建农会，领导抗捐等，都是利用了这一有利条件。而解放战争时期回国参与地方游击斗争的泉籍华侨也都能很快融入队伍当中，在泉州积极开展各个方面的工作。他们对旧制度的反叛，反映了民国时期海外华侨与泉州地方政治的决裂，而这种决裂同样也是海外华侨与泉州地方政治关系的重要组成部分。③

晚清民国时期，海外华侨与泉州地方政治主要存在着四种关系，这四种关系是晚清民国时期海外华侨与侨乡地方在政治层面上紧密联系的体现，其中前三种可以归为合作性的关系，而后一种则可归为分离性的关系。然而，无论是合作性关系还是分离性的关系，都同样反映了海外华侨试图通过加诸政治层面上的影响从而达到改变泉州地方落后面貌的愿望。换言之，晚清民国时期泉籍华侨与地方政治的这四种关系，与其他诸如经济、社会、文化方面的联系相同，都是华侨试图改变家乡落后面貌的尝试。④ 这些都是爱国爱乡的进步行为，两种方式都是在改变着近代泉州侨乡地方政治面貌。

第三节　华侨群体与近代泉州地方宗族械斗

晚清民国时期泉州地区的主要社会问题，是盛行以宗族势力或村社联盟为主体的乡族械斗。闽南泉州地区民风剽悍，宗族、家族观念根深蒂固，民间社会的宗

---

①中共泉州市委党史工作委员会，泉州市人民政府民政局.燃起山乡的革命烈火——颜湖烈士传略[G]//泉州英烈：第1辑.中共泉州市委党史工作委员会，泉州市人民政府民政局印，1985：111-112.

②陈克振.安溪华侨志[M].福建：厦门大学出版社，1994：169-170.

③骆曦.民国时期华侨与地方政治关系探析——以泉州为例[J].广州社会主义学院学报，2011(2)：68-72.

④骆曦.民国时期华侨与地方政治关系探析——以泉州为例[J].广州社会主义学院学报，2011(2)：68-72.

族争斗和地方械斗在泉州地区历代社会都是非常厉害的。泉州广大农村大都聚族而居，由于地方宗族思想浓厚，加上小农经济自私狭隘观念，历史上常为山林、水利、地域、风水等争端，导致封建械斗。例如石狮蔡氏族谱记载，"（明万历时）我宗向盛时，外乡无敢侵凌……博泽蔡洪琏尔胜藐视我族"，因而产生械斗。南安丰山《陈氏族谱》就记载和描述过因宗族斗争而导致出洋的情形："乡之四邻，东李西林，南苏北黄，摄处二大姓巨乡之间，介距环窘，虎视莫攫，咄咄逼人，如困荆棘……。乡之族人，变更计划，纷赴小吕宋各埠，亲属介绍接踵而行，甚有举家而往者，为劳动者多，为富商者少。"据调查，惠安东园锦钟乡骆氏 36 人，因封建宗族斗争关系一次集体出洋，也是明显的例子。特别是到了清末、民国年间，宗族争斗和地方械斗十分厉害。当时泉州城内有东西佛，系下有前后港、大小姓、强弱房之争，到处有封建宗派。许多乡村在村口建有枪楼，村内枪炮四处可见，大规模的械斗经常发生，有的甚至延续数年之久。例如，光绪年间，东石发生的"都蔡冤"械斗，以十一都杂姓与大姓恶斗，长达 6 年之久，牵动 200 多个乡里，360 余人无辜惨死，伤者不计其数。再如，马坪、茂亭一带的林股械斗，时断时续长达 50 年之久。民间械斗历来是困扰泉州地区的一个严重社会问题。海外华侨与泉州地方乡族械斗有密切的关系，海外华侨在近代泉州地方乡族械斗调解和地方治理中有着重要的作用和影响。

一、华侨群体对地方械斗的声援和支持

晚清至民国时期，泉州地区的乡族械斗十分盛行，为了在械斗中争取有利条件，泉州地方乡民往往会寻求海外华侨的支持和援助，引发海外华侨对泉州地方械斗的干预和调解。

（一）海外华侨利用侨汇等接济乡族械斗

海外华侨的侨汇被充作械斗资金，用于购买武器、建造防御设施、雇人助斗、抚恤伤亡人员等，甚至有一些海外华侨直接从海外购买武器运回家乡参与械斗事件。1947 年泉州永宁镇龙穴村与霞坡镇杆头村因路权发生械斗，得到海外华侨的援助，"查此番所牵连之各乡均因封建思想互会盟帮且各拥有美式武器及侨汇游资，以致扩大滋事"①。1948 年晋江县亲民乡光山保潭头村杨姓与葛州村林姓因地权发生械斗，"潭头乡杨姓自恃菲侨人众美元盈溢，初企图霸占员乡地界不遂，乃征骑四出筹借枪械大布防御工事，并以重金招募散匪百余猛，除享以佳肴美馔外，复日得美金五元，且声言一旦如与员乡发生械斗时其亡于阵者可得抚恤金千元，曾由菲侨汇归美钞数万用充公款，并由该乡旅菲海外华侨杨朝宝于七月二日由垠乘芝沙

---

① 晋江县法院关于龙穴、杆头高施两姓纠纷，严禁械斗的审理笔录、指令[A].晋江市档案馆藏档案，2004.

丹尼轮押回美式机关枪六挺、白朗林手枪五十支、子弹数千发。"①《民声日报》指出"侨乡械斗风盛,以及社会上之种种迷信举动与不良现象,均为晋江行政上应分别急谋解决者,盖此种风气,纯为侨资涌到,而一般侨眷应用失当所构成,且闻甚至有一般海外华侨对家乡之械斗,除予经济供给外更有私运枪械来乡帮助"②。由于侨乡械斗频发,甚至出现海外华侨由海外走私武器到厦门贩卖的现象。《晨曦报》载"厦海关据报,有旅菲海外华侨私带大批军械及军火搭乘海业船来厦。迨前日该船进口,海关即派查验员率带关员十余员下船检查,果在统舱中搜出军械及军火四大箱,将押运军械之海外华侨吴金水一并带送海关依法惩办。查该批军械多属汤姆生,即小提机关枪。据闻该类汤姆生在岷贩卖颇易,每杆在菲贸价仅美钞十五元,运厦私卖每把可兑美金三百元,以此价格悬殊,故走私来厦贩卖者众。由此可见侨乡购储军械准备械斗之猖獗现象云"③。

(二)海外华侨作为乡族利益的代言人发函或致电国内政府,影响政府对乡族械斗案的处置

除了在资金、武器方面给予支持外,地方民众还站在乡族的立场向海外华侨介绍械斗情形,海外华侨往往利用宗亲会、同乡会、会馆、商会等出面向政府施压。民国政府在海外设有领事馆、党支部等机构。海外华侨通过个人或海外华侨社团,向驻海外政府机构转达族人的意见,请求其向国内政府施压。有的海外华侨个人或社团则直接致电国内政府。在民国档案中保存有此方面的函电。国内政府在接到函电后,结合海外华侨所反映的情况,查明案件情况,将处理结果反馈给海外华侨。晋江县金井镇金市保坑园村林姓与岱峰保钞岱村王姓械斗案颇为典型。1947年金井镇金市保坑园村林、许两姓与岱峰保钞岱村王姓因山地所有权发生械斗。钞岱村王姓向旅菲岱峰保钞岱村王氏同乡会求助,于是该同乡会代表向晋江县政府发函指出:两村所争执的山地属于王姓祖遗产业,有契据可查。不料有坑园村林业奢强行率众开采该山石窟,王姓出面阻止,但林业奢等继续开采,并联络邻居盟村歪曲事实,准备武力压迫,不惜酿成械斗,请求县政府予以制止,并责令林业奢等不得霸占任意开凿。此外,王氏同乡会还通过驻马尼拉总领事馆分别向晋江县政府和福建省第四区行政督察专员公署发函,希望政府采取措施制止械斗并查明真相。福建省第四区行政督察专员公署在接到领事馆的函件后,致电晋江县县长,要求其"并案查明妥为处理具报,勿延为要"。晋江县政府于是"分令石狮警察所、金井镇公所,合行令仰饬属迅予制止查明核办具报"。经过调查,发生纠纷的山地坑园村林姓称之为坑园山,有康熙年间字据。钞岱村王姓称山名为乌云山,亦执有民国二

①晋江县政府关于洋埭林,洋埭李,葛州等保械斗案件[A].晋江市档案馆藏档案,2002-01-2370.

②华侨对家乡械斗予以经济供给,禁止私运枪械助斗(晋江)[N].民声报,1948-07-21(2).

③侨乡积极备斗,由菲购买军火(泉州)[N].晨曦报,1948-07-24(3).

十四年的验税山契。因两姓的字据均不十分可靠，而且所称山名不同，界址不明，经县长亲自前往勘察，并召集邻近乡村族中长辈、公正人士提供意见，划界分管，两姓均表示同意，该案得以了结。① 钞岱村王姓通过多种途径和方式向当地地方政府施加压力，除通过王氏同乡会发函给县政府，还通过领事馆分别向晋江县政府和福建省第四区行政督察专员公署发函，从而将该乡族的立场和意见反映给地方政府，促使地方政府迅速采取处理措施。但是也要看到，由于海外华侨往往是站在本乡族的立场，向政府提出控告，地方政府在处理案件时，并不一定遵从海外华侨的片面解析和说法。在本案中，钞岱村王姓认为该山属本姓所有，但实际上坑园村林姓也持有山契，最终调解的结果是两姓划界分治分管。

二、海外华侨参与地方械斗的调解

民国时期地方乡族械斗的处理方式主要有两种：一是通过向官方起诉，由司法机关进行裁决；一是通过民间调解方式解决。在民间调解过程中，需要选择有社会声望、为民众所推崇的人士担任调解人。在近代泉州侨乡社会中，海外华侨往往主动担任乡族械斗调解人。如晋江沙堤村海外华侨王若察，民国初年渡菲经商，颇有成就。曾任数届菲律宾太原堂王氏宗亲总会理事，与乡侨创立旅菲沙堤同乡会，捐资倡建沙堤学校、沙堤王氏大宗祠。其先后参与调解东西堡、内外古、塘东与围头、东厝与下吴、施林蔡、涵口与陈埭的械斗，得当时县长题赠"排难解纷"和"今日仲连"的牌匾。② 由于械斗是一种大规模的武装冲突，其往往需要各种社会力量共同调解才能得以平息。在民国时期晋江乡族械斗中，海外华侨已逐渐成为一种新的调解力量，与政府官员、宗族领袖等共同出面调解械斗。如 1924 年晋江县安海镇金墩村黄姓与西垵村、型厝村颜姓因风水问题发生械斗，张林村张姓因与型厝村颜姓联宗，率其族人帮斗。驻晋江北洋军阀孔昭同派兵前往张林村镇压，被张林村击毙士兵二十七人，双方关系十分紧张。晋江县金井镇石圳村海外华侨李清泉得知此事后，通过设在鼓浪屿的菲律宾海外华侨救乡会推举菲侨胡诸清为代表，协同晋江士绅苏大山、陈仲瑾、吴增等进行调解。经过协商由救乡会协助出资抚恤，并向黄颜、张姓等姓海外华侨劝募资助，才使得械斗案得以了结。③ 1947 年晋江县永宁镇龙穴村高姓与霞坡镇竿头村施姓因道路纠纷发生械斗，由霞坡镇参议员施性利以及归侨施家罗、施学潮、南侨中学陈校长等共同出面调解。海外华侨的经济实力在调解过程中发挥重要作用。调解过程中海外华侨往往慷慨解囊，出资赔垫。《柳

---

① 晋江县政府关于村民械斗事件及夏令卫生运动实施办法［A］.晋江市档案馆藏档案，2002-01-2303.

② 粘良图.晋台宗祠及其姓氏源流［M］.厦门：厦门大学出版社，2007：42.

③ 陈仲瑾.记华侨救乡会营救张林事［G］//政协福建省泉州市委员会文史资料委员会.泉州文史资料：1—10 辑汇编.政协福建省泉州市委员会文史资料委员会印，1994：525-526.

步坚先生墓志铭》载，旅菲海外华侨柳步坚为乡里排难解纷，"泉南械斗，成为恶习，牵连常至数十乡，君则延请调人为解息，并为垫补，所全者至大"。1913 年至 1933 年间，晋江县金井镇围头村与塘东村因争渡头发生械斗，塘东村旅菲海外华侨蔡本油出资一万五千元作为抚恤金。1929 年晋江县东石镇蔡姓与菁下渔民因海港权属问题发生械斗，马来西亚海外华侨蔡天锡向菁下渔民购买海契，并将产权献给蔡姓，使纠纷得以平息。① 晋江地区民间信仰发达，海外华侨与士绅等在调解械斗过程中亦借助信仰手段。《民声日报》载，1948 年永宁乡锦尚村与复兴乡卢厝村发生械斗，由公亲抬石狮城隍协助调解。"复兴乡长蔡光仰，乡民代表会主席王诗赞，归侨张文彬等三十余人分别在卢厝、锦尚二村召集双方主持人举行劝导调解，结果获得无条件息事，嗣由公亲雇人抬城隍分别在卢厝、锦尚两村，由两村主事人在城隍爷前拈香立誓从此息事，否则愿受城隍制裁，继即鸣锣通知两村村民，从此言归于好。"② 《晨曦报》亦记载侨区民众利用民间信仰处理械斗等社会问题的情况，"秋天正是橙黄橘绿时节，天高气爽，有钱的侨区经常的又在这个时候活跃。迎神赛会，这是半新不旧的侨区中的拿手好戏……不会想到此地是曾经受过西洋洗礼的侨客们……几十年的新教育究竟不曾教好了他们，多少的封建旧观念迷信永远奠立在他们的心里，神权的时代不曾过去，不然为什么械斗、盗窃、五谷失收以及人事上的争执，他们不求人为的解决而常常还依赖于'城隍爷'、'王公'、'佛祖'等的威力？"③

一些归侨中的有识之士成立归侨团体，以调解侨乡械斗为己任。1913 年由蒋报策、杨嘉种、曾人辇、陈光纯等人发起成立晋江海外华侨公会，该公会所属范围包括泉属各县，会员以晋江、南安最多，其宗旨之一为调处侨乡械斗。④ 1948 年旅菲晋江永宁乡会驻乡办事处发起组织乡谊促进会，目的为促进乡谊，避免发生械斗。"旅菲晋江永宁的乡会驻乡办事处，于去年六月十五日成立……最近因感于各地械斗之风炽盛，为防患未然计，乃发起组织晋江永宁乡谊促进委员会，敦睦族邻促进乡谊，故永宁市区未尝发生纠纷事件或械斗情事，是皆乡谊促进会努力之成就也。"⑤ 陈埭乡设有乡侨联谊会，1948 年青阳荣江保沟尾村与花厅口村发生械斗，由乡侨联谊会出面劝阻平息。⑥ 有些海外华侨成立代表团，回国协助调解械斗。《江

---

①蔡福藩.东石码头地产公司[G]//政协福建省泉州市委员会文史资料研究委员会.泉州文史资料：第 2 辑.政协福建省泉州市委员会文史资料研究委员会印，1982.

②锦尚卢厝纠纷无条件息事，两村主事向城隍立誓，嗣后决不敢藉故生事（晋江）[N].民声日报，1948-09-11.

③迎神赛会（泉州）[N].晨曦报，1948-10-22(2).

④晋江市地方志编纂委员会.晋江市志·社会团体：卷 23[M].上海：三联书店，1994：854.

⑤永宁组乡谊促进会，敦睦族邻消灭械斗（泉州）[N].晨曦报，1948-06-16(3).

⑥为了演戏闹意气，青阳荣江刮斗风陈埭乡侨联谊会出为劝阻（晋江）[N].民声日报，1948-06-07(2).

声报》报道,1948 年菲律宾海外华侨组织代表团回国劝止地方械斗,提出制止械斗办法,一方面应由政府劝导,并借助公亲秉公调解;另一方面应引导侨汇从事生产建设事业。[①] 代表团会同地方政府参与调解永宁镇竿头、龙穴及东石镇塔头孙刘等械斗案。[②]

三、海外华侨干预乡族械斗的原因

在近代泉州地方乡族械斗中,海外华侨进行干预,大致有以下几个方面的原因:

第一,民国时期泉州海外华侨的经济力和政治影响力有了提升,逐渐成为民间地方乡民在宗族械斗中可以动用的海外资源。经济实力的提升使其能够为械斗提供物质条件和资金财力支撑,在调解中出资赔垫;政治地位的提高使得海外华侨能够作为地方乡族利益的代言人向政府施加影响,参与宗族械斗的调解。海外华侨与家乡保持着密切的经济联系。民国时期侨汇已成为泉州的重要经济来源。海外华侨出洋谋生,素有利用侨汇赡养亲人和建家置业传统。在第一次世界大战后,随着东南亚社会经济环境发生重大变化,海外侨胞经济生活条件普遍改善和提高,泉州地区的侨汇源源不断,至 20 世纪 20—30 年代间,年均侨汇都在 1000 万银元以上,最多的 1930 年竟达 2500 万银元,70%～80%的侨眷侨属主要或部分依靠侨汇为生。[③]

1925 年颜文初在《菲岛通讯》中写道:晋江一县,"计八百余乡,皆聚族而居。大乡者万余人,数见不鲜,小乡者亦百人以上,其生活皆借南洋为抱注"。海外华侨还积极投资家乡事业,兴办各种实业,如交通运输、商业、工矿企业、农垦业、房地产业;兴办教育、卫生、文化体育、慈善等事业。[④] 由于海外华侨对泉州地方社会经济发展和慈善公益事业的直接参与,晚清民国时期海外华侨在泉州的社会地位逐渐提升。在历次民主革命和抗日战争中,泉州海外华侨群体做出了重要贡献,使得其政治地位不断得以提高。"查晋江地濒沿海,为吾闽街要重镇,举凡政治文化交通经济诸端较之其他县市尤为发达,过去革命以及抗战期间晋江同胞出钱出力效忠国家,确曾奠树不可磨灭之光荣史迹。"[⑤]在辛亥革命时,泉州华侨纷纷响应孙中山先生号召,或秘密参加同盟会,从事革命活动;或踊跃输将,购买枪支弹药,支援革命;或毅然回国,参加武装起义。抗日战争时期,晋江海外华侨与广大海外侨胞一

---

①改进侨区役政,菲代表团一行抵厦,将与当局商讨办法,还要劝止地方械斗(厦门)[N].江声报,1948-02-08(3).

②东石孙刘两姓海埭渔权划清,竿头龙穴事件获解决,菲华侨代表团抵石调解结果[N].泉州日报,1948-02-24(3).

③吴泰.晋江华侨志[M].上海:上海人民出版社,1994:107.

④晋江市地方志编纂委员会.晋江市志·华侨:卷 34[M].上海:三联书店,1994:1206-1217.

⑤晋江县大同乡关于梧川与余店械斗案件[A].晋江市档案馆藏档案,2002-01-2367.

样，纷纷组织各种救亡团体，捐输财物，开展抗日救国运动，甚至回国参战，直接投身于抗日战争。①

第二，亲宗乡族往往站在该族立场向其介绍械斗情形，海外华侨对于械斗的实情难以有客观公正的把握和认识。在地方宗族观念的强烈驱使下，海外华侨对家乡械斗往往给予多方面的支援。参议员姚山谷曾指出"侨胞在外未明真相，常为此辈械斗贩者所蒙蔽，只知为故乡争体面，不深究起事之是非，一方尽量接济金钱，复借侨名妄发电文……侨胞赋性率直，爱乡心切，久居在外未明真相，每受故乡煽惑，妄发电文以感视听者"②。特别是当乡民向海外华侨反映本族受到欺凌，希望海外华侨出面干涉时，海外华侨更难以坐视不管。1948年塔头村孙刘两姓因海权发生械斗，刘姓族长在写给其海外宗亲的信中指出督察专员和县长会同绅士出面调解时，只凭孙姓单方面诉词，而置原有协约以及以前县府的处理不顾，重新订立条件，迫令刘姓代表签署，因此导致第二次更为惨烈的械斗发生，双方各有死伤，如果久悬不决，恐怕还会有恶斗发生，请求新加坡刘氏公会代为"解倒悬之苦"。刘氏公会于是向福建省政府主席发函，请求其迅速制止，依据事实真相秉公处理。③ 1948年莲埭村、石壁村林姓与洪窟村洪姓械斗，洪姓向旅菲六桂堂宗亲联合会去函称，莲埭石壁村于去年纠众毁坏洪窟村农作物引发纠纷，迄今尚未解决。林姓又于本年将洪窟村洪祥宣击毙。石壁村人为逃避杀害人命罪责，故意扩大事态，纠众摧毁农作物，希望引发械斗，免受法办。且县长林逸生有纵容同宗林姓之嫌，对此案没有提控法院缉凶，反而派兵驻扎洪窟村，增加被害者供应兵食之苦。洪窟村于是请求旅菲乡亲、宗亲予以援助，向省政府具呈控告。于是旅菲六桂堂宗亲联合会向福建省第四区行政督察专员发函，指出"仰乞钧座严令当地主管官吏秉公制止，庶免将来酝酿无穷之祸，贻害地方，不知伊于胡底。本会全体会员为该致烈呼吁，伏乞钧座详细查核准予严令撤兵缉凶以重人命以安侨民"④。

第三，乡族械斗严重影响泉州地方社会稳定，威胁到归侨侨眷和地方乡民生命安危，使得海外华侨难以置身事外。1947年泉州晋江东石镇发生械斗，吉兰丹中华商会致函福建省政府主席指出，"事关侨眷，乡土械斗恶习影响社会治安殊大，为此恳请严加制止劝谕双方息事……"⑤霹雳福建公会在发给福建省政府主席的函件中指出："迳晋江东石镇蔡姓不幸发生械斗，双方各有死伤，事态日趋严重，双方

①晋江市地方志编纂委员会.晋江市志·华侨：卷34[M].上海：三联书店，1994：1206-1217.

②晋江市地方志编纂委员会.晋江市志(附录)文告·晋江县参议会公函[M].上海：三联书店，1994：1813-1814.

③晋江县政府关于洋埭林，洋埭李，葛州等保械斗案件[A].晋江市档案馆藏档案，2002-01-2370.

④晋江县复兴乡关于洪窟保与洪林保械斗等事件[A].晋江市档案馆藏档案，2002-01-2366.

⑤福建省政府关于晋江东石旅丹同乡会请求制止械斗报告的代电[A].福建省档案馆藏档案，2001-06-3012.

旅外乡侨咸感不安,先后投请本会乞予声援,本会迭接各方告急来函,爰于本月廿五日召开理事会议,提出讨论,佥以本会情关桑梓,义难坐视。"①黄秀烺在得知安海镇金墩黄姓与西坡型厝颜姓因风水发生械斗时,认为该案关系到族人生命安危,慨然允诺出资调解,"乙丑(1924年)五、六月间,安平一带相攻杀,意外疑误,官兵死者二十余人,祸且不测,有议罚镪以解之者,强余谋之君,时君病已数月,急甚,闻之慨诺三千金,曰兹事关于吾族生死也"②。械斗时双方互相攻击,由于海外华侨的特殊身份,经常成为截掳的对象。1947年晋江县东石镇梅塘保与石菌保中舍村械斗,梅塘保旅菲归侨蔡枀被中舍村人掳去。"案据保民张氏麵娘到保哭诉略称:窃氏夫蔡枀侨居菲岛,去年返国,以海外不时遭受异族欺凌,不愿再居异邦,力田自活,平素与人无忤,于本月廿日因事往石菌村途间突被石菌保中舍村王田、王冷等十余猛,各执枪械连鸣手枪数发示威,强掳而去,现踪迹不明生死未卜,恳请赐予援助等情。"③1948年晋江县复兴乡卢厝村与永宁镇厝上村发生械斗,卢姓归侨遭到殴打禁闭。《民声日报》载,"查该案经石警所及驻石自卫队派队前往双方责令具结制止械斗,静候法办,讵料厝上村日来竟又备斗,于前(廿)日下午纠众持械埋伏西港山西北部,截绑卢厝村归侨卢承钦,加以毒殴,并加监禁"④。

通过考察民国时期泉州海外华侨在地方乡族械斗中的角色,可以看出,民国时期海外华侨在地方械斗中发挥着类似传统社会中地方士绅的作用。海外华侨一方面充当支援者,利用资金、武器对家乡械斗予以接济,作为乡族利益的代言人向政府施加影响,助长了械斗的蔓延;另一方面又充当调解人,积极配合地方政府参与械斗的调解,努力维护基层社会秩序的稳定。海外华侨对械斗的干预反映出其已成为影响侨乡社会的重要力量。不可否认,由于受到地方乡族意识的影响,也存在部分海外华侨不深究起事的原因,盲目袒护乡族利益的另一面,民国时期泉州乡族械斗的规模巨大、长期持续与海外华侨的接济、声援不无关系。这种矛盾角色反映出乡族观念对海外华侨的深刻影响,同时也体现出民国时期海外华侨已经成为泉州侨乡社会治理的一支重要力量。

海外华侨参与泉州地方社会械斗纠纷的调解,在一定程度上缓解了地方社会矛盾,为传统乡村基层社会秩序和社会治理注入了理性的政治观念,从而便于实现对传统乡村社会结构的突破和改造,并为改善乡村治理方式,探索新的社会治理模式积累了有益的经验。这种有海外华侨与地方政治运作,而引起的侨乡社会结构的变动,又对侨乡社会的功能、侨乡社会的关系产生较大的影响,从而也有利于传

---

① 福建省政府关于晋江东石旅丹同乡会请求制止械斗报告的代电[A]. 福建省档案馆藏档案,2001-06-3012.

② 吴增. 檗庄黄君墓志铭[G]//政协泉州市委员会文史资料研究会. 泉州文史:第4期. 政协泉州市委员会文史资料研究会印,1980:78.

③ 晋江县法院关于集体械斗案的呈、指令、布告[A]. 晋江市档案馆藏档案,2004-01-845.

④ 静候处理中厝上又抓人,卢厝一归侨遭殴禁(晋江)[N]. 民声报,1948-06-22(2).

统泉州社会文明的功能结构性改变。

对晚清民国时期泉州地区华侨群体参与侨乡社会治理的角色定位与实践考察研究，可以发现，华侨群体不单单是近代泉州侨乡的一种民间文化、乡村经济，更作为一个社会主体参与了泉州侨乡的社会治理，是近代泉州社会政治转型的积极推动者。以改良社会为己任的华侨群体参与泉州侨乡社会治理的实践大致体现在慈善公益、革弊兴利、议政督政等方面。华侨群体的变革意识与地方政府追求改良侨乡社会的宗旨不谋而合，于是前者提供资金和资源，后者则为前者实现其参与侨乡社会治理的意愿提供思想、信息传播和讨论的平台。有充分的证据说明，清末民初华侨群体形象的蜕变和身份的建构，主要是通过华侨精英对家乡的侨汇、捐资、投资等善举行为来实现的，这不仅是为其获取了地方社会声望，也为华侨群体在地方社会中获取了可观的政治资源。泉州地方乡族和家族化特征与华侨群体的跨国实践行为有着历史的逻辑关系，海外华侨参与调解地方械斗和地方公共事务的处理以及社会治理，在泉州地方政治场域中发挥了极为重要的作用。

第七章　华侨群体与近代泉州社会转型的背景因素分析

　　跨国网络是以地缘、血缘为纽带,并依靠中华传统文化来维系的人际关系。泉州是颇具海洋文化性格特质的地区,在全国范围内,也是海洋文化性格最鲜明的地区之一,其海洋文化精神比其他地区更为强烈。从根源上来说,与其地理条件和历史传统不同有着很大的关系。作为中原移民,海外泉州人的文化基因里始终有一种"慎终追远"的牢固传统,在不停的跨国迁徙流散中,海外华侨通过宗祠、族谱记录自己来自何方,在敬宗睦族、事鬼尊神的多种仪式中不断强化着"根系"与"乡愁"意识。在近代泉州社会,海外华侨和泉州侨乡为自身的发展以及为获得较大的效益,都在利用业已存在的"关系",参与紧密相连的跨国实践,这是跨国实践利益功能和价值追求的显现。海外华侨之所以能在近代泉州侨乡的经济和社会转型中发挥作用,正是因为在跨国网络的能力上,与侨乡社会具有共同的文化特征。而正是两者所共有的"关系能量",使得海外华侨在近代泉州侨乡社会的跨国实践行为模式得以持续,也使泉州侨乡借助与海外华侨跨国互动,成为近代中国经济转型和社会变革的先行地区。在华侨群体跨国实践行为的背后,其实都有着深层次的文化法则在持续运行并发生作用。泉州侨乡地方乡族力量和文化资源所具有的普遍社会性和特殊性的整合功能,强化了海外华侨的地缘认同和爱国爱乡情结。

第一节　地缘认同:华侨跨国实践的文化因素

一、地缘认同:海外华侨生存发展的内在逻辑

　　海外华侨初到国外,人地生疏,不免会遇到生活和工作上的诸多困难,必须联合团结,才能共求生存和发展。于是,便以相同的姓氏族、方言、共同的信仰等为基础,以地缘、血缘和亲缘为纽带,自发组建宗亲会和同乡会等。在侨居国,海外华侨社会具有鲜明的特质,保持着浓厚的"地方色彩",并按一定原则形成不同的团体或帮派。华侨群体中十之八九为闽粤两省籍人,而又以原籍乡土区隔为五帮,即福建、广府、潮州、客家、海南。这里所指的"地方色彩",即"地缘认同"。① 地缘是指

---

①孙谦.清代华侨与闽粤社会变迁[M].厦门:厦门大学出版社,1999:55.

海外华侨因祖籍地相同而结合起来的一种关系，也就是习惯上所说的"同乡"。它的范围可大可小，大至一个省，小的限于一个县或一个乡村，所以有"大同乡"和"小同乡"之分。海外华侨的地缘、血缘、业缘等，最先是从地缘关系开始的。地缘认同则是一种对居住地区以及这一地区历史和人文景观的归属意识。

海外华侨的地缘认同从他们移居海外就已经发生，不同时期其强烈程度有所不同。晚清民国时期，海外华侨心态处于"叶落归根"时期，此时海外华侨对祖籍地的认同尤为强烈。20世纪50年代中期以来，随着海外华侨加入侨居国国籍，海外华侨的身份和政治认同大都由中国化转变成当地化，海外华侨心态由"叶落归根"向"落地生根"转化，此时对祖籍地的认同逐渐变弱，进而转化为主要认同侨居国，对祖籍地只能是"宗族和祭祖之类的文化认同而已"。① 事实上，晚清民国时期，泉籍海外华侨的地缘认同强烈而持久，并且已经渗透到海外华侨社会的各个生活领域。

海外华侨社会存在许多类别的地缘组织和团体。据南京国民政府中央侨委会根据驻外使馆等提供的调查资料统计，到1942年，海外各地共有华侨组织3826个，其中亚洲最为突出，共有3213个，占其中的84%之多，亚洲地区又以东南亚国家侨团组织最多，共有3017个，占亚洲侨团组织总数的90%以上。而上述组织中，属地缘组织的有1008个，约占一半。② 所谓地缘组织，又称同乡会、同乡会馆，它是以地缘为纽带形成的，是指以中国国内原籍所在地的省、府、县、乡或村为名称和单位的组织，还有跨省的连省组织。海外华侨以原籍乡土关系而建立的组织，有的以省为单位，如广东会馆、福建会馆、江浙会馆等；有的以县为单位，如潮州会馆、晋江同乡会、南安同乡会等；有的则以乡为单位，如深沪同乡会、永宁同乡会、石狮同乡会等。世界各国华侨移民史，因地缘人口结构等因素而异。③ 这些地缘组织的主要活动是为同乡跨国移民安排食宿、介绍工作、组织宗教祭祀、赈济家乡、恤贫扶弱、抵御外侮、调解纠纷等，实际上成为各籍海外华侨的领导机构和联络机构。其中，作为联系海外华侨与祖籍地的桥梁和纽带是其重要宗旨和作用。

早期海外华侨社会组织的雏形是以寺庙活动形式出现的。捐建的寺庙，既是宗教活动场地，也是当地侨胞聚会联谊、丧葬祭祀、排难解纷、传承中华文化的地方。随着华侨日益增多和事业发展，以地缘、血缘为基础的同乡会、宗亲会，以业缘为纽带的同业行会相继出现。其中作为地缘组织的同乡会要比宗亲会更早一些。已知泉州华侨在东南亚成立最早的同乡会组织是1883年由东石镇旅马华侨成立的"太平仁和公所"。此外，还有1919年成立的槟榔屿晋江会馆，1925年成立的新加坡晋江会馆，1904年成立的缅甸"温陵会馆"。后者是闽南籍旅缅华侨建立的地

---

① 周大鸣，柯群英. 侨乡移民与地方社会[C]. 北京：民族出版社，2003：170.

② 广东省地方志编纂委员会. 广东省志·华侨志[M]. 广州：广东人民出版社，1996，82.

③ 周南京. 世界华侨华人词典[Z]. 北京：北京大学出版社，1993：786.

区性同乡会组织,而菲律宾因泉州籍华侨太多,其同乡会一般是以乡、村为单位组织的。菲律宾的同乡会是同族组织,人口多的同乡会其地域范围小,村单位的同乡会很多。据不完全统计,晚清民国时期新加坡有泉属同乡团体 21 个,其中规模较大的有永春会馆、晋江会馆、南安会馆、安溪会馆、安海公会等。①

由来自泉州跨国移民组成的泉州同乡会,其在功能的发挥上突出地表现了对家乡的关怀,这是因为该地缘群体将其与故乡的联系视为延续传统的保证,以增强其凝聚力。尽管表现形式不同,但泉州籍华人群体的这两个地缘性社团,在对中国和故土的向心力这一点上是完全一致的。

海外华侨社会大多同籍聚居一处的现象,即居住地缘化。19 世纪来自同一地域、操同一方言的新马华人,"引人注目地聚居一处"。陈达也指出:对于中国人在南洋的地理分布,有两点引起我们特别注意,其一就是"同乡聚居一处"。因华侨出国的路线,往往依照在南洋的同族或同乡的经验与协助,对于后来者大都有血缘、友谊或邻居的关系,或广义的同乡关系。因此后去的移民,大致跟着前辈所住的地域。因此,对于南洋的中国人的地理分布,其实可以按照华侨的家乡来划分。泉州籍华侨占整个印尼华侨的 46% 多。泉州人是最早移居印尼群岛的海外华侨,他们主要分布在爪哇和苏门答腊等地。印尼的泉州籍华侨普遍以经商为主,其中以糖业、土特产、布匹和杂货等为最多。此外许多泉州籍华侨也涉及金融业、渔业、食品加工业和其他工业等行业。

对于泉州籍华侨来说,在印度尼西亚,主要居住在爪哇的雅加达、三宝垄、泗水、万隆、梭罗;苏门答腊的占碑、巨港、棉兰、日里;加里曼丹的坤甸、山口羊;苏拉威西的孟加锡、摩鹿加群岛的安汶、邦加、勿里洞以及帝汶岛东部。在马来西亚,主要侨居在吉隆坡、马六甲、怡保、芙蓉等地。泉州籍华侨在侨居国同样聚居一处。例如,印尼以海外泉州人最多。从 18 世纪 60 年代起,直到 19 世纪 20 年代荷兰殖民者在西加里曼丹取得侵略据点以前,中国人主要为泉州华侨凭借祖籍地域关系移入西加里曼丹的每年在 2000 人以上。另外,在马来西亚柔佛州,居民有 500 多人,其中海外华侨 380 多人,而泉州华侨又占 70%。可见,海外泉州人聚居一处的特点。其他侨居国的泉州华侨也大多都通过地缘同乡关系的不断牵引,使聚居一处的海外华侨不断增加。

海外宗亲组织是海外华侨社会的重要支柱和精神家园。泉州侨乡的同姓组织主要包括宗族及宗亲组织。由于故乡宗族组织的发达及其海外生存发展的需要,泉州籍华侨很早就在侨居地建立了同乡会及宗亲会,这些地缘和血缘组织长期以来为泉州跨国移民的社会生活和跨国实践发挥了巨大的作用。因此,在以东南亚为主的泉州籍华侨聚居地区,宗亲会组织历来都十分发达。

---

① 泉州市华侨志编纂委员会.泉州市华侨志[M].北京:中国社会出版社,1996:66.

　　严格意义上的宗族组织，是宗祧为核心的父系血缘团体，即"同姓从宗合族属"①。泉州宗族组织发达严密，又多为单姓村。泉州海外华侨社会的传统宗族组织本质上则是由祖籍地移植而来。通常有几个大小不同的世系群，分别各有"小宗"和"公厅"，另有供奉全族先祖的祠堂，作为村庄的中心。这种浓厚的观念，使得那些跨国移民的泉州人也保持原有的风俗传统和家族文化，组成同乡同族的单元。但是，跨国移民的宗族并不是简单地移植于祖籍地，而是利用祖籍地的血缘关系和文化资源，在移居地的华侨社会环境下得以重建。

　　在新加坡的实里达河上游义顺兴利芭的"潘家村"就是一个典型的案例范本。下面以新加坡"潘家村"为例，对这些泉州会馆与泉州商帮网络的运营机制及其特征进行分析。这两地的泉州会馆是具有规模的离线网络协力系统，在强化泉州商帮网络成员之间的联系与沟通乃至构筑族群共同体方面具有十分重要的意义。

　　"潘家村"是新加坡殖民地时代华人移民建立的一个聚族而居的村落，其村民被称为"炉内潘"。潘族移民的祖籍地在泉州南安乐峰乡炉内村。潘氏族谱记载，南安"炉内潘"是一个经由晋江分支到南安并已有500多年发展历史的中国传统宗族。经过数百年的繁衍，南安"炉内潘"在19世纪末20世纪初已经是一个被称为"万儿丁"的大宗族。根据前南洋大学历史系的华族村史调查报告②和口述等访谈资料，至晚在19世纪末叶，已有"炉内潘"人南来新加坡谋生。初到新加坡时，他们聚居在当时汤申路7英里的牛胆湾。后经几次迁徙，1914年来到兴利芭。兴利芭位于实里达河上游附近。在"炉内潘"未迁入之前，这里杂姓共处，其中有几户南安籍的潘姓。"炉内潘"集体迁入之后，盖了横山庙，来此的"炉内潘"逐渐增加到20几户。到20世纪20—30年代，南安土匪横行，兵荒马乱，迫使更多"炉内潘"族人移民海外，其中部分投奔已先到新加坡的潘族人。此时也正是李光前等泉州南安籍华商经济实力增强的时期。他们在实里达发展种植经济，兴办树胶和黄梨加工工厂，修筑道路桥梁，拓展市镇和乡村，吸引了大批泉州南安跨国移民的到来。于是一批批南来新加坡的"炉内潘"族人移入兴利芭，逐渐形成了新加坡的"潘家村"。管理"潘家村"这个新社区的是作为"炉内潘"人凝聚中心的横山庙。"潘家村"的横山庙，是经由南安炉内的横山庙分炉（香）而建。在兴利芭"炉内潘"人的祖籍地有一座庙宇称为横山庙。该庙供奉有主神潘府大人和配神陈李两将军。"炉内潘"人认为，潘府大人即明朝的工部尚书潘季驯，他被尊称为"祖叔公"，又称为"祖神"。横山庙在19世纪末经潘春胪"分炉"来新加坡。潘府大人最初供奉在潘春胪住家，随着南来的潘族移民不断增加，潘府大人也几次迁徙，到1914年被安置在兴利芭一间亚答屋里。1931年"炉内潘"移民从祖籍地聘请专业庙宇建筑师，在兴利芭兴

　　①郑振满.明清福建家族与社会变迁[M].长沙：湖南教育出版社，1992：227.
　　②义顺社区发展概述.义顺社区发展史[M].新加坡义顺基层组织、国家档案馆、口述历史馆，1987：37-43.

建横山庙,潘府大人随后迁入。有意思的是,新加坡"潘家村"内的横山庙所仿建的是祖籍地的"潘氏宗祠"。"潘家村"的管理机构是横山庙理事会。根据存留下来的理事会会议记录和调查资料,二战以前,理事会的理事来自由各房推举的族长。各房族长的人数由各房人口比例决定。南安"炉内潘"有四大房支,四房之中,以二房人丁众多势力最大。到兴利芭来的"炉内潘"也分为长、二、三、四房,其中也以二房人数较多。在兴利芭各房推举族长的人数中,二房在比例上总多占一些。二战后,横山庙理事会实行董事制。董事会设主席,下设总务、财政、文书、查账和交际各股,各股设正副股长各 1 人,另设 12 人评议员。董事会职员由理事会投票选举产生。[①]

横山庙组织形态的演化表明,当泉州人跨国移民到海外时,都力图遵守祖籍地的传统重建其社会结构,尤其是在海外移民社会的早期。从泉州南安的跨国移民在新加坡所建立的"潘家村"内四大房支的构成,族长的存在,以及由各房支族长组成的横山庙理事会,实际上是一个宗祠委员会等情况,都显示了泉州跨国移民在海外对中国农村传统家族组织基本特色的坚持和守正。然而,在不同于祖籍地的社会历史文化脉络下,泉州跨国移民也必须调整传统文化的原则,以适应移居地的地理和人文环境。横山庙组织形态的历史变迁反映了泉州跨国移民在新环境下的各种调适和应对。

首先,潘家村族长的产生取决于其在潘家族人中相对经济实力以及对宗族和家族事务的志趣与奉献,这与中国传统社会族长的基本条件,如辈分、名望和受教育程度等还是有很大不同的。

其次,董事会制是近代商业社会的产物。来自中国传统家族社会以务农为生的潘氏族人从战前的理事会到战后采用商业社会的董事会制来设计自己的管理机构,就是为适应新的环境而进行的自我调适。

20 世纪 20—30 年代因泉州南安兵荒马乱,很多"炉内潘"人来到新加坡的"潘家村"。为应对这种形势,1933 年 9 月 11 日,横山庙理事会召开全体理事及南安炉内乡侨居新加坡之潘氏宗亲大会,讨论集资购买地产以供分居各处的宗亲集中在一起守望相助的问题。会议决定以认捐与劝捐的形式聚资购买族产。3 个月后,横山庙理事会将族人捐来的款项购买了 11.6 公顷的地产,委托 6 名宗亲为地产信托人。理事会也决定,购置的地产以每年 12 元的租金租给族人。租者可以在租地上盖房建屋,亦可在房屋周围的空地上种植蔬菜果木和饲养家禽,但对土地没有所有权,"如有迁移或售于别人,须俟地主(横山庙)凭准之后始作有效"[②]。

新加坡"潘家村",其成员虽然主要是南安"炉内潘"人,但"炉内潘"人在祖籍地

---

①参见"炉内潘宗庙董事会"1994 年 12 月 23 日编撰的资料(未刊文)。

②义顺社区发展概述:义顺社区发展史[A].新加坡义顺基层组织、国家档案馆、口述历史馆,1987:37-43.

的宗祠、宗支、谱系、祖先牌位、族产、族田，以及与潘氏宗族相适应的宗族关系与宗族制度等无法完整地移植到新加坡。因此，新加坡的"潘家村"并非故土宗族的移植，而是南来的"炉内潘"移民，运用传统中国祖先崇拜与神明信仰的文化资源，在新加坡殖民地的社会文化脉络下重建的一个聚族而居，具有血缘、地缘和业缘三结合特征的宗族社会。①

"潘家村"的个案表明，包括东南亚在内的海外泉州华侨社会的宗族具有人为建构的特征。尤其是在跨国移民社会初期，这一特征更为明显。事实上，以人为方式重建的宗族或称"拟制"宗族，早在明代就已出现于因"联宗"而形成的宗族形态中。根据傅利曼和田仲一成的研究，明清以后泉州地区一些大宗族，就是通过一些同姓而不同宗的宗族在血缘意识上体现出来的"拟制性"而实现"联宗"，从而最终导致宗族形态的变异。

东南亚泉州华侨的宗族社会并非简单地移植于祖籍地，而是一个在新的社会环境下重新建构想象的过程。在跨国移民社会初期，泉州华侨宗族组织和宗族社会的重建有赖于祖籍地传统的组织原则和历史文化资源。而在不同于祖籍地的社会语境下，海外华侨也必须调整这些历史文化规则，使之能够适应新的地理环境和人文条件，由此也在组织形态、宗族结构以及祖先崇拜等方面出现了一些新形态。新加坡"潘家村"显示，一方面其是中华传统文化和区域文化在海外华侨社会的延续和传承，另一方面也呈现出泉州华侨群体在当地社会的历史文化脉动下成长起来的本土化特质。

二、故乡情结：地缘认同的合理延伸

对于海外华侨社会而言，地缘认同维持了地缘群体内部的生存和发展，保持了地缘群体与域外环境的适当交流，以便从不同环境中摄取群体发展所需的资源和养分，从而推动整个群体在海外华侨社会的发展。对于祖籍国来说，由于华侨群体的地缘认同已渗透到其生活的各个领域，这必然强化华侨群体对祖籍地的认同，从而推动华侨群体与祖籍地的跨国互动联系。华侨群体基于地缘认同而产生的对祖籍地的情感，为海外华侨作用和影响侨乡社会提供了心理条件。②

早期跨国移民大都有一个共同的理想和心愿——"衣锦还乡"，返回埋葬他们祖先的故土，即华侨群体的祖籍地。强烈的祖籍地认同感使得华侨群体有两种根深蒂固的观念。一是"荣归故里"。发财致富后回去的海外华侨受到热烈欢迎，如果是从东南亚地区回乡的，常被称之为"南洋伯"。他们积攒下来带回去的钱不仅使他们自己，也使他们的家庭、家族和同乡普遍地感到荣耀。二是"叶落归根"。它

　　①曾玲.华南海外移民与宗族社会再建——以新加坡潘家村为研究个案[J].世界历史，2003（6）：84.

　　②肖文燕.华侨与侨乡社会变迁：清末民国时期广东梅州个案研究[M].广州：华南理工大学出版社，2011：319-320.

表达出对家乡故土的挚爱,对祖籍地强烈的归属感。海外华侨对祖籍地有着强烈的爱乡热情。①

晚清民国时期,海外华侨心态正处于"叶落归根"时期,大多数海外华侨强烈地认同祖籍地。辛亥革命后,经过民主革命运动和五四爱国运动,华侨群体的民族国家意识有了觉醒,然而绝大多数华侨对中国的认同基本还停留在村县府省的"乡土"阶段而不是民族国家阶段。汇款回国,赡养家小,建造房屋,自然属于惠及族人乡里之举,即使是各地的学校,也大多是原籍海外华侨回乡捐建捐助。在新加坡,有些会馆标示的宗旨即是"服务于桑梓"。在菲律宾,直至 20 世纪 50 年代以前,同乡会的工作和目标还在"故乡的公共福利事业上"。② 这有力地证明了海外华侨当时对祖籍地的强烈归属和认同。

海外华侨这种"地缘认同"是以心理认同为主的文化认同,不是一种政治认同,而是历史文化上的归属。泉州籍华侨群体与侨乡社会的心理共识就是历史文化归属感上的地缘认同,基于地缘认同而产生的对侨乡社会的情感,则为海外华侨与近代泉州侨乡社会跨国互动提供了心理条件。海外华侨基于地缘认同作用下的地方资源,其作用的形成与绩效,主观上是因为海外华侨的拳拳报国之心和桑梓情怀。其认同的原因是多重的,即有政治和文化背景原因,也有历史的延续和现实的需要。

从国内政治影响看,晚清的护侨政策和改良派、革命派的民族主义宣传增强了海外华侨报效桑梓的向心力和认同意识。清朝前中期的海禁、迁界政策,在严禁人民出国的同时,也严格防止私自下海者的潜归③,其直接后果是使海外华侨滞留当地,繁衍后代,"加速了海外华侨社会的发展和与当地人民进一步同化融合的过程"④。深层影响则是使海外华侨望故乡而兴叹,视归国为畏途,便是故乡情景与情结的淡忘及离心力的产生和地缘认同的弱化。19 世纪 60 年代后至 90 年代,由于国内外形势出现了一系列变化,清政府对待华侨的态度和政策也发生了重大转变,过去的禁止、抛弃态度转化成了笼络、保护、利用的措施,并且最终于 1893 年在法律上废除了海禁条例。这些措施,包括派遣官员、兵舰访问和安慰华侨;鬻卖官爵,提高海外华侨的社会地位和政治声望;颁布招商章程,吸引海外华侨回国投资兴办实业等。⑤ 这些措施显然是有利于海外华侨对家乡的通信、汇款、投资或回乡探望、定居的。与清政府争取和利用华侨同时,以康有为为首的资产阶级改良派和以孙中山为首的资产阶级革命派也分别在海外华侨中进行了广泛的民族主义宣传

①[澳]杨进发.新金山——澳大利亚华人(1901—1921)[M].姚楠,陈立贵,译.上海:上海译文出版社,1988:3-4.

②孙谦.战前东南亚华侨的地缘认同[J].华侨华人历史研究.1994(3):3.

③(清)阿桂等.大清律例全纂·兵律关津:卷 20[M].乾隆五十五年(1790)武英殿刻本.

④庄国土.中国封建政府的华侨政策[M].厦门:厦门大学出版社,1989:121.

⑤[澳]颜清湟.华侨与晚清经济近代化——清政府吸引侨资的政策及其失败原因[J].张建华,译.华侨华人历史研究,1991(3):11-17.

和活动,这对于华侨乡土意识、民族和国家意识的提升起了极其重要的作用,地缘认同与国家认同在此时期开始合而为一。①

从文化传统看,中国传统的价值观念、思维方式、民间文化有助于海外华侨的地缘认同。中国传统文化中有许多文化成分与地缘关系相关,虽说这些文化成分来源于地缘的经济、政治、社会关系,但一旦形成之后,便具有了相对独立的性质而延续下来并反作用于地缘关系,巩固和强化了海外华侨的地缘认同。其一,孝亲。孝的观念在先秦儒家经典中即被广为提倡,自东汉以后几乎变成上层社会的准宗教,至宋元明清更被正式编入法典,成了中国社会的主导文化。广义的孝,包括对亲长的生前侍奉、死后服丧以及持久的祭祖,这一切无不与籍贯发生密切的关系。② 华侨移居东南亚后,虽在"养生"上无法在本籍奉养祖父母父母,但在"送死"中大多数还是回籍奔丧甚至守墓,有许多华侨客死异乡后,其子孙或同乡也是设法迎柩回籍归葬的。这无疑不断加强了海外游子与出生地或祖籍地的联系,说明了地缘不过是血缘的投影这一道理。③ 其二,群体至上。在社会观上,中国传统文化特别强调人际协调与社会至上。海外华侨同样如此,"华人性格上特别是人际关系,总是依赖社群取向"④。其三,思维方式。中国人的思维方式在时空观上均有异于其他民族的地方。时间上,"有着一种静态地理解现象的倾向"⑤。偏重于对过去事实的依恋,海外华侨那种普遍的"饮水思源"和"叶落归根"心理即是念旧思维的反映。空间上,"爱好形式的齐合性"⑥,不是调查每一事物的本质,而是依靠外观的类似把所有事物结合起来。东南亚华侨社会地缘组织的林林总总,一定程度上就是互相攀比的结果。闽南地区俗谚"泉州人个个猛",就是说泉州人都自认不凡,喜欢三五成群,纠合旧好新知,组织小团体。⑦ 地缘认同在海外华侨社会十分普遍,这在客观上强化了地缘关系。

第二节　道义传统和社会地位补偿:华侨跨国
实践的心理因素

在詹姆斯·C.斯科特的"道义经济"模型中,乡村社区是具有高度集体认同感

---

①孙谦,熊越.辛亥革命与新华社会的变迁[J].华侨华人历史研究,1992(2):60-67.

②何炳棣.中国会馆史论[M].台北:台湾学生书局,1966:1-2.

③费孝通.乡土中国.上海:三联书店,1985:72-73.

④参见陈育崧:《新加坡会馆志·序》。这种价值取向很容易使他们对群体产生归属感,地缘认同,可以说也是华侨特别重视群体认同的一种形式。

⑤中村元.东方民族的思维方法[M].林太,等译.杭州:浙江人民出版社,1989:126.

⑥中村元.东方民族的思维方法[M].林太,等译.杭州:浙江人民出版社,1989:126.

⑦施振民.菲律宾华人文化的持续[G]//李亦园.东南亚华人社会研究(上册).1986:168.

的共同体,村庄可以通过再分配体制来达到群体生存的目的,而且可以在危机来临时通过互惠和庇护关系提供非正式的社会保障。在村庄内部,要求富人应以有利于共同体中贫困者的方式支配个人资源。通过对待个人财富的慷慨态度,富人既可以博得好名声,又可以吸引一批听话的感恩戴德的追随者。扮演保护者的富人的道德地位取决于其行为同整个社区共同体的道德期待相符合的程度。① 借斯科特的"道义经济"理论框架用于诠释华侨群体慈善捐赠行为的跨国实践,尤其是其对于家乡的道义责任。与斯科特的"道义经济"模型不同的是,跨国移民群体与侨乡社会所形成的道义传统与其大规模的跨国迁移潮有着密切关系。墨尔本大学教授海格②指出迁移通常意味着个体离开某个社会共同体,这样的离开有着潜在的道德指向,移民会基于道义产生内疚。移民通过源源不断地给予家庭、社区甚至是社会群体以公共礼物,分期偿还个体对于家乡的"欠债"。在跨国移民祖乡,如果跨国移民不愿或不能"还债",他往往会被剥夺在家乡的成员身份和资格。因此,第一代移民在大多数情况下都愿意遵照惯例办事,这使得道义传统在移民祖籍地范围内得以存续。挪威国际移民研究专家卡陵③在对佛得角移民的研究中指出,移民回报家乡是跨国主义道义框架的核心要素。道义经济也会带来负面的影响:家乡的亲人朋友会经常批评移民不提供汇款或没有提供便利条件帮助他们移民,并进而指责这些移民"忘恩负义"。香港大学社会学系教授柯群英则借用"道义经济"概念解释新加坡华人移民为什么感到有责任回馈家乡。她指出,华人移民作为道义经济的成员,从文化上有一种道义责任和义务去帮助直系亲属、宗族、祖村再扩展到外部发源地。④ 柯群英以泉州安溪侨乡为例,指出侨乡的村民主要通过两种道义约束来鼓励海外亲属的捐赠:一方面,他们通过强调"血缘关系"、"落叶归根"地缘纽带的道德说服方式,暗示海外宗亲给予资助。另一方面,村民也通过"贴标签"的羞辱方式来对待没有帮助家乡的海外亲属,认为他们变"番"不讲"亲情",主要目的在于使那些没有贡献的亲戚在其他亲属和族人面前丢脸,促使他们以积极的方式参与到家乡的建设当中。⑤ 也有学者在研究中指出,家乡的亲人通过与海外亲

①[美]詹姆斯·C.斯科特.农民的道义经济学:东南亚的反叛与生存[M].程立显,刘建,译.南京:译林出版社,2001:52-53.

②Hage Ghassan. The Differential Intensities of Social Reality:Migration,Participation and Guilt[M]//Ghassan Hage. Arab Australians Today:Citizenship and Belonging. Melbourne:Melbourne University Press,2002.

③Jorgen Carling. The Human Dynamics of Transnationalism:Asymmetries of Solidarity and Frustration[C]. SSRC Workshop Migration & Development,2005:17-19.

④柯群英.人类学与散居人口研究:侨乡研究中的一些注意事项[J].广西民族学院学报(哲学社会科学版),2005(4):55-62.

⑤柯群英.福建侨乡中文化资本与祭祖的关系[C]//周大鸣,柯群英.侨乡移民与地方社会.北京:民族出版社,2003.

戚们叙旧以及强调海外亲戚们所应负有的道义责任，想方设法唤起海外乡亲已经"搁浅"或逐渐"淡忘"的乡情，从而对海外移民形成道义约束。①

　　在斯科特研究的基础上，学者对于跨国移民与家乡的道义关系进行了深入的讨论。但侧重点都放在作为移民对于家乡或非移民的道义责任上，尽管柯群英从文化的角度提到华人移民为何会对家乡负有道义责任以及家乡形成的对于移民的道义约束，但没有对影响道义关系形成与持续的动因进行更细致的分析。海格试图分析道义在移民中得以维系的原因，认为移民之所以支持家乡是源于"欠债"。但如将海格的解释用于跨国移民则显得过于勉强。引起华侨移民群体履行道义的因素是复杂多元的，既有"造福桑梓"等认同情感的因素，也含有个体行为"光宗耀祖"、"衣锦还乡"等追求社会地位和声望的因素，简单地用"还债"来解释跨国移民对于家乡的道义责任显然过于简单和片面化。此外，以往研究比较强调跨国移民与家乡所形成的道义体系的稳定性与长期性，但这无法解释一些道义关系发生变动的事实：比如有些跨国移民在与家乡产生一些矛盾后，为何不愿意继续履行对家乡的道义责任。又或者在一段道义关系中，不仅仅只有跨国移民与非移民两个行动体，可能还涉及其他的跨国移民、侨乡等利益行动体等，这些第三方、第四方会给原本稳定的道义关系带来怎样的影响。这些问题在以往的讨论中还较为缺乏。在道义经济理论与华侨跨国主义理论的基础上，应考察海外华侨跨国移民与侨乡社会所形成的道义传统、跨国移民的社会地位补偿动机以及他们对于家乡的捐助行为之间的关系。对于泉州地区从同一祖籍地移出、拥有亲缘与地缘联系的移民群体，在中国传统乡村内部，发展出一种基于集体记忆以及传统社会认同形成的"道义责任"。② 早期前往东南亚的泉州跨国移民大多来自乡村，他们在许多方面扮演着与传统地方社会士绅同样的角色。泉州跨国移民要承担起村庄内部的救济贫困、提供乡村公共福利等社会责任与义务。侨乡社会与泉州跨国移民在中国这种特殊的道义传统基础上，衍生出较为复杂的实践逻辑和乡土文化的历史传统。

　　其中，宗族组织及其观念在塑造跨国移民与家乡之间的道义传统中扮演着重要角色。东南地区侨乡宗族的发展实践是南宋以降理学家利用文字的表达，改变国家礼仪，在地方上推行教化，建立起正统性的国家秩序的过程和结果。③ 在这种历史背景下，从宗族盛行的侨乡走出的海外移民大多会形成以宗族为纽带的海外组织形态，与家乡的宗族遥相对应。侨乡本地围绕家庙、族谱、家族仪式等形成自我文化认同的社团，而海外那边也通过建立同乡会、宗亲会形成一个对应的团体。在这样一种双边关系中，依据政治经济力量的差异，形成了海外在地位上高于本土

---

　　①郑一省.华侨华人与当代闽粤侨乡的民俗活动[J].东南亚研究，2003(6)：66-71.

　　②Madsen Richard. Morality and Power in a Chinese Village[M]. Berkeley：University of California Press，1984.

　　③科大卫，刘志伟.宗族与地方社会的国家认同——明清华南地区宗族发展的意识形态基础[J].历史研究，2000(3)：3-14.

故乡的状况。现代或传统的公共事业提供了回归的游子重振一体化的大家族的制度象征符号。① 对于海外泉州跨国移民来说,宗族观念是与"家国"、"根"、"祖乡"等意识情怀紧紧相连的。对于家乡的情感实际上已然被内化为海外泉州跨国移民个体的一种自我道德实践,这使得海外泉州跨国移民下意识地接受道义传统并且不会感到外在社会规范的压力。同时,道义传统之所以得以维系,除了有赖于温情脉脉的"桑梓情怀",也来源于某种自我动机和社会交往的支撑,这与海外泉州跨国移民群体本身的特征与跨国移民形态密切相关。

当泉州跨国移民群体在移居地站稳脚跟后,部分会选择跨越民族国家边界,通过馈赠这种既非纯生产性也非纯消费性的方式参与到跨国实践中来。一方面,跨国移民对于家乡的文化馈赠能够帮助他们克服跨国空间下社会地位不一致性导致的社会地位落差,从而补偿其边缘化的社会地位,实现"社会地位补偿";②另一方面,地方社会公共事务也由于跨国移民持续的捐赠和实践而呈现繁荣景观。

在长期的泉州跨国移民实践互动中,跨国移民逐渐与侨乡社会形成了基于道义基础的社会地位补偿关系,也就是"道义传统"。根据泉州跨国移民与侨乡社会所形成的历史惯性的"道义传统":一方面,泉州跨国移民需要延续中国地方社会中的乡绅传统,承担起为家乡提供公共事务与福利的社会责任与义务,源源不断地给予侨乡社会以捐助;另一方面,侨乡社会对于给予捐助的泉州跨国移民有着社会地位补偿的承诺和兑现。在这种侨乡社会历史惯性传统的道德逻辑中,财产越多,经济实力越雄厚,拥有资源越多的人越有实力和能力为地方社会担负起责任。"光宗耀祖"和"造福桑梓"也被视为一种对于"海外华侨成功人士"的道德行为要求。这种历史惯性传统既影响了侨乡社会对于泉州跨国移民个体行为的社会期待,也制约着泉州跨国移民对自身道德行为的自我期许。这一历史逻辑表明:泉州跨国移民对于侨乡社会的贡献越大,说明其在海外"赚到大钱"、"衣锦还乡"③和功成名就。泉州跨国移民要想实现社会地位补偿的动机与侨乡社会希望接收捐助的意愿构成了某种程度的默契,成为影响泉州跨国移民与乡土社会之间的道义传统的重要社会动因和心理因素。在跨国移民与侨乡社会的道义关系中,无论是补偿提供者还是接受补偿者都传统地形成了一种对"捐助—补偿"体系历史的"依赖路径"。"捐助"与"补偿"④与其他象征资本交换一样,是需要有一定的时间差的,侨乡社会并不一定很快就能给予捐赠者补偿的回报,因为这样容易造成跨国移民是为了补偿才捐赠的印象而导致双方的尴尬局面。对恩惠的仓促报答会被指责为不恰当,

①王铭铭.西学"中国化"的历史困境[M].桂林:广西师范大学出版社,2002.

②黎相宜,陈杰.社会地位补偿与海外移民捐赠——广东五邑侨乡与海南文昌侨乡的比较分析[J].华侨华人历史研究,2011(1):1-10.

③黎相宜,周敏.跨国实践中的社会地位补偿:华南侨乡两个移民群体文化馈赠的比较研究[J].社会学研究,2012(3):182-202.

④[法]皮埃尔·布尔迪厄.实践理性:关于行为理论[M].谭立德,译.北京:三联书店,2007.

因为它意味着拒绝背负一段时间的债,并且坚持一种较为公正的关系。而持续对馈赠者保持感激与相信他们会履行自身义务会进一步加强跨国移民与泉州侨乡社会实践活动彼此之间的社会关系。通过延长补偿的时间间隔,并且强调移民馈赠的"无价",能够在形式上回避在这种道义传统中的社会交换和互动实质。海外移民在与家乡长期的社会互动中形成了一种基于中国乡村士绅传统发展而来的道义传统。这种以传统道义关系形成的跨国实践不但能使移民获得社会地位补偿,还在一定程度上弥补了地方政府缺位所导致的村落公共物品与福利的缺失,客观上促进了侨乡集体性社会目标的实现。①

海外华侨履行道义责任的动机很大程度来自祖籍地能够给予一定的社会地位补偿,让华侨群体能够提升自己的社会地位。这种社会地位补偿不仅是单纯满足海外华侨追求"光宗耀祖"和"衣锦还乡"的心理需求,也隐含泉州侨乡社会对于华侨群体"造福桑梓"的感恩与认可,蕴含着道义在交换性质背后所具有的情感元素。

第三节 政府侨务政策的调整:华侨跨国实践的制度环境

华侨跨国实践固然与地缘认同和侨乡社会背景相关,同时也与政府侨务政策的嬗变和宽松制度环境的营建有很大关系。晚清政府的政策已开始体现出重商主义的倾向。不可否认,晚清民国时期政府积极的引进侨资政策和导向,对于海外华侨与泉州社会的跨国互动起着十分重要的作用。

1. 在沿海各地设立保商局,保护归侨,对维护海外华侨权益起到了一定作用。由于华侨在辛亥革命中的特殊贡献,其社会地位大为提高。民国建立后,设立专门的侨务机构。1927 年,南京国民政府在外交部下设"侨务局",次年又改为直属国民政府的"侨务委员会",随后在广东、福建、云南、上海设侨务处,在广州、江门、汕头、厦门、海口、昆明等地设立侨务局。此外,还先后颁布了一系列保护华侨合法权益、允许华侨自由出入境以及鼓励他们回国参政和投资兴办实业,举办公益的法令。这些都为华侨群体参与泉州侨乡社会的发展铺设了道路。与南洋毗邻的泉州是著名的侨乡,厦门又是闽籍侨民出入国门的孔道。这里民风强悍,勒索敲诈归侨的风气相当严重,持续不断的地方械斗往往使回籍侨民荡家析产,闽籍侨民闻风裹足,视回国为畏途。为改变这一状况,光绪二十五年(1899 年),闽浙总督许应骙奏请设立厦门保商局,清廷准其所请,授权保护福建省归国华侨。② 诏曰:"闽民出洋

---

① 黎相宜,陈杰. 社会地位补偿与海外移民捐赠——广东五邑侨乡与海南文昌侨乡的比较分析[J]. 华侨华人历史研究,2011(1):1-10.

② 泉州市华侨志编纂委员会. 泉州市华侨志[M]. 北京:中国社会出版社,1996:323.

者,多籍隶漳泉,以厦门为孔道。此项民人不忘故土,偶一归来,则关卡苛求,族邻诈扰,以致闻风裹足,殊非国家怀保小民之意。着准其于厦门设保商局,遴选公正绅董,妥为办理。凡有出洋回籍之人,均令赴局报名,即为之照料还乡。倘仍有各项扰累情事,准受害之人禀局,立予查办,以资保护,而慰商民。"①随后,又谕令沿海各省推广福建之例,委任公正绅士办理此事。厦门保商局设立后,由厦门海防道督办,由于所任非人,对往来侨商任意勒索,以至被称为"勒捐局"。光绪二十九年(1903 年),南洋闽商联名向商部上禀,"拟请奏派公正绅董驻扎厦门,办理保商局,务以联商情而苏民困"②。商部接到投诉后惩处了被指控的官员,但拒绝了侨商自选绅董驻厦的要求。当时商部正在筹设各地商务局,随之裁撤了保商局,其职能并入商务局。这一事件反映了闽南侨商保护自身权益的集体抗争能力,对此后泉州华侨联合干预侨乡事务具有深远影响。1904 年,商部派左参议王清穆考察南洋商务,并命其顺道访查厦门商务局情况。经过调查,王致函商部称:"闽商出洋,漳泉最多,厦门为南洋归客必经之途。商政局未闻切实保护,关卡留难,强邻需索如故。遇有械斗案件,牵涉拖累,胥役扰害均如故。虽该局准给护照,归客知其不足深恃,请领寥寥。"③"凡闽人由南洋归来,按人抽收局费……商人被人欺凌,投诉不理……商人行李往来,未尝护送。出入款目,从未造报……敛取商民之资财,有名无实,半归靡费,南洋华商,至以'勒捐局'目之。"④可见,清廷的保护侨商机构虽经严整,内部仍十分混乱,只收局费而不履行其职责,非但没有护商,反而蜕化为一个勒索侨商的"合法"机构。鉴于商务局一再渎职,商部奏请清廷,由商部下辖的商务机构——商务总会行使其保商职能,主持会务的会董由商会选派,并呈请商部审核,护照凭单均由商会发放。清廷很快批准了商部的奏请,并于 1905 年 7 月 24 日颁布诏书重申商部奏议,这样才使局面有所好转。从清政府最高统治者到地方开明吏员,企图革除地方渔利海外华侨,消除海外华侨疑虑,为海外华侨归国投资营造适宜的环境。1912 年 8 月,福建暨南局在厦门成立,继而在泉州、漳州、闽侯成立分局。其护侨的任务和做法是:对于华侨回国经营房产、回籍省亲,由暨南局换取护照,可随时向地方官厅请求保护。1927 年 5 月,厦门设立福建侨务委员会,并由军事厅等通令驻防军队切实保护回国华侨,免被土匪扰害,免被强邻和土劣欺凌、鱼肉;派员视察各地回闽侨胞状况。1934 年 12 月,设立厦门侨务局后,在保护华侨出入国,保护侨汇,改善海关对华侨行李检查手续,函请各地政府保护华侨产业等,都有一定政绩。特别是迁设泉州的 7 年间,经常派员到泉州、东石、围头、永宁等出入口岸保护归侨。为保护归侨和侨眷的权益,配合省有关部门做了大量工

---

①王先谦,朱寿朋.东华续录.光绪朝:卷 153[M].上海:上海古籍出版社,2002:138.

②王先谦,朱寿朋.东华续录.光绪朝:卷 184[M].上海:上海古籍出版社,2002:416.

③刘锦藻.清朝续文献通考:卷 391(全四册)[M].杭州:浙江古籍出版社,2000.

④王先谦,朱有朋.光绪朝东华录:第五册[Z].上海:上海古籍出版社,2002:5115.

作。① 清政府和福建地方政府成立的保护侨商机构本应起到监督地方官绅的作用，然而，地方官员不断侵蚀其监督权力，加之缺乏监督机制，导致弊端丛生，不但不能起到保护侨商利益的作用，反而对侨商造成很大伤害。地方官员有令不行，有禁不止，为维护自身利益而拒绝执行中央的政策。正因为如此，清政府逐渐把保护侨商利益的职权由地方转移到商部及其统辖下的各地商会手中。自 1893 年清政府宣布豁除海禁旧例以来，为改善归侨地位、保护其权益而成立专门的机构，并对渎职官员进行惩处，这对遏制敲诈和歧视海外华侨的风气大有裨益。

2. 建立华侨商会，维护侨商权益。1903 年，作为清政府行政机构改革产物之一的商部成立，随后商会也在各地相继建立。商部认为，南洋"市面素称极盛的巨埠如新加坡等处，迩来贸易未臻进步者，皆缘平日商情涣散，鲜谋公益"②。为增强南洋侨商的团结，促进南洋华侨商业的繁荣，商部决定把商会推广到海外侨区。1905 年，候补三品京堂、太仆寺少卿、南洋巨商张振勋被清政府委任为考察商务大臣到南洋考察华侨商务，所到之处，宣扬商会条规宗旨及建立海外华侨商会的必要性。在新加坡，他召集闽、粤、潮等各帮侨领，经过数次讨论，由张振勋带头捐资于1906 年 3 月在新加坡创立中华商务总会。该会向清商部申请注册并由商部颁发关防。同年 6 月，槟榔屿著名侨商林克全等亦集议组织华人商会，并仿照新加坡中华商务总会试办章程制定会章，于 9 月成立了槟榔屿总商会。从 1905 年到清亡前夕，海外华侨商会遍布英属南洋各地、英属澳大利亚和加拿大、荷属印度尼西亚、美国及其属地、菲律宾、日本等地，其中仅荷属印尼一地于 1906 年至 1910 年间成立的商会就达 14 所。③ 这些海外华侨商会由当地富有声望的绅商发起，大都向清商部申请注册并由商部颁发关防，同清商部保持密切联系。小吕宋商务局章程明确指出："创设商务局，尽属中国商民，当于中国商部、各省商务局合联一气，以通声息，而资保卫。"④清政府这一时期大力在海外建立华侨商会的目的就是要联络上层华商，利用他们在华侨中的声望筹集华侨资本。商部在给皇帝的奏折中明确指出，推广华侨商会，"不特于振兴外洋商业深有裨益，即内地农工路矿各项要政，亦易招集华侨资本"⑤。清政府致力于在海外推广建立商会的努力也得到华侨的广泛响应，受其重商政策的激励，海外华侨群情振奋，在海外仿照国内商会章程，纷纷成立商务总会或商会。1905 年，日本长崎侨商率先成立了商务总会，该会试办一年期间，"商情尚属妥洽"。1906 年，清驻荷兰参赞钱恂到爪哇视察，劝设商会。在钱的号召下，1906 年底，梭罗华商张先兴建立梭罗商会，入会者 200 多人。⑥ 1907

---

① 泉州市华侨志编纂委员会. 泉州市华侨志[M]. 北京：中国社会出版社，1996：324-325.

② 商务[J]. 东方杂志，1907(4)：57.

③ 温广益. 印度尼西亚华侨史[M]. 北京：海洋出版社，1985：435.

④ 陈碧笙. 南洋华侨史[M]. 南昌：江西人民出版社，1989：394.

⑤ 商务[J]. 东方杂志，1906(8)：101.

⑥ 参见《政治官报》，光绪三十三年十二月初五，第七十五号。

年,望加锡埠商会在清政府考察外洋商务官员的号召下建立起来。该会成立时,"远近报名入会者,计四百余名"①。应当说,清政府推广海外华侨商会取得了很大的成绩。海外华侨商会的成立对于侨商维护自身利益起到积极作用,新加坡、槟榔屿等地总商会成立后,"公订规条,自相约束,游惰者资之回籍,贫窭者教以营生,英官颁行新例,有不便商民者,商会得援律驳阻"②。事实上,它成为一个管理侨民,保护华侨商业利益的组织。它们的成立增强了海外华侨对抗殖民政府经济掠夺的组织力量,在一定程度上加强了海外华侨的团结,改变了侨商商情涣散的局面。

3.实行"商勋"、"惠商"和授予官衔的激励政策,提升海外华侨的政治地位。在传统中国社会里,"士农工商"等级观念在民众心中根深蒂固,商人社会地位低下,受到普遍的歧视。为了振兴商务,清政府着力从法律上提高商人的政治地位。1903年底,商部拟定《奖励华商公司章程》,根据商人集股的多少,分别授予不同品级的顶戴职衔或任命为顾问官、顾问议员等。1907年8月,清政府又颁布《华商办理实业爵赏章程》,并修改《奖励华商公司章程》。前者规定:凡华商投资2000万元、1800万元、1600万元以上者,分别赏一、二、三等男爵。投资700万元、500万元,分别特赏三品卿、四品卿。③修改后的《奖励华商公司章程》大大降低了授奖条件,如获得头等顾问官头衔加头品顶戴,原定须集股2000万元,改为800万元,获头等议员衔加五品顶戴,原定集股300万元,改为100万元。④这些措施不仅适用对国内商人的奖励,对海外华商同样适用。随着南洋华侨各地商会的成立,农工商部奏请派员考察南洋商务,清廷即谕令农工商部,"商爵专章,亦宜宣示中外各埠,商民俾知鼓舞,其有与定章相符者,即由该大臣首先奏咨请奖"⑤。虽然清政府只授以虚衔而不予侨商以实惠的做法在当时遭到了指责,但在中国具有浓厚官本位观念的社会里,它使海外华侨看到了由商而仕的途径,提高了海外侨商的社会地位,并可以凭借"士"的身份阻止地方官员对自身经济利益的侵扰。在国内投有巨资的华侨资本家在政治上得到清政府高度重视。晚清海外华侨投资国内的浪潮在某种程度上可以说是海外华侨民族意识觉醒的结果,但清政府"振兴实业"的号召和政治上的奖赏不可否认也是一个重要因素。正是在"惠商"政策的影响下,大量海外华侨资本被吸纳到国内和侨乡。在政府感召和激励下,泉州籍华侨回国投资的有蒋报企、吴记藿、黄奕住、邱廉耕、颜穆闻等人,但投资额大都在10万元以下,只有吴记藿获得奖励官衔。⑥

民国初年,北洋政府和福建地方政府尤其重视吸引侨资。先后制定颁布了《勋

---

① 参见《政治官报》,光绪三十四年六月初六,第二百四十六号。

② (清)沈桐生.光绪政要:卷34[M].上海崇义堂刊行,1909(宣统元年).

③ 刘锦藻.清朝续文献通考:卷391(全四册)[M].杭州:浙江古籍出版社,2000.

④ 参见《商务官报》,光绪三十三年,第19期。

⑤ 商务[J].东方杂志,1907(11):122.

⑥ 泉州市华侨志编纂委员会.泉州市华侨志[M]北京:中国社会出版社,1996:338.

位授予条例》、《福建暨南局章程》、《侨务局组织条例》,对海外华侨回国投资奖励做了明确规定,有效地调动了华侨回国投资实业的热情。这一时期泉籍华侨回国投资受奖的有:黄奕住先后获二等和一等大绶宝光嘉禾勋章。吴记霍获得甲等嘉禾勋章。① 1923 年 12 月,广东革命政府建立侨务局。孙中山批准颁发《侨务局章程》、《内政部侨务局保护侨民专章》等综合法规,提倡奖励华侨回国投资兴办实业。1927 年,南京国民政府成立后,进一步发展了孙中山以政府职位奖赏有突出贡献的华侨的做法,并采取优惠华侨回国投资的措施,于 1929 年 2 月,正式公布《华侨回国兴办实业奖励法》。较早获国民政府职位奖赏的有突出贡献的泉籍华侨有万廷壁、曾廷泉、李清泉、戴愧生、王泉笙等数十人。② 在政府鼓励创办的实业范围中,交通事业位列第二,仅次于建筑事业。《华侨回国兴办实业奖励法》规定,华侨投资此类事业,政府应在经营安全、技术指导、交通运输等方面给予优先保障。为了发展省内交通,福建省政府也在制度上予以引导。1929 年 3 月,福建省政府公布《福建省民办车路暂行章程》,表示允许民间投资筑路和自办汽车运输,并给予一定的专利期。在筑路时,公司收用国有土地,可呈请核定准予免价。③ 同年 8 月,《福建省公路承租办法》更是明确规定:凡汽车公司能借款给公路局,并能按其股本总款缴纳 3% 保证金的,便可取得某一公路线路的专营权 15 年。对在承租路线内行驶的汽车,公司可酌收通行费。④

这些措施赢得了华侨的信任,也产生了具体的实际效果,泉州籍华商回国投资兴办实业出现了高潮。

这些政策和举措对于华侨回国投资泉州侨乡无疑具有积极意义。据不完全统计,全面抗战爆发前,华侨投资泉州的资金总额达 809.7 万元,其中 1929 年起的 9 年中,投资即近 450 万元。全面抗战爆发后,福建省政府成立"侨资事业指导专门委员会",泉籍华侨颜子俊、郑玉书等在泉州投资设立永春闽南实业公司、永春上海华通公司等大中企业。⑤ 抗战胜利后,福建省政府侨务处及时发出《敬告海外侨胞的通告》,并派团赴东南亚各地宣慰华侨。继又在各县市设立华侨投资辅导委员会,以加强引导华侨回乡兴办实业。这一时期泉州地区华侨投资虽有 340 多家,但多数投向修复公路以及保值的房地产和易于盈利的商业,且投入的资金不多。但有泉籍富侨林庆年、黄重吉、黄超龙等参与胡文虎发起成立的"福建经济建设公

①泉州市华侨志编纂委员会.泉州市华侨志[M].北京:中国社会出版社,1996:338.

②泉州市华侨志编纂委员会.泉州市华侨志[M].北京:中国社会出版社,1996:338-339.

③福建省档案馆.福建省汽车运输公司[G]//福建省公路运输史·资料汇编:第 1 册(第 2 集)[G].福州:福建省档案馆,1984:229-399.

④林金枝,庄为玑.近代华侨投资国内企业资料选辑:福建卷[G].福州:福建人民出版社,1985:260-261.

⑤泉州市华侨志编纂委员会.泉州市华侨志[M].北京:中国社会出版社,1996:339.

司"。① 与此同时,晚清政府和国民政府先后对华侨慈善捐赠政策也做出了重大调整。上述政府侨务和慈善政策的激励和褒奖无疑是刺激泉州华侨群体跨国实践的一大推力。

晚清民国时期,华侨群体作用于近代泉州社会的跨国情景和实践活动,主要有以下几个方面的因素:首先,华侨群体的地缘认同,尤其是泉州华侨群体的地域特殊性,使其表现出更为强烈的地缘认同,这是其作用于近代泉州社会的文化因素;其次,"道义传统"和"社会地位补偿"是华侨群体与近代泉州社会跨国实践连接的心理因素;再次是晚清民国时期政府能够适时地调整和改善侨务政策,创造了较为宽松的政策和社会环境,华侨民族主义意识的高涨和争取侨心是其制度条件和历史背景。当然,华侨群体在海外侨居国的创业成功,以及自身经济地位的提升,一大批华侨巨商大贾的崛起,成为一方侨领,他们的财富声望在获得侨居地认可的同时,也需要得到家乡泉州地方社会的认可。此外,在海外排华的影响推动下,侨居国对海外华侨的歧视、压迫,契约华工的苦难生活和不幸遭遇也是泉州华侨群体心系故乡跨国实践的外部推动因素。这种制度化的推拉过程和作用构成了华侨群体与近代泉州社会跨国实践发生的基本动力机制。

①泉州市华侨志编纂委员会.泉州市华侨志[M].北京:中国社会出版社,1996:339.

结　语

一

海外华侨是近代泉州社会的一个特殊群体。自唐宋开始，就有泉州人出于各种原因跨国出洋，明清时期，由于私人海外贸易的发展，泉州地区的社会经济生活日趋"全球化"，到海外谋生和跨国创业成为泉州乡土社会世代相沿的历史传统和职业取向，华侨跨国移民在一定程度上意味着"光宗耀祖"和"衣锦还乡"。然而，由于晚清前相当长一段时期政府基本上是不允许华侨回归故里的，海外华侨社会曾得到相对独立的发展，一度具有脱离侨乡社会的倾向。晚清民国时期，由于政府侨务政策的调整和改善，允许国民自由出入境，海外华侨与泉州社会互动关联日益密切，促成了华侨群体跨国实践的新常态。

晚清以降，泉州华工群体性的出现，华侨群体的形成和侨乡社会的出现，是中国半殖民地半封建社会的产物，是近代中国被动卷入世界体系和国际经济格局变动的结果。伴随着大量的泉州人跨国移民，华侨或与华侨相关因素在社会和经济结构变迁中逐渐占据主导地位，泉州侨乡社会经济和文化开始呈现"华侨性"和"侨"的外向型和跨国性取向。从唐朝出现华侨出国，到南宋中晚期开始，或迫于灾荒生计，或惧于战乱，或迫于政治原因、逃避兵祸，或出于贸易、贩海经商，泉州人沿着"海上丝绸之路"跨国移民海外。尤其是 1860 年厦门开埠后，随着以贩卖掠夺中国劳动力为主要特征的"猪仔贸易"的兴起，泉州人掀起了一股大规模跨国移民潮。这些泉州籍的海外华侨，凭借自己的辛勤劳动和聪明才智，经过一段时间后，积聚了相当的财富，为移居地的经济发展做出了卓越的贡献。同时他们又心系祖国，不忘家乡，积极回国投资，大力支持家乡的经济建设。他们的跨国实践活动如此积极，以至于近代泉州地区的经济、文化和社会生活带上了浓重的"华侨性"和"侨"的意涵以及"本土性"与"国际化"结合的特征。

晚清民初泉州华侨群体形象的蜕变和身份的建构，主要是通过华侨精英对家乡的侨汇、捐资、投资等跨国行为来实现的。近代泉州地方乡族特征与华侨群体的跨国实践行为有着历史的逻辑关系。华侨群体形象的蜕变和身份建构的演进过程与近代泉州社会转型推进几乎是同步并进，相得益彰。

　　近代泉州华侨群体的形成也与泉州乡村社会的跨国互动生成和作用影响相关。晚清以降,泉州地区持续不断的跨国移民运动,大规模华工群体性的出现,泉州华侨群体和泉州侨乡社会开始形成。从宏观的角度看,近代华侨群体和泉州侨乡的出现是近代中国国际地位蜕变和卷入世界体系历史潮流,以及区域社会转型的产物。泉州侨乡社会的发展进步历程,也是中国区域社会乡村近代化的特殊演进过程的表征。

二

　　晚清时期,国困民穷。为振兴国家,清政府将目光投向了在海外拥有巨大经济实力的华侨,颁布了一系列吸引海外华侨回国投资实业的措施。海外华侨本就心系祖国,加之政府召唤,纷纷回国投资。随着泉州社会近代化的不断推进,特别是政府与海外华侨群体之间信用的建立和互利"交易"秩序的构建,使得海外华商网络开始顺利地渗入和参与到泉州社会的多个领域,也使得泉州社会获得了进行各项事业的社会资本。在这一社会变迁和社会转型的历史进程中,华侨群体起到了十分重要的推动作用。在泉州社会的工业、商业、交通及金融服务业的历史变迁和转型中,华侨群体发挥了极为重要的作用。在工业方面,华侨群体的作用主要体现在率先投资新式工业企业,引进国外的近代化经营方式,进而对本土工业化起到了积极的推动作用;在商业上,华侨商人大力推动泉州地方社会商业模式创新;在传统与近代共生共荣的交通运输、侨批业与近代泉州社会的金融网络的建构中,也无不显示出华侨群体的牵引带动作用。海外华商的投资推动了泉州产业结构的升级和转变,但在半殖民地半封建社会下,华侨群体投资企业也面临不可避免的失败命运。然而,正是华侨外引内联的跨国实践,有力地推动了近代泉州社会的经济转型。华侨资本是近代泉州民族资本的一个重要补充和组成部分,华侨群体是近代泉州社会经济转型的一支重要推动力量。

　　跨国移民与近代泉州地方社会文化变迁和民众的观念演变以及"西器东传"有着密切的关系。在跨国移民背景作用下,华侨群体婚姻家庭的嬗变、生活习俗和物质文化的趋新以及近代转型,使近代泉州社会文化转型呈现出新的特点。近代泉州侨乡社会受海外华侨的影响,其社会生活方式与风俗文化都发生了不同寻常和较为深刻的变化。首先,在衣食住行等方面出现了渐趋"洋化"的生活方式;其次,在风俗文化上出现了传统习俗基础上结合"出洋"的怪异习俗;最后,在社会风气上,一方面出现了奢靡腐化的现象,另一方面新的文明之风突起。泉州侨乡的形成与发展是一个渐变的过程,侨乡自形成之日起,就与海外华侨发生了千丝万缕的联系。长期的跨国移民以及海外联系,不但在经济上、社会观念上给侨乡造成深刻的影响,而且给侨乡的社会生活及风俗文化也带来了重大变化。独具特色的近代泉州侨乡社会和文化呈现多元化取向。

在泉州近代化进程中，泉州社会、经济、文化急剧变迁，华侨群体艰难地完成了由"海外逃民"向时代精英的蜕变和转型。这一"凤凰涅槃"式的转变，既需要"爱国爱乡"情怀的强大动力和理想追求，更包含和倚仗近代社会提供的转型方式、政府侨务政策的改善和政治场域的宽松。在政府力量的强烈号召和推动下，华侨群体在自由与包容的社会场域中完成了道德的濡化与涵化、文化心理的熏陶与淬砺。他们积极地改造教育、救亡国家，以自己特有的方式实现着侨乡社会教育近代化转型。他们在侨乡投资实业的同时，也把建立新式学校、举办慈善公益事业等当作自己报效家乡、改良侨乡社会风气的跨国实践行为，这些都是一种爱国和进步的行为，在泉州社会产生了极其积极而深远的影响，极具历史意义和社会价值。

华侨群体捐赠慈善公益事业，为动员泉州社会力量举办慈善公益事业起到了良好的示范作用，极大地丰富了近代泉州社会慈善公益事业的内涵、特色以及模式的实践创新。华侨群体通过新式慈善事业实践和捐赠慈善公益事业，充当了捐赠慈善公益事业的先导，对社会变迁产生了积极的作用和影响。华侨捐赠慈善公益事业，可以形成一种特有的侨乡文化，促进向心力和认同感的产生。华侨捐赠慈善公益事业促进了华侨之间的团结互助，为泉州侨乡社会的发展营造了良好的外部氛围。这也是海外华侨在近代泉州社会凸显其历史地位和"爱国爱乡"情怀的集中体现，在近代中国慈善事业发展史上具有重要的历史地位和深远的历史影响，尽管并不完美，但应当给予充分的肯定。

应该看到，华侨群体慈善捐赠行为的跨国实践并非只基于"传统道义"和"社会地位补偿"心理，也是一种基于长期的组织化和策略化的历史演进。其中，海外华侨社团起着关键性的作用，而政府侨务政策鼓励和保护华侨群体捐赠积极性的举措，泉州侨乡地方政府借助"乡亲"与"乡情"的动员以及政策资源与社会关系网络的构建与互动，共同推动着华侨群体慈善捐赠行为的发生和延续。这种制度化的推拉过程构成了华侨群体慈善捐赠行为基本的动力机制。

华侨群体不单单是近代泉州侨乡的一种民间文化、乡村经济资源，更作为一个社会主体参与了泉州侨乡的社会治理，是泉州地方社会政治转型的积极推动者。以改良社会为己任的华侨群体参与泉州社会治理的实践主要体现在革弊、兴利、议政督政等方面。华侨群体的变革意识与地方政府追求改良泉州社会的宗旨不谋而合，于是前者提供资金，后者则为前者实现其参与泉州社会治理的意愿提供思想、信息传播和讨论的平台和渠道。

<h1 style="text-align:center">三</h1>

华侨群体与近代泉州侨乡社会跨国互动是一种特殊性的经济形态、社会结构、

文化模式的演进过程和传承机制。它的促生催化总是遵循一定的惯性原则和历史传统。泉州地方乡族力量的特质强化了华侨群体的地缘认同和"爱国爱乡"情结。地缘认同是推动华侨群体进行跨国活动的重要文化因素；社会地位补偿和道义传统是推动他们进行跨国活动的重要心理和情感因素；政府侨务政策的调整是华侨群体作用于近代泉州社会的制度条件；华侨群体经济实力的增强以及海外华商跨国网络的广泛建构是华侨群体与近代泉州社会转型和跨国互动的历史场域和经济基础。华侨群体参与家乡的跨国活动既有情感因素的驱动和考量，同时也有经济利益的考虑和驱动。近代泉州社会转型主要表现为"侨"的国际化与本土化的互动张力。由于华侨群体的跨国实践，其在泉州侨乡社会各项现代性的经济和公益事务中发挥了主导作用，使泉州与海外世界联系日趋紧密。独特的跨国移民路径的建构，也为后来泉州社会跨国移民活动和跨国实践打开了新的空间，奠定了新的历史场域。

利益、价值观、精英人物、文化认同和地缘认同是华侨群体与近代泉州社会转型和跨国互动背后的几大驱动力量。华侨群体在近代泉州地方社会的善举和各项经济活动，其直接目的是获取社会声望，取得地方社会政治资源。华侨精英的善举主要是通过其对家乡泉州的侨汇、捐赠、投资等跨国实践行为来实现的，近代泉州地方乡族特征与华侨群体的跨国实践行为有着历史的逻辑关系，华侨群体是近代泉州地方社会慈善公益事业等的主要捐助者。

在推动近代泉州社会转型的历史进程中，华侨群体曾经起到过极为重要的作用。他们是传统经济体制的率先突破者，新经济因素的最早实践者，现代性的教育和慈善公益的坚定推动者，跨国新文化的有力传播者，地方社会政治变革的积极参与者。从根本上说，泉州社会的近代化进程是在华侨群体与泉州社会跨国界、多层面的多重互动中实现的，这是近代泉州社会转型中的一个重要特征。华侨群体是早期探寻泉州社会发展进步和出路的一支重要力量，是推动近代泉州社会转型和社会变革的积极因素。

华侨群体在器物、制度和观念三个维度推进了泉州社会的近代转型，其探索与实践功不可没。华侨资本是近代泉州产业资本和民族资本的一个有益补充和重要组成部分，华侨群体是推动近代泉州社会转型的一支重要力量。总体而言，在社会转型期，华侨群体是推动泉州社会经济转型的积极力量，是泉州侨乡慈善公益事业等的主要捐助者。当然，泉州社会的近代转型不只由华侨群体的推动，还隐含了泉州地方社会政治、历史文化的逻辑和权力的有力实施。

必须指出的是，华侨群体与近代泉州侨乡社会转型研究是一项涉及多学科的综合性的研究课题，尽管笔者对这一论域进行了比较系统的探讨，但还有一些课题需要更加深入的考察和研究。如何运用"社会交换"、"社会地位补偿"和"跨国主义"理论，来分析华侨群体与泉州社会独特的互动模式和跨国实践行为发生机制，仍然是本课题需要突破的一大理论难点；华侨世族是泉州社会跨国移民中的一个精英群体。如何从近代化和社会转型的角度，就华侨世族对近代泉州社会外向型经济生产的导向、华侨世族的全球网络与民族资本的竞争规律、地方政府与华侨世族外资的复杂关系、华侨世族对外经济关系的若干特点等方面进行深入系统的研究，由于外文资料收集的缺失和缺乏相关史料的支撑，为探究和进行全新的梳理分析并取得原创性的成果增加了相当的难度；近代泉州社会工业化、近代化和城市化依次展开或相互递嬗的历史轨迹，与华侨群体身份建构和形象蜕变的演进的线索形成怎样的关联性？在整体的历史推进坐标轴中，如何清晰地描述这些征象，还有很大的探讨和研究余地。如何以全新的视角和方法导向切入，或许会为本课题研究形成更宽广的讨论空间，也有助整个论题的提升和深入挖掘。

参考文献

一、档案、地方志、文集及谱牒资料

[1]安溪港史研究编辑组.安溪港史研究[M].福州:福建教育出版社,1989.

[2]陈克振.安溪华侨志[M].厦门:厦门大学出版社,1994.

[3]德化县志编纂委员会.德化县志[M].北京:新华出版社,1992.

[4]福建省档案馆.福建华侨档案史料(上下册)[A].北京:档案出版社,1990.

[5]福建省地方志编纂委员会.福建省志·华侨志[M].福州:福建人民出版社,
      1992.

[6]福建省华侨历史学会.华侨历史论丛(1—7辑)[G].福建省华侨历史学会印,
      1987.

[7]福建省泉州市鲤城区地方志编纂委员会,泉州市鲤城区委员会文史资料委员
      会.泉州文史资料:1—10辑汇编[G].福建省泉州市鲤城市地方志编纂委员会
      印,1994.

[8]福建省图书馆.民国时期福建华侨史料汇编(全15册)[G].北京:国家图书馆,
      2016.

[9]华侨大学.华侨史研究论文集(1—3辑)[G].[出版社不详],1984—1990.

[10](清)怀荫布,黄任,郭庚武.泉州府志[M].乾隆版.

[11]晋江市地方志编纂委员会.晋江市人物志(上下册)[M].上海:三联书店,
      1994.

[12]晋江市地方志编纂委员会.晋江市志(上下册)[M].上海:三联书店,1994.

[13]李锐.侨魂——李清泉传[M].海口:海南出版社,1999.

[14]李良溪.泉州侨批业史料[G].厦门:厦门大学出版社,1994.

[15]刘安居,陈芳荣.南安华侨志[M].北京:中国华侨出版社,1998.

[16]刘西水.中共泉州党史人物[M].北京:中央文献出版社,2001.

[17]《闽南侨批大全》编委会.闽南侨批大全(1—2辑)[G].福州:福建人民出版社,
      2016—2018.

[18]泉州海外交通史博物馆.泉州华侨史专辑[G].泉州海外交通史博物馆印,
      1980.

[19]泉州市档案馆.民国时期泉州地区档案资料选编[A].泉州:华侨大学出版社,
      1995.

[20]泉州市档案馆.民国时期泉州华侨档案史料汇编[A].北京:北方文艺出版社,
  2006.
[21]泉州市地方志编纂委员会.泉州市志人物传稿第2—3辑——华侨人物专辑
  [M].泉州市地方志编纂委员会印,1990—1991.
[22]泉州华侨历史学会.华侨史(1—13辑)[G].泉州华侨历史学会印,1983—
  2015.
[23]泉州市华侨志编纂委员会.泉州市华侨志[M].北京:中国社会出版社,1996.
[24]《泉州华侨史料》编委会.泉州华侨史料(1—7辑)[G].泉州市归国华侨联合
  会,泉州市侨务办公室印,1984—1991.
[25]石狮市地方志编纂委员会.石狮市志·华侨[M].北京:方志出版社,1998.
[26]《石狮市华侨志》编纂委员会.石狮市华侨志[M].北京:九州出版社,2013.
[27]吴泰.晋江华侨志[M].上海:上海人民出版社,1994.
[28]永春县志编纂委员会.永春县志·华侨志[M].北京:语文出版社,1990.
[29]中国民主建国会泉州市委员会,中国民主建国会泉州市委员会,泉州市工商
  业联合会,政协泉州市委员会文史资料研究委员会印.泉州工商史料[G].
  1983.
[30]庄为玑,郑山玉.泉州谱牒华侨史料与研究(上下册)[M].北京:中国华侨出版
  社,1998.

二、论著

[1][美]埃弗里特·M.罗吉斯,拉伯尔·J.伯德格.乡村社会变迁[M].杭州:浙江
  人民出版社,1988.
[2][日]滨下武志.近代中国的国际契机——朝贡贸易体系与近代亚洲经济圈
  [M].北京:中国社会科学出版社,1999.
[3][美]布劳.社会生活中的交换与权力[M].北京:华夏出版社,1988.
[4]蔡苏龙.侨乡社会转型与华侨华人的推动:以泉州为中心的历史考察[M].天
  津:天津古籍出版社,2006.
[5]陈碧笙.世界华侨华人简史[M].厦门:厦门大学出版社,1991.
[6]陈垂成.泉州习俗[M].福州:福建人民出版社,2004.
[7]陈达.南洋华侨与闽粤社会[M].上海:商务印书馆,1938.
[8]陈桂炳.泉州民间风俗[M].北京:中国文联出版社,2001.
[9]陈国强.福建侨乡民俗[M].厦门:厦门大学出版社,1994.
[10]陈翰笙.华工出国史料汇编(第1—10辑)[G].北京:中华书局,1980—1985.
[11]陈支平.福建六大民系[M].福州:福建人民出版社,2001.
[12]陈志明,丁毓玲,王连茂,等.跨国网络与华南侨乡:文化、认同和社会变迁[C].
  香港:香港中文大学,香港亚太研究所,2006.

[13]陈志明,张小军,张展鸿,等.传统与变迁——华南的认同和文化[M].北京:文津出版社,2000.

[14][日]戴国辉.华侨:从"落叶归根"到"落地生根"的苦闷和矛盾[M].东京:研文出版社,1980.

[15]丁毓玲.闽商发展史:泉州卷[M].厦门:厦门大学出版社,2016.

[16]冯尔康.中国宗族社会[M].杭州:浙江人民出版社,1994.

[17]冯尔康.中国社会结构的演变[M].郑州:河南人民出版社,1994.

[18][日]夫马进.中国善会善堂史研究[M].北京:商务印书馆,2005.

[19][英]弗里德曼.中国东南的宗族组织[M].上海:上海人民出版社,2000.

[20]高铭群.石狮商工文化研究[M].厦门:厦门大学出版社,1995.

[21]高伟浓.清代华侨在东南亚:跨国迁移、经济开发、社团沿衍与文化传承新探[M].广州:暨南大学出版社,2014.

[22]高伟浓,石沧金.中国的华侨华人研究(1979—2000)——对若干华侨华人研究期刊载文的摘评[M].北京:中国华侨出版社,2002.

[23]葛剑雄,曹树基,吴松弟.中国移民史[M].福州:福建人民出版社,1997.

[24]何梦笔.网络、文化与华人社会经济行为方式[M].太原:山西经济出版社,1996.

[25]胡百龙,梅伟强,张国雄.侨乡文化纵论[M].北京:中国华侨出版社,2005.

[26]胡方松.华侨望族[M].北京:中国对外翻译出版有限公司,2013.

[27]黄昆章,张应龙.华侨华人与中国侨乡的现代化[M].北京:中国华侨出版社,2003.

[28]黄枝连.东南亚华族社会发展论:探索走向二十一世纪的中国和东南亚的关系[M].上海:上海社会科学院出版社,1992.

[29]金耀基.从传统到现代[M].北京:中国人民大学出版社,1999.

[30]柯群英.重建祖乡:新加坡华人在中国[M].香港:香港大学出版社,2013.

[31][美]孔飞力.他者中的华人:中国近现代移民史[M].南京:江苏人民出版社,2016.

[32][日]李国卿.华侨资本的形成和发展[M].福州:福建人民出版社,1985.

[33]李宏新.潮汕华侨史[M].广州:暨南大学出版社,2016.

[34]李良溪.泉州侨批业史料[M].厦门:厦门大学出版社,1994.

[35]李明欢.福建侨乡调查:侨乡认同、侨乡网络与侨乡文化[M].厦门:厦门大学出版社,2005.

[36]李天锡.泉州华侨华人研究[M].北京:中央文献出版社,2006.

[37]李崴.侨乡文化探研[M].广州:广东人民出版社,2004.

[38]李文海.民国时期社会调查丛编(二编):华侨卷[M].福州:福建教育出版社,2014.

[39]李亦园,郭振羽.海外华人社会研究丛书[M].台北:正中书局,1985.

[40]李长傅.华侨[M].北京:中华书局,1929.

[41]李长傅.南洋华侨史[M].南京:暨南大学南洋文化事业部,1935.

[42]李长傅.中国殖民史[M].上海:商务印书馆,1938.

[43]梁绍文.南洋旅行漫记[M].上海:中华书局,1924.

[44]林家劲,罗汝材.近代广东侨汇研究[M].广州:中山大学出版社,1999.

[45]林金枝,李国梁,蔡仁龙.华侨华人与中国革命和建设[M].福州:福建人民出
    版社,1993.

[46]林金枝,庄为玑.近代华侨投资国内企业史资料选辑[G].福州:福建人民出版
    社,1986.

[47]林南.社会资本:关于社会结构与行动的理论[M].上海:上海人民出版社,
    2005.

[48]刘浩然.闽南侨乡风情录[M].香港:香港闽南人出版有限公司,1998.

[49]刘进.比较、借鉴与前瞻:国际移民书信研究[M].广州:广东人民出版社,
    2014.

[50]刘权.广东华侨华人史[M].广州:广东人民出版社,2002.

[51]罗肇前.福建近代产业史[M].厦门:厦门大学出版社,2002.

[52][美]麦礼谦.从华侨到华人[M].香港:三联书店(香港)有限公司,1992.

[53][美]曼瑟尔·奥尔森.集体行动的逻辑[M].上海:三联书店,1995.

[54]梅伟强,张国雄.五邑华侨华人史[M].广州:广东高等教育出版社,2001.

[55]潘翎.海外华人百科全书[Z].香港:三联书店(香港)有限公司,1998.

[56][法]皮埃尔·布尔迪厄.实践理性:关于行为理论[M].北京:生活·读书·新
    知三联书店,2007.

[57]丘汉平.华侨问题[M].上海:商务印书馆,1936.

[58]丘立本.从世界看华人[M].香港:南岛出版社,2000.

[59]泉州市侨联.回望闽南侨批[M].北京:华艺出版社,2009.

[60][日]山岸猛.侨汇:现代中国经济分析[M].厦门:厦门大学出版社,2013.

[61][美]施坚雅.中国农村的市场和社会结构[M].北京:中国社会科学出版社,
    1998.

[62]舒新城.近代中国教育史料(二)[G].上海:中华书局,1928.

[63]孙谦.清代华侨与闽粤社会变迁[M].厦门:厦门大学出版社,1999.

[64]王本尊.海外华侨华人与潮汕侨乡的发展[M].北京:中国华侨出版社,2000.

[65][新]王赓武.王赓武自选集[M].上海:上海教育出版社,2002.

[66][新]王赓武.中国与海外华人[M].香港:商务印书馆,1994.

[67]王铭铭.村落视野中的文化与权力——闽台三村五论[M].上海:三联书店,
    1997.

[68]王铭铭.逝去的繁荣——一座老城的历史人类学考察[M].杭州:浙江人民出版社,1999.

[69]王先明.近代绅士——一个封建阶层的历史命运[M].天津:天津人民出版社,1997.

[70]温广益.印度尼西亚华侨史[M].北京:海洋出版社,1985.

[71]温雄飞.南洋华侨通史[M].上海:东方印书馆,1929.

[72][英]沃汉.海外华人的行为与习俗[M].伦敦:牛津大学出版社,1974.

[73]吴凤斌.东南亚华侨通史[M].福州:福建人民出版社,1993.

[74]吴凤斌.契约华工史[M].南昌:江西人民出版社,1988.

[75][日]吴主惠.华侨本质的分析——华侨的社会学研究[M].东京:日本东洋大学社会研究所出版,1961.

[76]肖文燕.华侨与侨乡社会变迁:清末民国时期广东梅州个案研究[M].广州:华南理工大学出版社,2011.

[77][日]小林新作.中国民族之海外发展——华侨之研究[M].东京:东京海外社,1931.

[78]徐华炳.温州海外移民与侨乡慈善公益[M].北京:中国社会科学出版社,2016.

[79][新]颜清湟.出国华工与清朝官员:晚清时期中国对海外华人的保护[M].香港:商务印书馆,1985.

[80]杨国桢,郑甫弘,孙谦.明清中国沿海社会与海外移民[M].北京:高等教育出版社,1997.

[81]杨学濂,李国梁,庄国土.改革开放与福建华侨华人[M].厦门:厦门大学出版社,1999.

[82][美]伊曼纽尔·沃勒斯坦.现代世界体系[M].北京:高等教育出版社,1998—2000.

[83][马来西亚]游俊豪.广东与离散华人[M].北京:中国出版集团,2016.

[84][日]游仲勋.华侨——形成网络的经济民族[M].东京:讲谈社出版,1990.

[85]袁丁.近代侨政研究[M].香港:香港天马图书有限公司,2002.

[86]袁丁.晚清侨务与中外交涉[M].西安:西北大学出版社,1994.

[87]袁丁.北美华工与近代广东侨乡社会[M].广州:广东人民出版社,2016.

[88][美]詹姆斯·C.斯科特(James C. Scott).农民的道义经济学:东南亚的反叛与生存[M].程立显,刘建,译.南京:译林出版社,2001.

[89]张公量.关于闽南侨汇[M].泉州:中国银行泉州支行印,1943.

[90]张国雄,赵红英,谭雅伦.国际移民与侨乡研究:2012历史、现实、网络[C].北京:中国华侨出版社,2014.

[91]张国雄,周敏,张应龙.国际移民与侨乡研究[C].北京:中国华侨出版社,2012.

[92]郑林宽.福建华侨汇款[M].福州:福建省政府秘书处统计室印,1940.

[93]郑一省.多重网络的渗透与扩张——海外华侨华人与闽粤侨乡互动关系研究[M].北京:世界知识出版社,2006.

[94]郑振满.明清福建家族组织与社会变迁[M].长沙:湖南教育出版社,1992.

[95]郑振满.乡族与国家:多元视野中的闽台传统社会[M].北京:生活·读书·新知三联书店,2009.

[96]中国邮政集团公司文史中心.中国邮政事务总论[M].北京:燕山出版社,1995.

[97]周大鸣,柯群英.侨乡移民与地方社会[M].北京:民族出版社,2003.

[98]周南京.世界华侨华人词典[Z].北京:北京大学出版社,1993.

[99]周南京.华侨华人百科全书(12卷)[Z].北京:中国华侨出版社,1999—2002.

[100]周望森,陈孟林.青田华侨史[M].杭州:浙江人民出版社,2011.

[101]周望森.浙江省华侨史[M].北京:中国华侨出版社,2010.

[102]朱国宏.中国的海外移民史——一项国际迁移的历史研究[M].上海:复旦大学出版社,1994.

[103]朱杰勤.东南亚华侨史[M].北京:中华书局,2008.

[104]庄国土.华侨华人与中国的关系[M].广州:广东高等教育出版社,2001.

[105]庄国土.中国封建政府的华侨政策[M].厦门:厦门大学出版社,1989.

[106]庄国土.中国侨乡研究[C].厦门:厦门大学出版社,2000.

[107]庄为玑,林金枝,等.近代华侨投资国内企业史资料选辑[G].福州:福建人民出版社,1985.

[108]庄为玑.海上集[M].厦门:厦门大学出版社,1996.

[109]庄炎林,伍杰.华侨华人侨务大辞典[Z].济南:山东友谊出版社,1997.

三、论文

[1]蔡苏龙.华侨华人与侨乡关系的演变探索[J].汕头大学学报,2004(5).

[2]蔡振翔.试论中国海外移民的共同性与特殊性问题[J].华侨华人历史研究,2002(2).

[3]陈杰,黎相宜.海南冠南侨乡公共文化空间的变迁——兼论侨乡范式的式微[J].广西民族大学学报(哲学社会科学版),2014(5).

[4]陈丽华.民国时期的泉州商人[J].闽南文化研究,2014(2).

[5]陈丽园.近代海外华人研究的跨国主义取向探索——评徐元音的《梦金山,梦家园》[J].华侨华人历史研究,2003(1).

[6]程希.关于目前华侨华人研究若干问题的观察与思考[J].华侨华人历史研究,2002(4).

[7]程希.侨乡研究:对华侨、华人与中国关系的不同解读[J].世界民族,2006(5).

[8]郭玉聪.福建省国际移民的移民网络探析[J].厦门大学学报(哲学社会科学版),2009(6).

[9][西班牙]华金·阿朗戈.移民研究的评析[J].国际社会科学杂志,2001(8).

[10]黄清海.闽帮侨批业网络发展初探[J].华侨大学学报(哲学社会科学版),2012(4).

[11]蒋楠.从慈善事业看近代华侨精英与侨乡公共事务——以泉州花桥善举公所为例[J].华侨华人历史研究,2008(1).

[12]蒋楠.华侨与侨乡的现代化历程——以泉州为例[J].华侨大学学报(哲学社会科学版),2010(4).

[13]焦建华.近代跨国商业网络的构建与运作——以福建侨批网络为中心[J].学术月刊,2010(11).

[14]柯群英.人类学与散居人口研究:侨乡研究中的一些注意事项[J].广西民族大学学报(哲学社会科学版),2005(4).

[15]科大卫,刘志伟.宗族与地方社会的国家认同——明清华南地区宗族发展的意识形态基础[J].历史研究,2000(3).

[16]黎相宜,陈杰.海外华侨华人、侨乡社会与跨国宗族实践——以广东五邑侨乡薛氏为例[J].华侨华人历史研究,2016(1).

[17]黎相宜,陈杰.社会地位补偿与海外移民捐赠——广东五邑侨乡与海南文昌侨乡的比较分析[J].华侨华人历史研究,2011(1).

[18]黎相宜,周敏.跨国实践中的社会地位补偿:华南侨乡两个移民群体文化馈赠的比较研究[J].社会学研究,2012(3).

[19]李安山.华侨华人学的学科定位与研究对象[J].华侨华人历史研究,2004(1).

[20]骆曦.民国时期华侨与地方政治关系探析——以泉州为例[J].广州社会主义学院学报,2011(2).

[21]丘立本.从时代特点和社会发展需要看华侨华人研究的意义[J].华侨华人历史研究,2004(4).

[22]苏文菁,黄清海.闽商与侨批业[J].闽商文化研究,2013(1).

[23]孙谦.战前东南亚华侨的地缘认同[J].华侨华人历史研究,1994(3).

[24]王春光.移民的行动抉择与网络依赖[J].华侨华人历史研究,2003(1).

[25]吴翠蓉.20世纪上半叶泉州与海外华侨教育的互动[J].海交史研究,2005(1).

[26][澳]颜清湟.华侨与晚清经济近代化——清政府吸引侨资的政策及其失败原因[J].张建华,译.华侨华人历史研究,1991(3).

[27]张国雄.从粤闽侨乡考察二战前海外华侨华人的群体特征——以五邑侨乡为主[J].华侨华人历史研究,2003(2).

[28]赵灿鹏."目光向外":中国现代华侨研究的一个倾向暨"侨乡"称谓的考察[J].华侨华人历史研究,2008(1).

［29］郑甫弘.海外移民与近代沿海侨乡教育结构的变迁［J］.南洋问题研究,1996
　　（3）.

［30］郑民.华侨的概念、定义初探［J］.东南亚研究,1988(3).

［31］郑一省.华侨华人与当代闽粤侨乡的民俗活动［J］.东南亚研究,2003(6).

［32］郑一省.多重网络的渗透与扩张［J］.华侨华人历史研究,2004(1).

［33］周敏,刘宏.海外华人跨国主义实践的模式及其差异——基于美国与新加坡的
　　比较分析［J］.华侨华人历史研究,2013(1).

［34］庄国土.海贸与移民互动:17—18世纪闽南人移民海外原因分析——以闽南
　　人移民台湾为例［J］.华侨华人历史研究,2001(1).

附　录

附表 1　泉州所辖行政区域区划的历史变迁

朝代	年号	辖县（市）数
唐	开元年间（713—741）	辖五县：晋江、南安、莆田、仙游、龙溪
	天宝年间（742—756）	辖四县：晋江、南安、莆田、仙游
	乾元年间（758—760）	（同上）
	元和年间（806—820）	（同上）
宋	太平兴国年间（976—984）	辖七县：晋江、南安、惠安、安溪、同安、永春、德化
	元丰年间（1078—1085）	（同上）
	淳祐年间（公元 1241—1252）	（同上）
元	至元八年（1271）	（同上）
	至正年间（1341—1368）	（同上）
明	洪武十四年（1381）	（同上）
	嘉靖元年（1522）	（同上）
	嘉靖四十一年（1562）	（同上）
	万历三十六年（1608）	（同上）
清	顺治元年（1644）	（同上）
	康熙五十年（1711）	（同上）
	乾隆二十六年（1761）	辖五县：晋江、南安、惠安、同安、安溪
民国	民国二十四年	辖同安、晋江、南安、金门、安溪、永春、德化、惠安、仙游、莆田等十县
中华人民共和国	1949 年 10 月	辖晋江、南安、同安、惠安、安溪、永春、仙游、莆田、金门等九县
	2018 年 12 月	辖鲤城区、丰泽区、洛江区、泉港区等四区，晋江市、石狮市、南安市等三个县级市，惠安县、安溪县、永春县、德化县、金门①等五县，以及泉州经济技术开发区和泉州台商投资区

资料来源：根据（清）怀荫布编《泉州府志》（乾隆版）和泉州市地方志编纂委员会编《泉州市志》（中国社会科学出版社，2000）以及有关资料绘制。

---

① 　现由台湾省管辖。

后　记

　　本书是在我的博士后研究报告《华侨群体与近代泉州社会转型研究》基础上，经过不断修改、扩充完善而成的。

　　本书从准备工作——背景搜寻、实地考察、采访和收集、查阅资料，到出版成册的整个过程，对我而言，都是一个极为宝贵的学习和学术探索之旅。

　　本书探讨和研究的是海外华侨华人寻源之地和精神家园——泉州。书中资料主要基于我在浙江大学人文学院博士论文和南开大学历史学院博士后研究报告的数次调研。蓦然回首，浙大人文学院对我而言不仅是学习的驿站，更像是我学术追求的精神乐园。在这里，我经常学习到深夜，与同窗好友每天交流切磋，收获良多。在浙大我还得到了多位著名专家和学者颇有价值的学术指导。在此，我还要衷心感谢三年攻读博士学位期间用其渊博学识和宏阔视野，给予我学术指导和人生启迪的指导老师杨树标教授。同时，感谢我博士学位论文评审和答辩会的各位专家，他们是：复旦大学吴景平教授、浙江大学金普森教授和陈剩勇教授、同济大学郭世佑教授、北京师范大学郑师渠教授、华东师范大学谢俊美教授、山东大学吕伟俊教授。各位专家提出的意见和建议，对我的论文修改和进一步探索华侨华人与侨乡社会研究有很大帮助。

　　在南开大学历史学院博士后流动站从事博士后研究课题期间，合作导师陈振江教授对我从事华侨华人与侨乡社会研究给予积极的鼓励并予以精心指导，师从二载，先生在研习和生活等诸多方面给予悉心关怀，使我得以快速成长进步。本课题的撰写无论是在选题、框架安排、理论论证，还是在观点阐述、资料考订等方面都得益于他的精心指导和大力支持。

　　在本课题的进一步研究和探索过程中，我还得到了原在暨南大学华侨华人研究院工作期间的各位同事的鼓励和支持。他们是周聿娥教授、黄昆章教授、高伟浓教授、张应龙教授、廖小健教授、刘权教授、潮龙起教授等。本书的出版，也得到了浙江省哲学社会科学规划课题一般项目和浙江越秀外国语学院出版基金的支持，在此，一并致谢。

　　在浙江大学求学期间，众多历史学研究领域的师兄弟牛秋实、邬莲萍、刘兴豪、杨庆文、王国永等给予过许多启发，都曾直接或间接地帮助过自己的学习和研究。浙江大学出版社责任编辑石国华先生为本书的修改和出版付出了大量的心血。在此我对他们表示衷心感谢。最后，感谢我的家人，尤其是妻子和孩子，他们的爱和无私奉献让我感到心灵的安稳和温情,这些都是我学术之路不断前行的动力和源泉。

华侨群体与近代泉州侨乡社会研究是一项涉及跨学科的综合性研究课题,尽管自己努力使本课题的研究更深入细致一些,但限于时间,以及自己的专业素养、能力和学识水平,本书的论述内容中错误在所难免。我只想在前人研究的基础上对之进行进一步梳理,或是主观地想为华侨群体与近代侨乡社会关系的研究提供一个新的视角,至于更深入的学理性研究和探讨也许是将来的事情。

在写作过程中,我利用并参考了泉州地方有关的大量历史文献资料以及相关的研究成果,从中获得诸多启发和感悟。在此,一并谨致谢意。同时我也真诚地欢迎侨史界研究专家、学者们的批评指正。

蔡苏龙
2019 年 7 月于深圳